For
Ralph
York to London
…ure anytime
… .18.

THE WRINKLES OF THE CITY
HAVANA CUBA

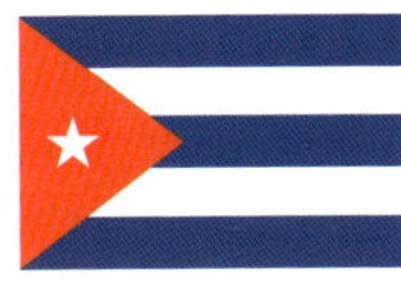

JR / JOSÉ PARLÁ

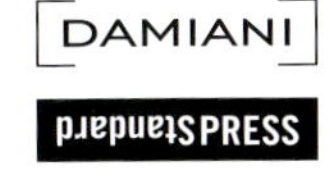

El paso no, del Dios, sino la huella
escrita entre las líneas de la piedra
verdinegra y porosa. Aún la hiedra
retiene las pisadas, aún destella

de su cuerpo el contorno sobre rojos
sanguíneos o vinosos: en los vasos
fragmentados, dispersos. No los pasos
del dios, sino las huellas; no los ojos:

la mirada. Ni el texto, ni la trama
de la voz, sino el mar que los decanta.
En su tumba -las islas ideograma

de esa página móvil donde tanta
frase, no bien grabada, se derrama-,
sumergida, tu estatua ciega, canta.

Severo Sarduy (Camagüey, 1937 – París, 1993)
(Poema del Libro “Un testigo fugaz y disfrazado.”
Barcelona, Ediciones del Mall, 1985)

A Gerardo Mello-Mourão

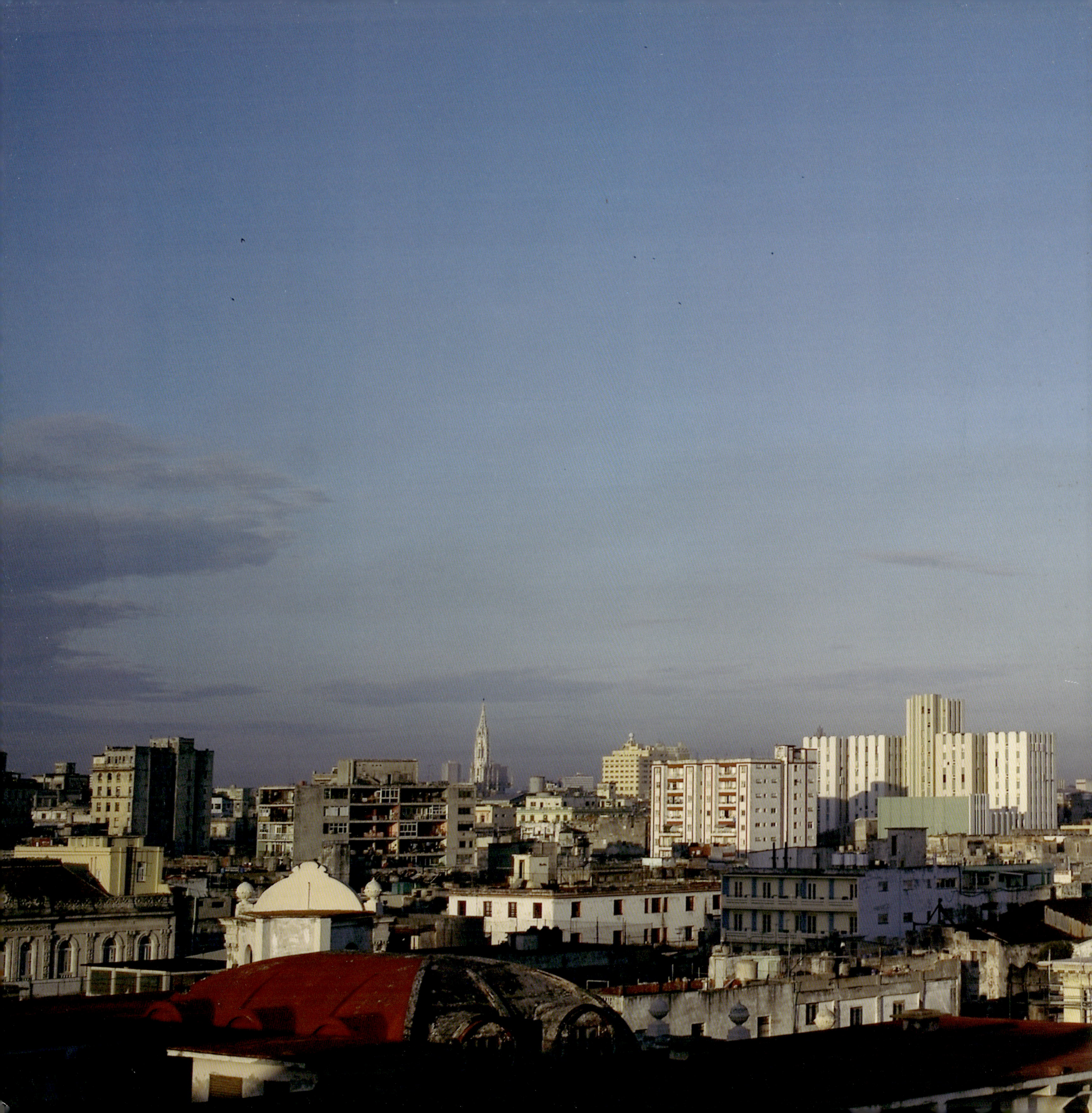

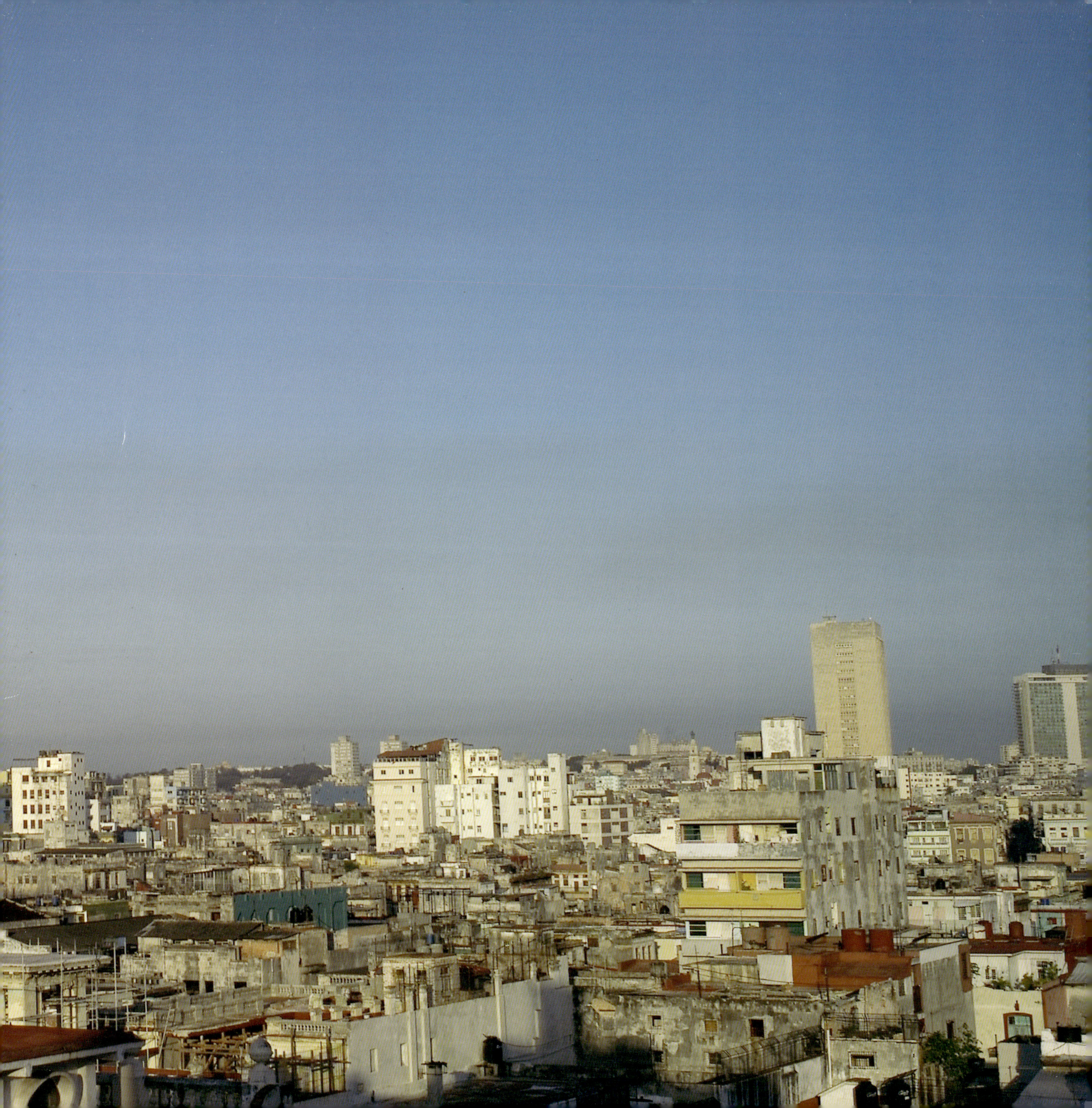

Los Surcos de la Ciudad

Jeffrey Deitch

El maravilloso proyecto mural de JR y José Parlá para la Oncena Bienal de La Habana parece haber crecido a partir de la propia ciudad. Como la vegetación que brota de las grietas del ladrillo viejo, la obra es más parte del tejido urbano que una intervención artística. La obra efectivamente crece a partir de la propia ciudad. Se compone de veinticinco retratos foto-murales de vecinos de La Habana que han vivido la revolución cubana, realizados por JR y Parlá y fusionados con las poéticas abstracciones caligráficas de este último. Los gigantescos retratos de JR cobran vida gracias a los propios retratados, que habitan los barrios donde se ha instalado la obra. Las composiciones abstractas de Parlá reflejan las enredaderas y las malas hierbas que invaden los muros de la ciudad.

Los retratos de JR aportan una dignidad majestuosa a ciudadanos de a pie de La Habana. Sus rostros arrugados son testimonio de sus cargas y de su capacidad para superarlas. Son personas que han vencido sus retos para abrazarse a la vida. Las imágenes de JR celebran lo extraordinario de las vidas ordinarias.

El género del retrato es una de las más antiguas formas de arte. Es notable que JR haya conseguido inventar una nueva forma de aproximarse al género. Sus imágenes tienen un efecto galvanizador sobre los barrios donde trabaja. Resulta asombroso voltear una esquina y toparse con uno de sus retratos, que son tan grandes como las casas. Su trabajo es casi tan impactante al verlo en una reproducción. Es una aproximación absolutamente contemporánea al género del retrato, donde el arte se extiende desde el proceso de casting, pasando por el proceso de producción y de instalación, por la experiencia de visionado en el lugar, hasta el impacto de la obra en fotografías y en películas de la instalación. JR no sólo crea imágenes deslumbrantes y memorables; es también un escultor social. El impacto social de encontrar a los protagonistas de sus retratos, de fotografiarlos y de instalar las imágenes en sus barrios es una parte muy importante del trabajo. El proceso aumenta la interacción social e infunde una sensación de orgullo y de respeto por las personas retratadas.

La abstracción caligráfica de José Parlá es el acompañante perfecto para las potentes imágenes de JR. De origen cubano, Parlá tiene un conocimiento intuitivo del lenguaje visual de La Habana. Sus pinturas murales parecen haber estado allí desde hace cincuenta años, siendo testigos de la historia de Cuba. Parlá bebe de la historia de la abstracción gestual con guiños a André Masson, Jackson Pollock, Mark Tobey y Cy Twombly, así como de la historia reciente del graffiti. También hay en su obra un diálogo con la vegetación surrealista de su precursor cubano Wifredo Lam. La obra de Parlá engloba tanto la herencia de la abstracción modernista como el lenguaje de la calle. Su toque delicado y a la vez perfectamente controlado vincula los foto-murales de JR a la estructura orgánica de la ciudad. Sus gestos caligráficos, como las arrugas de los rostros, son los Surcos de la ciudad.

The Wrinkles of the City

Jeffrey Deitch

JR and José Parlá's marvelous mural project for the 11th Havana Biennial looks like it grew out of the city. Like the vegetation that sprouts through the cracks in old masonry, the work is part of the urban fabric, rather than an artistic intervention. The work in fact does grow out of the city. It comprises JR's and Parlá's twenty-five photomural portraits of Havana residents who have lived through the Cuban revolution, fused with José Parlá's poetic calligraphic abstractions. JR's giant portraits are animated by the subjects themselves, who live in the neighborhoods where the work is installed. Parlá's abstract compositions reflect the vines and the weeds that invade the city's walls.

JR's portraits give a majestic dignity to ordinary citizens of Havana. Their wrinkled faces bear witness to their burdens and to their ability to overcome them. They are people who have triumphed over their challenges to embrace life. JR's images celebrate the extraordinary in ordinary lives.

Portraiture is one of the oldest of all art forms. It is remarkable that JR has invented a new approach to portraiture. His images have a galvanizing effect on the neighborhoods where he works. It is startling to turn a corner and confront one of his portraits that are as large as a house. The work is almost as strong when it is seen in reproduction. It is a completely contemporary approach to portraiture where the art extends from the casting process to the production and installation, to the on site viewing experience, and then to the power of the work in installation photographs, and film. JR makes not just arresting and memorable images; he is also a social sculptor. The social impact of finding his portrait subjects, photographing them, and installing the images in their neighborhoods is a major part of the work. The process enhances social interaction and instills a sense of pride, and respect for the people who are portrayed.

José Parlá's calligraphic abstraction is a perfect pairing for JR's bold images. Of Cuban heritage, Parlá has a natural feel for the visual language of Havana. His wall paintings look like they have been there for fifty years, bearing witness to Cuba's history. Parlá draws on the history of gestural abstraction referencing, André Masson, Jackson Pollock, Mark Tobey and Cy Twombly as well as the recent history of graffiti. There is also a dialogue with the Surreal vegetation of his Cuban antecedent Wifredo Lam. Parlá's work encompasses both the heritage of modernist abstraction and the language of the street. His delicate and perfectly controlled touch ties JR's photomurals to the organic structure of the city. His calligraphic gestures, like the lines in the faces, are the Wrinkles of the City.

CUBA CRONOLOGÍA : UNA CRONOLOGÍA DE EVENTOS PRINCIPALES

1492 - El navegador Cristóbal Colón reclama Cuba para España.
1511 - Comienza la conquista española bajo el liderazgo de Diego de Velázquez, quien funda Baracoa y otros asentamientos.
1526 - Comienza la importación de esclavos de África.
1762 - La Habana es capturada por fuerzas británicas lideradas por el Almirante George Pocock y Lord Albemarle.
1763 - La Habana es 'devuelta' a España gracias al Tratado de París.
1818 - Fundación de la Academia Nacional de Bellas Artes San Alejandro en el *Convento de San Alejandro* por parte del artista francés Jean Baptiste Vermay, que fue su primer director. Hoy se ubica en un edificio monumental construido a principios de los años cuarenta.
1857 - Matías Pérez realiza su primer vuelo en globo. En su segundo intento, amenazado por ráfagas de viento, desaparece en el horizonte para siempre, dando lugar a la expresión popular, "Voló como Matías Pérez."

Guerras de independencia

1868-78 - "La Guerra de los Diez Años" de independencia termina con una tregua, con la promesa de España de realizar reformas y otorgar mayor autonomía; promesas que en su mayoría no se cumplieron.
1878 - Cuba firma la Paz de Zanjón; la guerra concluye en un punto muerto, con la promesa por parte de España de realizar reformas.
1878 - Tras la Paz de Zanjón, Antonio Maceo lidera La Protesta de Baraguá (Mangos de Baraguá). No aceptaba la paz sin libertad. José Martí calificó la Protesta de Baraguá como una de las más gloriosas de la historia cubana.
1879-1880 - Calixto García lidera La Guerra Chiquita, el segundo de los tres conflictos en las guerras de independencia cubanas.
1886 - Abolición de la esclavitud.
1893-1895 - José Martí viaja por Estados Unidos, Centroamérica y el Caribe, visitando diferentes clubes cubanos. Sus visitas son recibidas con creciente entusiasmo, y recaudan fondos muy necesarios para la causa revolucionaria.
1895-1898 - Comienza la Guerra de Independencia de Cuba, la última de tres guerras de liberación que luchó Cuba contra España.
1895 - José Martí muere en combate en Dos Ríos.
1898 - Estados Unidos declara la guerra a España después de que su buque de guerra, el Maine, explotara y se hundiera el 15 de febrero de **1898** mientras visitaba La Habana, Cuba.
1898 - Estados Unidos derrota a España, que renuncia a todo derecho de soberanía sobre Cuba y la cede a los Estados Unidos.

Tutela de EE.UU.

1902 - Cuba se independiza, con Tomás Estrada Palma como presidente; sin embargo, la Enmienda Platt mantiene la isla bajo protectorado de EE.UU. y otorga a EE.UU. el derecho de intervenir en asuntos cubanos.
1906-09 - Estrada dimite y EE.UU. ocupa Cuba tras una rebelión liderada por José Miguel Gómez.
1909 - José Miguel Gómez se convierte en presidente tras unas elecciones supervisadas por EE.UU., pero pronto se verá envuelto en escándalos de corrupción.
1912 - Las fuerzas de EE.UU. regresan a Cuba para ayudar a frenar protestas de la población negra contra su discriminación.
1913 - 19 de mayo - El aviador Agustín Parlá (con tan solo un compás en un hidroavión Curtiss realizado con cables y caña de azúcar, y sin ninguna escolta naval) realizó un vuelo de 117 millas desde Cayo Hueso, Florida, a El Mariel, Cuba, y fue recibido como el primer piloto héroe de Cuba. Parlá llevaba la bandera cubana que José Martí había llevado consigo durante sus viajes en Florida para recaudar fondos para la causa cubana.
1924 - Gerardo Machado establece medidas enérgicas para promover la minería, la agricultura y las obras públicas, pero a continuación establece una dictadura brutal.
1925 - Fundación del Partido Socialista, que formaría la base del Partido Comunista.
1933 - Machado derrocado en un golpe liderado por el sargento Fulgencio Batista.
1934 - EE.UU. abandona su derecho a intervenir en los asuntos internos de Cuba, revisa la cuota de azúcar de Cuba y cambia las tarifas para favorecer a Cuba.
1944 - Batista se retira y su sucesor es el civil Ramón Grau San Martín.
1952 - Batista retoma el poder y preside un régimen opresivo y corrupto.
1953 - Fidel Castro lidera una revuelta fallida contra el régimen de Batista.
1956 - Castro desembarca en el este de Cuba desde México y se refugia en la Sierra Maestra, donde, con la ayuda de Ernesto "Che" Guevara, emprende una guerra de guerrillas.
1958 - EE.UU. retira la ayuda militar a Batista.

Triunfo de la Revolución

1959 - Castro lidera un ejército guerrillero de 9.000 soldados y entra en La Habana, forzando a Batista a huir. Castro se convierte en primer ministro, su hermano, Raúl, es el segundo al mando y Guevara, el tercero.
1960 - Todas las empresas estadounidenses en Cuba se nacionalizan sin compensación.
1961 - Washington rompe las relaciones diplomáticas con La Habana. Estados Unidos organiza una invasión fallida de exiliados cubanos en la Bahía de Cochinos; Castro proclama Cuba un estado comunista y comienza a aliarse con la URSS.
1962 - Se dispara la crisis de los misiles en Cuba cuando, temiendo una invasión estadounidense, Castro acepta permitir a la URSS desplegar misiles nucleares en la isla. La crisis posteriormente se resuelve cuando la URSS acepta retirar los misiles a cambio de que EE.UU. retire sus misiles nucleares de Turquía.

La Organización de Estados Americanos (OEA) suspende a Cuba a causa de su adherencia "incompatible" al Marxismo-Leninismo.

1965 - El único partido político de Cuba es renombrado Partido Comunista de Cuba.
1972 - Cuba pasa a ser miembro de pleno derecho del Consejo de Ayuda Mutua Económica, con base en la URSS.

Intervenciones en África

1976 - El Partido Comunista de Cuba aprueba una nueva constitución socialista; Castro es elegido presidente.
1976-81 - Cuba envía tropas primero a ayudar a los izquierdistas MPLA a resistir un ataque conjunto de Sudáfrica, Unita y el FNLA y, más tarde, para ayudar al régimen etíope a derrotar a los eritreos y somalíes.
1980 - Alrededor de 125.000 cubanos, muchos de ellos convictos puestos en libertad, huyen a EE.UU.
1982 - Cuba, junto con otros estados latinoamericanos, ofrece a Argentina apoyo moral en su conflicto con el Reino Unido acerca de las Islas Malvinas.
1988 - Cuba acuerda retirar sus tropas de Angola tras un acuerdo con Sudáfrica.
1989 - Durante un juicio público, el General Arnaldo Ochoa fue ejecutado tras ser declarado culpable de alta traición. Anteriormente a Ochoa se le había considerado como un gran internacionalista, y Fidel Castro le había otorgado el título de "Héroe de la Revolución" en 1984.

Supervivencia sin la URSS

1991 - Consejeros militares soviéticos dejan Cuba a raíz del derrumbe de la URSS.
1993 - EE.UU. aprieta su embargo a Cuba, que introduce algunas reformas de mercado para paliar el deterioro de su economía. Incluyen la legalización del dólar estadounidense, la transformación de muchas granjas estatales en cooperativas semiautónomas, y la legalización de iniciativas privadas individuales limitadas.
1994 - Cuba firma un acuerdo con EE.UU. por el que EE.UU. se compromete a admitir a 20.000 cubanos por año a cambio de que Cuba frene el éxodo de refugiados.
1996 - El embargo de comercio de EE.UU. es ahora permanente en respuesta al derribe por parte de Cuba de dos aviones estadounidenses operados por exiliados cubanos basados en Miami: Brothers to the Rescue.
1998 - El Proyecto Varela se inicia por parte de Oswaldo Payá, del Movimiento Cristiano de Liberación (MCL), nombrado en honor a Félix Varela, un líder religioso cubano. El objetivo del Proyecto Varela era circular una propuesta de ley que abogaba por reformas políticas democráticas en Cuba.
1998 - El Papa Juan Pablo II visita Cuba.
1998 - EE.UU. relaja las medidas restrictivas sobre el envío de dinero a familiares por parte de cubanos americanos.
1999 - Noviembre - El niño cubano Elián González es rescatado en la costa de Florida después de que se volcara el barco en el cual su madre, su padrastro y otros habían tratado de escapar a EE.UU. Comienza una enorme campaña por parte de exiliados cubanos que viven en Miami con el objetivo de impedir que Elián se reúna con su padre en Cuba y hacer que se quede con familiares en Miami.
2000 - Junio - Permiso obtenido para que Elián se reúna con su padre en Cuba, tras largas batallas legales.
2000 - Octubre - La Cámara de Representantes de EE.UU. aprueba la venta de comida y medicinas a Cuba.
2000 - Diciembre - El presidente ruso Vladimir Putin visita Cuba y firma acuerdos con vistas a estimular los vínculos bilaterales.
2001 - Octubre - Cuba critica ferozmente la decisión de cerrar el centro radioelectrónico de Lourdes en la isla, diciendo que el Presidente Putin tomó la decisión como un "regalo especial" para el presidente estadounidense George W. Bush, previo a una reunión entre ellos.
2001 - Noviembre - EE.UU. exporta comida a Cuba por primera vez en más de 40 años tras una petición del gobierno cubano para ayudarle a enfrentarse a las secuelas del Huracán Michelle.

El foco sobre Guantánamo

2002 - Enero - La Bahía de Guantánamo es el lugar elegido para interrogar a prisioneros tomados durante la ofensa liderada por EE.UU. como posibles miembros de al-Qaeda.

CUBA TIMELINE : A CHRONOLOGY OF KEY EVENTS

1492 - The navigator Christopher Columbus claims Cuba for Spain.
1511 - Spanish conquest begins under the leadership of Diego de Velázquez, who establishes Baracoa and other settlements.
1526 - Importing of slaves from Africa begins.
1762 - Havana captured by British forces led by Admiral George Pocock and Lord Albemarle.
1763 - Havana returned to Spain by the Treaty of Paris.
1818 - San Alejandro School of Arts was founded at the *Convent of San Alejandro* by the French painter, Jean Baptiste Vermay, who was its first director. It is located today in a monumental building built in the early 1940s.
1857 - Matías Pérez goes up in an air balloon. In his second attempt, endangered by gusty winds, he disappears from the horizon forever, giving way to the popular expression: "He flew like Matías Pérez."

Wars of independence

1868-78 - "The Ten Years War" of independence ends in a truce with Spain promising reforms and greater autonomy –promises that were mostly never met.
1878 - Cuba signed the Pact of Zanjón, which ended the war in a stalemate and the Spanish promise of reform.
1878 - After the Pact on Zanjón, Antonio Maceo led The Protest of Baraguá (Mangos de Baraguá). He did not accept peace without freedom. José Martí qualified Baraguá protest as one of the most glorious in Cuban history.
1879-1880 - Calixto García led The Little War, the second of three conflicts in the Cuban War of Independence.
1886 - Slavery abolished.
1893-1895 - José Martí traveled throughout the United States, Central America and the West Indies, visiting different Cuban clubs. His visits were received with a growing enthusiasm and raised badly needed funds for the revolutionary cause.
1895-1898 - The Cuban War of Independence begins and was the last of three liberation wars that Cuba fought against Spain.
1895 - José Martí died in combat at Dos Ríos.
1898 - The United States declared war on Spain after the U.S. warship, the Maine, exploded and sank on February 15th, 1898 while visiting Havana, Cuba.
1898 - US defeats Spain, which gives up all claims to Cuba and cedes it to the US.

US tutelage

1902 - Cuba becomes independent with Tomás Estrada Palma as its president; however, the Platt Amendment keeps the island under US protection and gives the US the right to intervene in Cuban affairs.
1906-09 - Estrada resigns and the US occupies Cuba following a rebellion led by José Miguel Gómez.
1909 - José Miguel Gómez becomes president following elections supervised by the US, but is soon tarred by corruption.
1912 - US forces return to Cuba to help put down black protests against discrimination.
1913 - May 19th - Cuban aviator Agustin Parlá (only with a compass on a Curtiss hydroplane made out of wires and sugar cane, and without a naval escort) made a 117-mile flight from Key West, Florida, to El Mariel, Cuba –and was received as Cuba's first pilot hero. Parlá was carrying the Cuban flag that José Martí had carried with him during his travels in Florida raising monies for the Cuban cause.
1924 - Gerardo Machado institutes vigorous measures, forwarding mining, agriculture and public works, but subsequently establishing a brutal dictatorship.
1925 - Socialist Party founded, forming the basis of the Communist Party.
1933 - Machado overthrown in a coup led by Sergeant Fulgencio Batista.
1934 - The US abandons its right to intervene in Cuba's internal affairs, revises Cuba's sugar quota and changes tariffs to favor Cuba.
1944 - Batista retires and is succeeded by the civilian Ramon Grau San Martín.
1952 - Batista seizes power again and presides over an oppressive and corrupt regime.
1953 - Fidel Castro leads an unsuccessful revolt against the Batista regime.
1956 - Castro lands in eastern Cuba from Mexico and takes to the Sierra Maestra Mountains where, aided by Ernesto "Che" Guevara, he wages a guerrilla war.
1958 - The US withdraws military aid to Batista.

Triumph of the revolution

1959 - Castro leads a 9,000-strong guerrilla army into Havana, forcing Batista to flee. Castro becomes prime minister, his brother, Raúl, becomes his deputy and Guevara becomes third in command.
1960 - All US businesses in Cuba are nationalized without compensation.
1961 - Washington breaks off all diplomatic relations with Havana. The US sponsors an abortive invasion by Cuban exiles at the Bay of Pigs; Castro proclaims Cuba a communist state and begins to ally it with the USSR.
1962 - Cuban missile crisis ignites when, fearing a US invasion, Castro agrees to allow the USSR to deploy nuclear missiles on the island. The crisis was subsequently resolved when the USSR agreed to remove the missiles in return for the withdrawal of US nuclear missiles from Turkey.

Organization of American States (OAS) suspends Cuba over its "incompatible" adherence to Marxism-Leninism.

1965 - Cuba's sole political party renamed the Cuban Communist Party.
1972 - Cuba becomes a full member of the Soviet-based Council for Mutual Economic Assistance.

Interventions in Africa

1976 - Cuban Communist Party approves a new socialist constitution; Castro elected president.
1976-81 - Cuba sends troops first to help Angola's left-wing MPLA withstand a joint onslaught by South Africa, Unita and the FNLA and, later, to help the Ethiopian regimes defeat the Eritreans and Somalis.
1980 - Around 125,000 Cubans, many of them released convicts, flee to the US.
1982 - Cuba, together with other Latin American states, gives Argentina moral support in its dispute with Britain over the Falkland Islands.
1988 - Cuba agrees to withdraw its troops from Angola following an agreement with South Africa.
1989 - During a Public Trial, General Arnaldo Ochoa was executed after being found guilty of treason. Previously Ochoa was widely considered a great internationalist, and was awarded the title "Hero of the Revolution" by Fidel Castro in 1984.

Surviving without the USSR

1991 - Soviet military advisers leave Cuba following the collapse of the USSR.
1993 - The US tightens its embargo on Cuba, which introduces some market reforms in order to stem the deterioration of its economy. These include the legalization of the US dollar, the transformation of many state farms into semi-autonomous cooperatives, and the legalization of limited individual private enterprise.
1994 - Cuba signs an agreement with the US according to which the US agrees to admit 20,000 Cubans a year in return for Cuba halting the exodus of refugees.
1996 - US trade embargo made permanent in response to Cuba's shooting down of two US aircraft operated by Miami-based Cuban exiles; Brothers to the Rescue.
1998 - The Varela Project was started by Oswaldo Payá of the Christian Liberation Movement (CLM) and named after Félix Varela, a Cuban religious leader. The purpose of the Varela Project was to circulate a proposal of law advocating for democratic political reforms within Cuba.
1998 - Pope John Paul II visits Cuba.
1998 - The US eases restrictions on the sending of money to relatives by Cuban Americans.
1999 - November - Cuban child Elián González is picked up off the Florida coast after the boat in which his mother, stepfather and others had tried to escape to the US capsized. A huge campaign by Miami-based Cuban exiles begins with the aim of preventing Elian from rejoining his father in Cuba and of making him stay with relatives in Miami.
2000 - June - Elián allowed to rejoin his father in Cuba after prolonged court battles.
2000 - October - US House of Representatives approves the sale of food and medicines to Cuba.
2000 - December - Russian President Vladimir Putin visits Cuba and signs accords aimed at boosting bilateral ties.
2001 - October - Cuba angrily criticizes Russia's decision to shut down the Lourdes radio-electronic centre on the island, saying President Putin took the decision as "a special gift" to US President George W. Bush ahead of a meeting between the two.
2001 - November - US exports food to Cuba for the first time in more than 40 years after a request from the Cuban government to help it cope with the aftermath of Hurricane Michelle.

Spotlight on Guantanamo

2002 - January - Prisoners taken during US-led action in Afghanistan are flown into Guantanamo Bay for interrogation as al-Qaeda suspects.
2002 - January - Russia's last military base in Cuba, at Lourdes, closes down.
2002 - April - Diplomatic crisis after UN Human Rights Commission again criticizes Cuba's rights record. The resolution is sponsored by Uruguay and supported by many of Cuba's former allies including Mexico. Uruguay breaks off ties with Cuba after Castro says it is a US lackey.
2002 - May - US Under Secretary of State John Bolton accuses Cuba of trying to develop biological weapons, adding the country to Washington's list of "axis of evil" countries.
2002 - May - Former US president Jimmy Carter makes goodwill visit which includes a tour of scientific centers, in response to US allegations about biological weapons. Carter is the first former or serving US president to visit Cuba since the 1959 revolution.
2002 - June - National Assembly amends the constitution to make so-

CUBA CRONOLOGÍA : UNA CRONOLOGÍA DE EVENTOS PRINCIPALES

2002 - Enero - Cierra la última base militar de Rusia en Cuba, ubicada en Lourdes.
2002 - Abril - Crisis diplomática tras una nueva crítica por parte de la Comisión de Derechos Humanos de la ONU del historial de violaciones de derechos humanos en Cuba. La resolución está promovida por Uruguay y apoyada por muchos de los antiguos aliados de Cuba, incluido México. Uruguay corta sus relaciones con Cuba tras decir Castro que Uruguay es un lacayo de EE.UU.
2002 - Mayo - El Subsecretario de Estado estadounidense, John Bolton, acusa a Cuba de tratar de desarrollar armas biológicas, añadiendo el país a la lista de países del "eje del mal" de Washington.
2002 - Mayo - El antiguo presidente de EE.UU. Jimmy Carter realiza una visita de buena voluntad que incluye una visita a centros científicos, en respuesta a las alegaciones de EE.UU. acerca de armas biológicas. Carter es el primer presidente estadounidense retirado o en activo que visita Cuba desde la revolución de 1959.
2002 - Junio - La Asamblea Nacional enmienda la constitución para hacer que el sistema de gobierno socialista sea permanente e intocable. Castro convoca el voto a raíz de críticas del Presidente de EE.UU., George W. Bush.

Disidentes encarcelados

2003 - Marzo-abril - La "Primavera Negra", una serie de detenciones de disidentes, provoca la condena internacional. Setenta y cinco personas son encarceladas con condenas de hasta 28 años; tres hombres que secuestraron un transbordador para tratar de alcanzar EE.UU. son ejecutados.
2003 - Junio - La UE suspende visitas oficiales de alto nivel a Cuba en protesta contra el historial reciente de Cuba en materia de derechos humanos.
2004 - Abril - La Comisión de Derechos Humanos de la ONU censura a Cuba por su historial de violaciones de derechos. El ministro de exteriores cubano se refiere a la resolución –que fue aprobada por un solo voto– como "ridícula."
2004 - Mayo - Sanciones estadounidenses restringen las visitas familiares entre EE.UU. y Cuba y los envíos de dinero de expatriados.
2004 - Octubre - El Presidente Castro anuncia la prohibición de transacciones en dólares estadounidenses, e impone un impuesto del 10% en conversiones dólar-peso.
2005 - Enero - La Habana dice que está reanudando contactos diplomáticos con la UE, suspendidos desde 2003 tras una serie de arrestos de disidentes.
2005 - Mayo - Alrededor de 200 disidentes convocan una reunión pública, descrita por los organizadores como la primera reunión de ese tipo realizada desde la revolución de 1959.
2005 - Julio - El Huracán Dennis causa destrucción generalizada y deja a 16 personas sin vida.
2006 - Febrero - Guerra propagandística en La Habana: el Presidente Castro inaugura un monumento que obstruye la vista de mensajes iluminados –algunos de ellos sobre derechos humanos– mostrados en la sede de la misión diplomática estadounidense.

Castro hospitalizado

2006 - Julio - El Presidente Fidel Castro se somete a cirugía gástrica y cede el control del gobierno de forma temporal a su hermano Raúl.
2006 - Diciembre - La ausencia de Fidel Castro en un desfile que marca el 50° aniversario de su regreso a Cuba desde el exilio genera nueva especulación acerca de su futuro.
2007 - Abril - Un abogado y un periodista obtienen largas condenas tras juicios secretos. Defensores de derechos humanos ven esto como señal de una ofensiva contra las actividades de la oposición.
2007 - Mayo - Castro está ausente en el desfile anual del Día del Trabajador en La Habana. Días más tarde dice que ha tenido varias operaciones.

Ira provocada por EE.UU. al retirar la imputación contra el veterano militante anti-castrista Luis Posada Carriles, un antiguo agente de la CIA y el "Enemigo Público N° 1" de Cuba, acusado de derribar un avión comercial cubano.

2007 - Julio - Por primera vez desde 1959, el Día de la Revolución se celebra sin la presencia de Castro.
2007 - Diciembre - Castro dice en una carta leída en la televisión cubana que no tiene intenciones de aferrarse al poder indefinidamente.

Fidel renuncia

2008 - Febrero - Raúl Castro toma las riendas como presidente, días después de que Fidel anunciara su jubilación.
2008 - Mayo - Se levanta la prohibición de propiedad privada de teléfonos móviles y computadoras.
2008 - Junio - Se anuncian planes para abandonar la igualdad salarial. La decisión supone un desvío radical de los principios económicos Marxistas ortodoxos, observados desde la revolución de 1959.

La UE levanta las sanciones diplomáticas impuestas sobre Cuba en 2003 a raíz del la ofensiva contra disidentes.

2008 - Julio - En un esfuerzo por estimular la decreciente producción de alimentos en Cuba y reducir la dependencia de alimentos importados, el gobierno relaja sus restricciones sobre la cantidad de terreno disponible para agricultores privados.
2008 - Septiembre - Los Huracanes Gustav e Ike infligen los peores daños causados por tormentas en la historia registrada de Cuba: 200.000 personas pierden sus casas y sus cosechas.
2008 - Octubre - La empresa estatal de petróleo estima que tiene aproximadamente 20 mil millones de barriles en sus yacimientos submarinos, doblando estimaciones previas.

La Unión Europea restablece los vínculos.

Los vínculos con Rusia se revitalizan

2008 - Noviembre - El presidente ruso Dmitri Medvédev visita el país. Ambos países cierran nuevos acuerdos de comercio y económicos, con vistas a reforzar las relaciones. Raúl Castro hace una visita recíproca a Rusia en enero de 2009.

El presidente chino Hu Jintao visita el país para firmar acuerdos comerciales y de inversión, incluidos acuerdos para continuar comprando níquel y azúcar cubano.

2008 - Diciembre - Buques de guerra rusos visitan La Habana por primera vez desde el fin de la Guerra Fría. El gobierno dice que el 2008 ha sido el año más difícil para la economía desde el derrumbe de la Unión Soviética. El crecimiento se reduce a la mitad, quedando en 4.3%.

2009 - Marzo - Dos figuras líderes de la era de Fidel, el Secretario del Comité Ejecutivo Carlos Lage y el Ministro de Exteriores Felipe Pérez Roque, dimiten tras admitir "errores." Estos serán los primeros de varios cambios en el gobierno tras la dimisión de Fidel Castro.

El Congreso estadounidense vota levantar las restricciones de la Administración de Bush sobre cubanos americanos que visitan La Habana y el envío de dinero.

2009 - Abril - El presidente estadounidense Barack Obama dice que quiere un nuevo comienzo con Cuba.

Medidas anticrisis

2009 - Mayo - El gobierno anuncia su programa de austeridad para tratar de reducir el consumo energético y paliar el impacto de la crisis financiera global.
2009 - Junio - La Organización de Estados Americanos (OEA) vota levantar la prohibición de la membrecía cubana impuesta en 1962. Cuba acoge la decisión con agrado, pero dice que no tiene planes de reincorporarse.
2009 - Julio - Cuba firma un acuerdo con Rusia que permite la exploración petrolera en aguas cubanas del Golfo de México.
2010 - Febrero - El preso político Orlando Zapata Tamayo muere después de 85 días en huelga de hambre.
2010 - Mayo - Se permite a las mujeres y las madres de presos políticos realizar una manifestación tras intervenir el arzobispo de La Habana, Jaime Ortega, a su favor.
2010 - Julio - El Presidente Castro acuerda liberar a 52 disidentes bajo un acuerdo gestionado por la Iglesia y España. Varios entran en exilio.
2010 - Septiembre - Planes radicales para aplicar recortes masivos de funcionarios. Los analistas ven las propuestas como el mayor cambio del sector privado desde la revolución de 1959.
2011 - Enero - El Presidente estadounidense Barack Obama relaja las restricciones de viajes a Cuba. La Habana dice que las medidas no son suficientes.
2011 - Marzo - Los últimos dos presos detenidos durante la ofensiva de 2003 son liberados.

Las reformas toman impulso

2011 - Abril - El Congreso del Partido Comunista dice que investigará la posibilidad de permitir a ciudadanos cubanos viajar al extranjero como turistas.
2011 - Agosto - La Asamblea Nacional aprueba reformas económicas encaminadas a promover iniciativas privadas y a reducir la burocracia estatal.
2011 - Noviembre - Cuba aprueba una ley que permite a los ciudadanos comprar y vender propiedad privada por primera vez en 50 años.
2011 - Diciembre - Las autoridades liberan a 2.500 presos, incluidos algunos sentenciados por crímenes políticos, como parte de una amnistía, antes de una visita del Papa prevista para 2012.
2012 - Junio - Cuba reimpone tasas de aduana en todos los alimentos importados. Las autoridades liberalizaron las tasas en 2008 para permitir que las familias pudieran recibir ayudas alimentarias de familiares en el extranjero tras una serie de huracanes. La comida pronto acabó en el mercado comercial, dadas las escaseces endémicas que sufre Cuba, lo que provocó la vuelta a las restricciones.

CUBA TIMELINE : A CHRONOLOGY OF KEY EVENTS

cialist system of government permanent and untouchable. Castro called for the vote following criticisms from US President George W. Bush.

Dissidents jailed

2003 - March-April - '"Black Spring'" crackdown on dissidents draws international condemnation. Seventy-five people are jailed for terms of up to 28 years; three men who hijacked a ferry for trying reach the U.S. are executed.
2003 - June - EU halts high-level official visits to Cuba in protest at the country's recent human rights record.
2004 - April - UN Human Rights Commission censures Cuba over its rights record. Cuban foreign minister describes resolution –which passed by single vote– as "ridiculous."
2004 - May - US sanctions restrict US-Cuba family visits and cash remittances from expatriates.
2004 - October - President Castro announces ban on transactions in US dollars, and imposes 10% tax on dollar-peso conversions.
2005 - January - Havana says it is resuming diplomatic contacts with the EU, frozen in 2003 following a crackdown on dissidents.
2005 - May - Around 200 dissidents hold a public meeting, said by organizers to be the first such gathering since the 1959 revolution.
2005 - July - Hurricane Dennis causes widespread destruction and leaves 16 people dead.
2006 - February - Propaganda war in Havana as President Castro unveils a monument which blocks the view of illuminated messages –some of them about human rights– displayed on the US mission building.

Castro hospitalized

2006 - July - President Fidel Castro undergoes gastric surgery and temporarily hands over control of the government to his brother, Raúl.
2006 - December - Fidel Castro's failure to appear at a parade to mark the 50th anniversary of his return to Cuba from exile prompts renewed speculation about his future.
2007 - April - A lawyer and a journalist are given lengthy jail terms after secret trials, which rights activists, see as a sign of a crackdown on opposition activity.
2007 - May - Castro fails to appear at Havana's annual May Day parade. Days later he says he has had several operations.

Anger as the US drops charges against veteran anti-Castro militant Luis Posada Carriles, who is a former CIA operative and Cuba's "Public Enemy No. 1" accused of downing a Cuban airliner.

2007 - July - First time since 1959 that Revolution Day is celebrated without Castro present.
2007 - December - Castro says in a letter read on Cuban TV that he does not intend to cling to power indefinitely.

Fidel steps down

2008 - February - Raúl Castro takes over as president, days after Fidel announces his retirement.
2008 - May - Bans on private ownership of mobile phones and computers lifted.
2008 - June - Plans are announced to abandon salary equality. The move is seen as a radical departure from the orthodox Marxist economic principles observed since the 1959 revolution.

EU lifts diplomatic sanctions imposed on Cuba in 2003 over crackdown on dissidents.

2008 - July - In an effort to boost Cuba's lagging food production and reduce dependence on food imports, the government relaxes restrictions on the amount of land available to private farmers.
2008 - September - Hurricanes Gustav and Ike inflict worst storm damage in Cuba's recorded history, with 200,000 left homeless and their crops destroyed.
2008 - October - State Oil Company says estimated 20bn barrels in offshore fields, doubling previous estimates.

European Union restores ties.

Ties with Russia revitalized

2008 - November - Russian President Dmitry Medvedev visits. Two countries conclude new trade and economic accords in sign of strengthening relations. Raúl Castro pays reciprocal visit to Russia in January 2009.

Chinese President Hu Jintao visits to sign trade and investment accords, including agreements to continue buying Cuban nickel and sugar.

2008 - December - Russian warships visit Havana for first time since end of Cold War. Government says 2008 most difficult year for economy since collapse of Soviet Union. Growth nearly halved to 4.3%.
2009 - March - Two leading figures from Fidel era, Cabinet Secretary Carlos Lage and Foreign Minister Felipe Pérez Roque, resign after admitting "errors." First of several government reshuffles since resignation of Fidel Castro.

US Congress votes to lift Bush Administration restrictions on Cuban-Americans visiting Havana and sending back money.

2009 - April - US President Barack Obama says he wants a new beginning with Cuba.

Crisis measures

2009 - May - Government unveils austerity programme to try to cut energy use and offset impact of global financial crisis.
2009 - June - Organization of American States (OAS) votes to lift ban on Cuban membership imposed in 1962. Cuba welcomes decision, but says it has no plans to rejoin.
2009 - July - Cuba signs agreement with Russia allowing oil exploration in Cuban waters of Gulf of Mexico.
2010 - February - Political prisoner Orlando Zapata Tamayo dies after 85 days on hunger strike.
2010 - May - Wives and mothers of political prisoners are allowed to hold demonstration after archbishop of Havana, Jaime Ortega, intervenes on their behalf.
2010 - July - President Castro agrees to free 52 dissidents under a deal brokered by the Church and Spain. Several go into exile.
2010 - September - Radical plans for massive government job cuts to revive the economy. Analysts see proposals as biggest private sector shift since the 1959 revolution.
2011 - January - US President Barack Obama relaxes restrictions on travel to Cuba. Havana says the measures don't go far enough.

2011 - March - Last two political prisoners detained during 2003 crackdown are released.

Reforms gather pace

2011 - April - Communist Party Congress says it will look into possibility of allowing Cuban citizens to travel abroad as tourists.
2011 - August - National Assembly approves economic reforms aimed at encouraging private enterprise and reducing state bureaucracy.
2011 - November - Cuba passes law-allowing individuals to buy and sell private property for first time in 50 years.
2011 - December - The authorities release 2,500 prisoners, including some convicted of political crimes, as part of an amnesty ahead of a papal visit due in 2012.
2012 - June - Cuba re-imposes customs duty on all food imports. The authorities liberalized duties in 2008 to allow families to receive food aid from relatives abroad following a series of hurricanes. The food soon found its way into the commercial market, given Cuba's endemic shortages, prompting the clampdown.

La Tragedia del Ciudadano Común
Michael Betancourt

Aunando la historia de la propaganda comunista—las imágenes epónimas de los sagrados líderes-héroes de la revolución—y el arte contemporáneo, estos murales reflejan la lucha que está teniendo lugar dentro de la todavía comunista Cuba en su transición hacia el presente. Esta colaboración entre el "photograffeur" JR y el pintor José Parlá fue una fusión fructífera de capacidades y técnicas artísticas. Ambos artistas fotografiaron, encolaron y repasaron las imágenes, integrándolas. Los ladrillos desnudos de los muros cercenados sobresalen, rotos, las fotografías se extienden por las fracturas y enmarcan el yeso desprendido, mientras la caligrafía distintiva de Parlá va a la deriva, rodea y extiende la fotografía por la superficie más allá del borde del retrato, recortado con cuidado y desarrollado en dos etapas: la primera, dos semanas en marzo para buscar ubicaciones donde encontraron, entrevistaron y fotografiaron a los modelos; la segunda, tres semanas desde el 28 de abril al 13 de mayo, creando sus murales para la *Oncena Bienal de la Habana* (11 de mayo a 11 de junio de 2012). *Los Surcos de la Ciudad, La Habana, Cuba*, es la cuarta parte de una serie de murales iniciada por JR en España, continuada en Shanghái, en Los Ángeles y luego en La Habana donde colaboró con Parlá.

Los protagonistas de estas fotografías son vecinos ancianos. Su presencia en la comunidad durante décadas ahora se convierte en parte integrante literal mediante su retrato y trabajo de modelo: están en reposo, su aparente calma desmentida por sus arrugas y el flujo arremolinado y turbulento de la caligrafía. De las veinte imágenes producidas e instaladas, trece de ellas incluyen escritura de Parlá. Con su historia personal a cuestas, vemos las señales del paso del tiempo y de la acumulación de incidentes reflejando su entorno. El comentario no está ausente, sino suspendido. Sus murales tienen un impacto visceral, pero éstas no son imágenes sobre individuos: las veinte personas elegidas para estos murales se convierten en avatares de su barrio en la misma medida que en sobrevivientes de la revolución de 1959. La transcendencia une a estos individuos ahora épicos, antes anónimos, con los retratos icónicos de los héroes revolucionarios. Los acontecimientos históricos vividos por las personas en estas fotografías se convierten en historias personales—literalmente *vividas*—preservadas en la memoria y fluyendo a través de la escritura de Parlá en los muros. Las caras individuales y las fachadas de los edificios coinciden, cada uno mostrando el paso de lo que vino y se fue: su historia.

Los trabajos plenamente colaborativos dificultan la identificación de los límites entra la aportación de un artista y la del otro. Esto es lo que ocurre aquí. Ambos artistas produjeron las fotografías usadas en los murales definitivos y ambos trabajaron en la pintura y en el encolado, difuminando las fronteras. La integración de fotografía-pintura-muro es la característica central de estas obras, haciendo de esta colaboración una obra distinta de la de cualquiera de los dos artistas en solitario. El espacio calle/galería/espacio público, un tema recurrente en las pinturas de Parlá, se invierte: la calle se convierte en galería de arte; lo museístico se convierte en una experiencia pública compartida. El arte se encuentra en el exterior para un público distinto al que suele acudir a la sala de exposiciones, galería o museo: democratizado mediante su traslado al mundo, a la calle.

Para ninguno de los dos artistas es ésta la primera vez que aparecen estas preocupaciones en su obra.

Las pinturas de José Parlá sugieren una superposición de capas sintéticas para revelar, borrar o inventar una historia para lo que aparece en la pintura; la caligrafía es distinta de la obra de pintura normal porque es un portador de significado simbólico, especialmente cuando es ilegible: lo que *dice* está allí, pero no se revela. Mientras que en sus exposiciones de galería recrea lugares descritos por los títulos de sus cuadros, en *Los Surcos de la Ciudad, La Habana, Cuba* pasan a *ser* literalmente esos lugares, devolviendo la obra de galería a su origen inicial. La frontera entre lo que era muro y lo que era pintura, lo que se encoló, se difumina, una elisión que también vemos en sus otras obras.

La ambigüedad es una característica esencial de las obras de Parlá, desestabilizando todas las posturas políticas sostenidas, cualquier proclama realizada—apoyo, negación, apatía—todos están justificados como una potencialidad válida. En sus obras, la política siempre está ya en el pasado, habiendo fracasado, logrado éxitos o incluso habiéndose dejado de lado por atender a otras preocu-

PHOTO FROM *THE WRINKLES OF THE CITY, HAVANA, CUBA* ARCHIVE
/
FOTO DE *LOS SURCOS DE LA CIUDAD, LA HABANA, CUBA* ARCHIVO

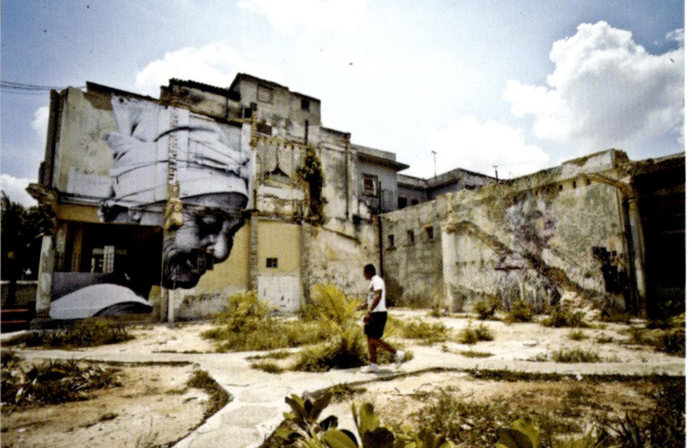

Tragedy of the Common Citizen
Michael Betancourt

Drawing together the history of communist propaganda—the eponymous images of the sacred leader-heroes of the revolution—and contemporary art, these murals reflect the struggle taking place within still-communist Cuba as it moves into the present. This collaboration between photograffeur JR and painter José Parlá was a fruitful fusion of artistic skills and techniques: both artists photographed, wheat pasted, and worked over the images, integrating them. The bare bricks of severed walls jut through, torn, the photographs sprawl around fractures and outline lost plaster, Parlá's signature calligraphy drifting, surrounding, extending the photograph across the surface beyond the carefully cropped portrait's edge developed in two stages: the first, two weeks in March to scout locations where they met, interviewed, photographed models; the second, three weeks from April 28th to May 13th, creating their murals for the 11th *Bienal de la Habana* (May 11th to June 11th, 2012). *The Wrinkles of the City, Havana, Cuba* is the fourth part of a mural series begun by JR in Spain, continued in Shanghai, in Los Angeles, and then in Havana where he collaborated with Parlá.

Aged residents are the subjects of these photographs. Their decades-long community presence now becomes a literal fixture through their portrait/modeling work: they are in repose, their apparent calmness belied by their wrinkles and the swirling, turbulent flow of calligraphy. Of the twenty images produced and installed, thirteen include Parlá's writing. Carrying their personal history with them, we see the markers of time's passage and the accumulation of incident, mirroring their surroundings. Commentary is not absent, but suspended. Their murals have a visceral impact, yet these are not just pictures about individuals: the twenty people chosen for these murals become avatars of their neighborhood as much as survivors of the 1959 revolution. Transcendence links these now larger-than-life individuals, formerly anonymous, to the iconic portraits of revolutionary heroes. Historic events witnessed by people in these photographs become personal stories—literally *lived*—preserved in memory and flowing through Parlá's writing onto the walls. Individual faces and building façades coincide, each showing the passage of what has come and gone: their history.

Fully collaborative works make identifying the boundaries between one artist's contribution and another's difficult. That is the case here: both artists produced the photographs used in the final murals, and they both worked on the painting and pasting, creating a blurring of boundaries. The integration of photograph-with-painting-with-wall is the central feature of these works, making this collaboration distinct from either artist's solo work. The street/gallery/public space, a longtime subject of Parlá's paintings, reverses itself: the street becomes the art gallery; the museal becomes a shared public experience. Art finds itself outside for an audience different than what is commonly found in the exhibition hall, gallery, and museum: democratized by moving into the world, onto the street.

These concerns are not foreign to either artist's past work.

José Parlá's paintings suggest a synthetic layering to reveal, erase, or invent a history for what appears in the painting; calligraphy is different from normal painterly work because it is a symbolic carrier of meaning, especially when it is illegible: what it *says* is present but withheld. Where his gallery exhibitions recreate places described by his painting's titles, in *The Wrinkles of the City, Havana, Cuba* they literally *are* those places, returning the gallery work to its originary source. The boundary between what was wall, what was painting, what was pasted up blurs—an elision common to his other works.

Ambiguity is an essential feature of Parlá's paintings, destabilizing all the political positions held, any statements made—support, denial, apathy—each is justified as a valid potential. In his work politics are always already past, having failed, succeeded, or even been superseded by other, more pressing concerns. It is impossible to fully resolve what position is offered. Instead, what appears is the trace left behind—historical testimony remaining visible as the painting, (a palimpsest is always both a writing over and an erasure). Instead, viewers must confront their own beliefs in place of the grand gesture or statement by the artist. The elusive nature of political statements in Parlá's work—even the apparently 'obvious' anti-war sentiment of *Temporary Autonomous Zone*, (2008)—enables his paintings to function politically inside contexts where overt political statements might result

COMMUNIST PROPAGANDA, HAVANA, CUBA
/
LA PROPAGANDA COMUNISTA, LA HABANA, CUBA

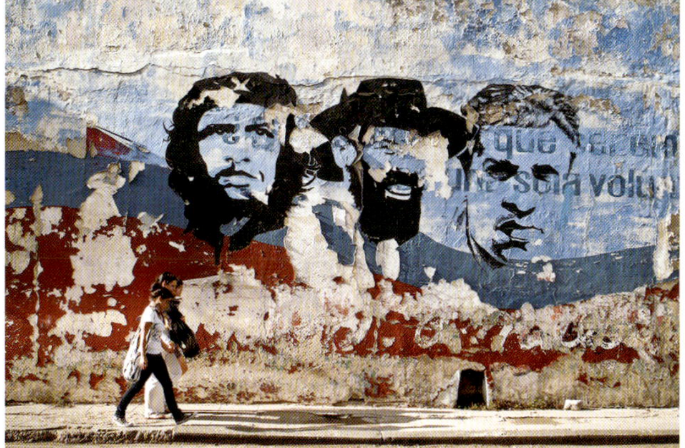

PHOTO FROM *THE WRINKLES OF THE CITY, HAVANA, CUBA* ARCHIVE
/
FOTO DE *LOS SURCOS DE LA CIUDAD, LA HABANA, CUBA* ARCHIVO

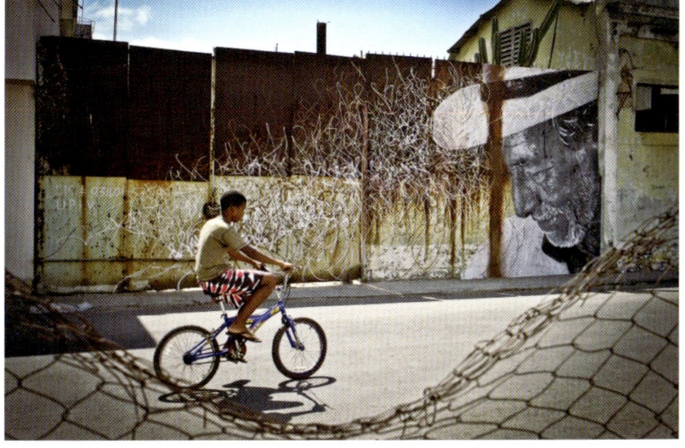

paciones más urgentes. Es imposible resolver del todo qué postura es la que se ofrece. Más bien, lo que aparece es el rastro que queda: el testimonio histórico que permanece visible *en forma* de la obra, (un palimpsesto es siempre un acto de sobrescribir y de borrar). Más bien, los espectadores deben hacer frente a sus propias creencias en lugar de al gran gesto o a la gran proclama del artista. El carácter escurridizo de las proclamas políticas en la obra de Parlá—incluso el aparentemente 'obvio' sentimiento antibélico de *Temporary Autonomous Zone* ("Zona Autónoma Temporal"), (2008)—permite que sus obras funcionen políticamente dentro de contextos donde las proclamas políticas abiertas podrían ser objeto de censura, como en la República de Cuba. La ambigüedad escuda las proclamas políticas frente a la reprimenda oficial.

Son historias parecidas las que unen a Parlá y a JR, cuya autodesignación como "photograffeur", voz compuesta francesa a partir de las palabras *photographe* (fotógrafo) y *graffeur* (de graffiti), revela la conexión entre su fotografía e intervenciones ilícitas, incluso ilegales, guerrilleras, en la calle—un tipo de trabajo que su pasado comparte con el de Parlá. El hecho de que ambos artistas estén interesados en cuestiones de calle/galería no es accidental ni mera coincidencia.

El público entabla una comunicación con los foto-murales de JR mediante marcos familiares creados a partir de experiencias pasadas con otros tipos de foto-mural—comerciales y propagandísticos—que hace que la divergencia con respecto a esas expectativas sea tan aparente: no son modelos de moda de ciudades capitalistas, ni modelos heroicos de la revolución.

Los modelos de JR "photograffiados" para las primeras instalaciones de *Los Surcos de la Ciudad* son ambiguas: a menudo ni claramente celebratorias ni críticas (los protagonistas con frecuencia sonríen serena y transcendentemente, con los ojos cerrados). Es a través de su colocación en el entorno que emerge un tipo de significado distinto, un significado contextual ausente en las imágenes en sí. El suyo es un enfoque humanista que se centra en las personas normales, el ciudadano de a pie y que dota a estas fotografías de su carácter específicamente democrático:

> En una sociedad como la nuestra estamos constantemente bombardeados por imágenes de rostros, casi siempre rostros de personas famosas. General y normalmente, estas imágenes no representan la opinión de gente real y común. Yo quiero convertir a las personas anónimas en el centro de atención. Llevar sus rostros a las calles y redefinir la noción de héroe.[1]

Su aspiración manifiesta de redefinir "héroe" conecta estas obras con anteriores investigaciones sobre el iconismo y la redefinición de "noble" y "salvaje" que recorren el pensamiento europeo desde el siglo diecinueve hasta el presente (la ideología del Humanismo), una condición fundamental necesaria para que los ideales democráticos arraiguen: el reconocimiento de que todas las personas son potencialmente heroicas. Que las personas que aparecen en las fotografías de JR no son modelos típicos o iconos públicos salta a la vista de inmediato: éstas son "personas normales", cuyos rostros, aunque familiares por el barrio donde viven, no aparecen en sus muros. Mirando estos sujetos, reconocemos su extrañeza: estas no son personas que suelan convertirse en icónicas y, sin embargo, la fotografía y la reproducción a tal escala provoca un cambio transformativo, forzando un reconocimiento de los factores icónicos inherentes a todas las personas.

TEMPORARY AUTONOMOUS ZONE, 3 X 7 FEET, ACRYLIC, OIL, COLLAGE, POWDERED PIGMENT, INK AND PLASTER ON WOOD, 2006.
/
ZONA AUTÓNOMA TEMPORAL, 91.44 X 213.36 CM, ACRÍLICO, ÓLEO, COLLAGE, PIGMENTO EN POLVO, TINTA Y YESO SOBRE MADERA, 2006.

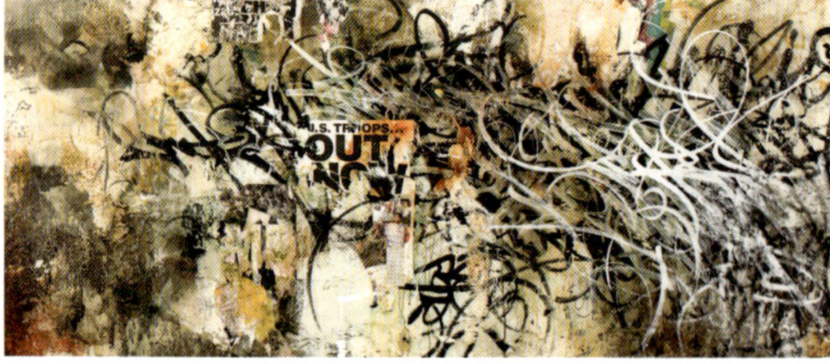

BRACO DIMITRIJEVIC,
CASUAL PASSERBY I MET AT 5 PM, NAPLES, 1971
COLLECTION: LUCIO AMELIO, NAPLES (1971)

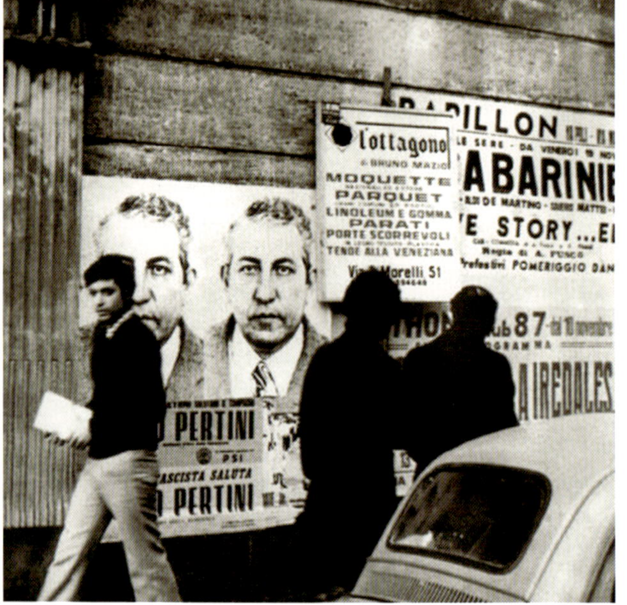

Estos foto-murales encolados recuerdan a otra foto serie icónica: *The Casual Passerby I Met* del artista soviético (y joven ingenuo) Braco Dimitrijevic expuesta en el pabellón italiano de la *Biennale de París* de 1971, un proyecto que abordaba un interés teórico y político en el que la *casualidad*—sus sujetos fueron seleccionados aleatoriamente—ofrecía la posibilidad de cuestionar un *orden de cosas* autoritario.[2] Estas fotografías anteriores, originalmente mostradas como Arte Conceptual en el pabellón italiano, tienen una estructura y organización similar a la fotografía de JR. La diferencia entre las fotografías encoladas de Dimitrijevic y las de JR, sin embargo, es tanto formal como estructural. La escala de la imagen es modesta en el caso de Dimitrijevic y heroica en el caso de JR. En cuanto a la composición, las imágenes de Dimitrijevic están compuestas de forma frontal, recreando imágenes icónicas de propaganda comunista (frontales, con la mirada directamente hacia afuera dirigida al espectador), mientras que el estilo de JR usa una variedad de composiciones distintas. En *Los Surcos de la Ciudad*, estos sujetos rara vez dirigen su mirada directamente a su público: no hay simulación de forma e imaginería autoritaria como en la serie *The Casual Passerby I Met*.

in censorship, such as the Republic of Cuba. Being ambiguous shields political statements from official reprimand.

Similar histories unite Parlá and JR, whose designation of himself as a "photograffeur," a French portmanteau of *photographe* and *graffeur* (graffiti), reveals the connection between his photography and illicit, even illegal, guerilla-style interventions in the streets—a kind of working his past shares with Parlá's. That both artists are engaged with the issues of street/gallery is not accidental or coincidence.

Audiences engage JR's photomurals through familiar frameworks created from past experiences with other kinds of photomural—both commercial and propaganda—that makes the divergence from those expectations so apparent: these are not the high fashion models of capitalist cities, or the heroic role-models of the revolution.

JR's models photograffed for the earlier *The Wrinkles of the City* installations are ambiguous: often neither clearly celebratory nor critical—their subjects often smile serenely, transcendently, eyes closed—it is through their placement in the environment that a different kind of meaning emerges, a contextual one absent from the images in themselves. His is a Humanist focus on common people, the "little guy," giving these photographs their specifically democratic character:

> In a society like ours we are constantly bombarded by images of faces, most of the time these faces are of famous people. Usually and normally, these images do not represent the opinion of real and common people. I want to make anonymous people the center of attention. To take their faces to the streets and redefine the notion of heroes.[1]

His stated aspiration to redefine 'hero' connects these works to earlier investigations of iconism and the redefinition of 'noble' and 'savage' that runs through European thought from the nineteenth century to the present (the ideology of Humanism); a fundamental condition necessary for democratic ideals to take hold—the recognition that everyone is potentially heroic. That the people who appear in JR's photographs are not typical models or public icons is immediately apparent: these are the 'common folk' whose visages, while familiar from the neighborhood where they live, do not appear on its walls. In looking at these subjects, we recognize their strangeness: these are not the people who normally become iconic, yet photography and reproduction on such a scale brings a transformative shift, forcing a recognition of the iconic factors inherent in everyone.

These wheat pasted photomurals recall another iconic photoseries: *The Casual Passerby I Met* by Soviet artist (and child ingénue) Braco Dimitrijevic shown in the Italian pavilion at the 1971 *Biennale de Paris*, a project addressing a theoretical and political interest where *chance*—his subjects were selected at random—offered the potential to challenge an authoritarian *order of things*.[2] These earlier photographs, originally shown as Conceptual Art in the Italian pavilion, have a similar structure and organization to JR's photography. The difference between Dimitrijevic's pasted-up photographs and JR's however, is both formal and structural: scale of the image (modest for Dimitrijevic, heroic for JR) and compositional—Dimitrijevic's images are frontally composed, recreating iconic communist propaganda images (frontal, gazing directly outwards to address the viewer), while JR's style uses a variety of different compositions. In *The Wrinkles of the City*, these subjects rarely engage in a direct addressing of their audience: there is no simulation of authoritarian form and imagery as in *The Casual Passerby I Met* series.

Both sets of imagery were posted on walls in public spaces. This action embeds these photomurals in a historical framework drawing their significance away from art and into the realm of shared social experience. The enlarged picture pasted-up to the wall is unlike the more humble photograph or snapshot: its new context and large size serves as a reminder that public struggles of country and city are actually the private lives of the people living there. This is a major distinction between JR's photographs, his and Parlá's collaborative project in Havana, and the earlier series by Dimitrijevic.

JR and Parlá curated these murals via their working process: visiting Havana in March to meet the people who appear on the murals, learning their stories and the stories of the neighborhood where they live was essential to the final form of this work. One can sense these tales written on the walls, even when they are illegible.

THE WRINKLES OF THE CITY, SHANGHAI,
RONY ZHUANG, 2010
/
LOS SURCOS DE LA CIUDAD, SHANGHAI,
RONY ZHUANG, 2010

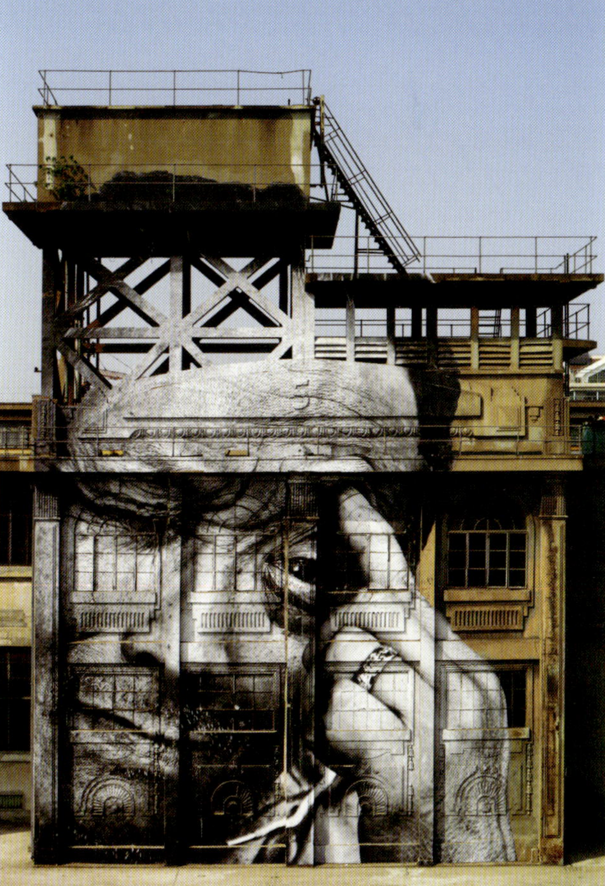

Ambas series de imaginería se exhibieron en muros en espacios públicos. Esta acción integra estos foto-murales en el marco histórico, desviando su significado del arte a la realidad de la experiencia social compartida. La imagen ampliada pegada en el muro no se parece a la fotografía más humilde: su nuevo contexto y gran tamaño sirven como recordatorio de que las luchas públicas del país y de la ciudad están realmente en las vidas privadas de los que viven allí. Esta es una distinción importante entre las fotografías de JR, el proyecto colaborativo de él y Parlá en La Habana, y la serie de Dimitrijevic.

JR y Parlá fueron los comisarios de estos murales a través de su proceso de trabajo: la visita a La Habana en marzo para conocer a las personas que aparecen en los murales, aprendiendo sus historias y las historias de los barrios donde viven, fue esencial para la forma final que adoptó la obra. Estos relatos escritos en los muros se sienten, aunque sean ilegibles. Ninguno de estos individuos fue elegido aleatoriamente, aunque fueran encontrados aleatoriamente; este no es un ejercicio formal de retrato ni un ejercicio en cómo usar una estructura arbitraria para cuestionar una autoridad establecida.

El lugar seleccionado para cada foto-mural no fue accidental; están en barrios pobres, el sentido de deterioro provocado por el paso del tiempo. Únicamente una de las obras está en Habana Vieja, un barrio pobre/de clase trabajadora que atrae a turistas extranjeros a los hoteles gestionados en asociación con cadenas españolas, francesas, canadienses o italianas. Las demás están fuera de la zona turística—Centro Habana, Los Sitios, Cayo Hueso y Colón: su *verdadero* público son vecinos en lugar de visitantes de afuera. Se han dejado en el lugar como monumentos por y para los vecinos. Sus ubicaciones decadentes tienen una conexión inmediata con las obras de Parlá exhibidas en galerías que reproducen las calles de la ciudad, llevando al espectador confrontar un fragmento de la ciudad, como dijo:

> Las paredes muestran un sentimiento psicológico de ciudades o lugares por los que viajo y los que más me atraen son paredes y superficies deterioradas y llenas de marcas. Hay un sentido de urgencia en las marcas de las personas; en el deterioro, hay abandono.[3]

Pero con una diferencia esencial: estas intervenciones en los muros de La Habana no son sitios de abandono; dirigen nuestra atención no tanto al deterioro sino a su calidad de testigo. Ésta es la dimensión que emerge de la obra: tanto estos individuos como su hogar, La Habana, han sido testigos de la revolución, de la agitación política, de la amenaza de guerra nuclear que vinieron y se fueron. Los aspectos políticos de estos murales están implícitos pero también son escurridizos. Estos ciudadanos cubanos no son revolucionarios, sino unas personas que vivieron con y a través de esa revolución, cuyas vidas son testimonio de la lucha política de las décadas posteriores.

PHOTO FROM *THE WRINKLES OF THE CITY, HAVANA, CUBA* ARCHIVE
/
FOTO DE *LOS SURCOS DE LA CIUDAD, LA HABANA, CUBA* ARCHIVO

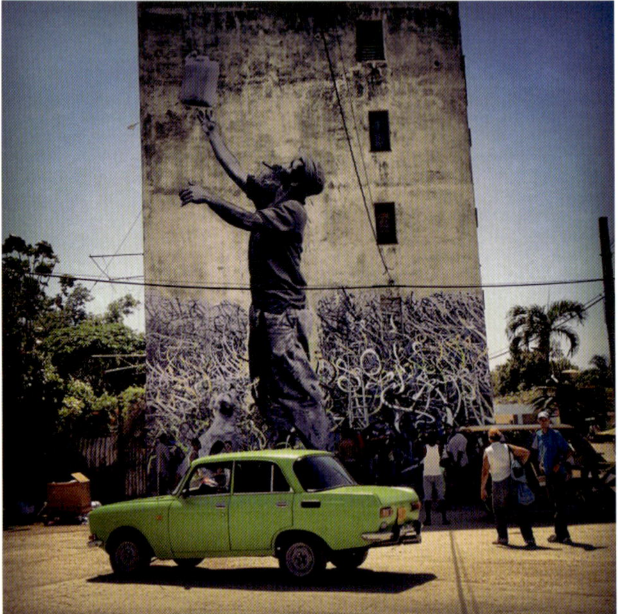

El mural de *San Agustín, La Habana* muestra a un anciano con el brazo extendido hacia arriba mientras un contenedor—¿lleno de agua, gasolina?; ¿lleno o vacío?—cuelga sobre su cabeza. Esta imagen, situada justo a las afueras de La Habana en un proyecto de vivienda social construido en los años 70 con ayuda soviética, recuerda la ayuda exterior que una vez llegó a Cuba de su aliado soviético, pero no queda claro si el contenedor está bajando, subiendo o si está simplemente suspendido, a modo de provocación. Con el fin de la Unión Soviética llegó el fin de esa ayuda. Mientras que las condiciones en estas viviendas son mejores que las de las partes más derruidas de La Habana, al igual que los otros murales de *Los Surcos de la Ciudad, La Habana, Cuba*, éste transforma la lucha diaria en algo significante. Estos individuos se convierten en figuras históricas porque son testigos de la historia; los requisitos mundanos de la vida diaria son su lucha revolucionaria.

Las luchas de estos individuos son un eco irónico del *Übermensch* de Friedrich Nietzsche, que es moralmente superior porque hace lo que hay que hacer aquí en el mundo físico en lugar de posponer acciones por deferencia a un futuro imaginado y de otro mundo.[4] El ideal revolucionario por el que han vivido estos modelos se ve parodiado por los acontecimientos del siglo veinte con sus promesas de un futuro de paz, prosperidad y libertad. En lugar de enfoque en el futuro, se centran en resolver las necesidades urgentes, inmediatas del momento, poniendo el foco en lo que es necesario *ahora*, haciendo que las demandas reales del mundo físico formen parte insistente de la conciencia. Se vuelven heroicos, el *Übermensch*, porque hicieron lo que había que hacer: elevarse por encima de la historia caligráficamente escrita en el muro, integrados en el, arremolinándose en

None of these individuals were randomly chosen even if randomly encountered; this is not a formal exercise in portraiture or an exercise in using arbitrary structure to challenge established authority.

The site selected for each photomural was not accidental; they are in poor neighborhoods, the sense of decay caused by time passing. Only one of these works is in Habana Vieja, a poor/working class neighborhood that attracts foreign tourists to the hotels run in partnership with chains from Spain, France, Canada or Italy. The others are outside this tourist area—Centro Habana, Los Sitios, Cayo Hueso, and Colón: their *true* audience are residents, rather than outside visitors. They have been left in place as monuments for and to the locals. Their decaying locations have an immediate connection to Parlá's gallery-based works reproducing the walls of the street, bringing the viewer to confront a fragment of the city, as he has stated:

> Walls display a psychological feeling of cities or places that I travel through and I am mostly attracted to walls and surfaces that are deteriorated and marked. There is a sense of urgency in people's marks; in deterioration, there is neglect.[3]

But with a vital difference: these interventions on the walls of Havana are not as sites of neglect; they bring our attention not to the decay, but to the fact of witness. It is this dimension that emerges from the work—both these individuals and their home, Havana, have stood by as revolution, political upheaval, and the threat of nuclear war have come and gone. The political aspects of these murals are implicit, but also elusive. These Cuban citizens are not revolutionaries, but the ones who lived with and through that revolution, whose lives testify to the political struggles that came in the decades afterwards.

The *San Agustín, Havana* mural shows an elderly man reaching up as a container—of water or gasoline? full or empty?—hangs above his head. This picture, placed just outside Havana in a building project constructed during the 1970s using Soviet aid, remembers the outside help that once came into Cuba from its Soviet ally—but it is unclear whether the container is being lowered, raised or is simply suspended, a taunt. With the end of the Soviet Union, came an end to this assistance. While the conditions in this project are better than the more derelict parts of Havana, like the other murals in *The Wrinkles of the City, Havana, Cuba*, it transforms everyday struggles into something significant. These individuals become historical figures because they witness history, the mundane requirements of everyday life are their revolutionary struggle.

These individuals' struggles ironically echo Friedrich Nietzsche's proposal of the *Übermensch* who is morally superior because he does that which must be done here in the physical world rather than postponing actions out of deference for an imagined and otherworldly future.[4] The revolutionary ideal these models lived through finds itself parodied by the events of the twentieth century with its promises of a futurity of peace, prosperity, and freedom. Instead of that futurity, they focus on meeting the pressing, immediate needs of the moment—bringing into focus what is necessary *now*, making the physical world's actual demands insistently part of consciousness. They become heroic, the *Übermensch*, because they did what must be done—they tower over history calligraphically written on the wall, embedded within it, swirling around them, colliding with their portrait. This experience is the political dimension brought into focus here: a critique of the Cuban revolution, the long gone Soviet support, and the continuing United States embargo done *sotto voce* as public mural.

Tragedy is the traditional domain of nobility, the highborn, not the commoner: it is the great fall of the privileged brought about by their own actions. For the rest, it is simply the condition of life itself. The tragedy of the noble is their loss of position, the tragedy for everyone else is having to live with the consequences of the noble's actions: these are the collisions visible in these murals, the dynamic set-up between the person and the layers of history entangling them, which they transcend simply by surviving, by doing what is necessary. *Carmen and Padre Varela* makes this collision between events and individuals for whom these things are beyond their control visible: the flow of history literally slides across the wall like a breeze, slicing across, around her face, white swirls in darkness; history washing over her, leaving its mark.

Yet these figures do meet some of the most basic requirements described by Aristotle's *Poetics* for being the heroes of a tragedy: they are true to life, yet *are* idealized by these productions, a necessary—even inevitable—effect of a transformative grand scale in these murals. As with Willie Loman, they are common

PHOTO FROM *THE WRINKLES OF THE CITY, HAVANA, CUBA* ARCHIVE
/
FOTO DE *LOS SURCOS DE LA CIUDAD, LA HABANA, CUBA* ARCHIVO

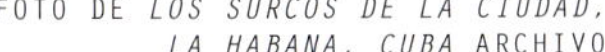

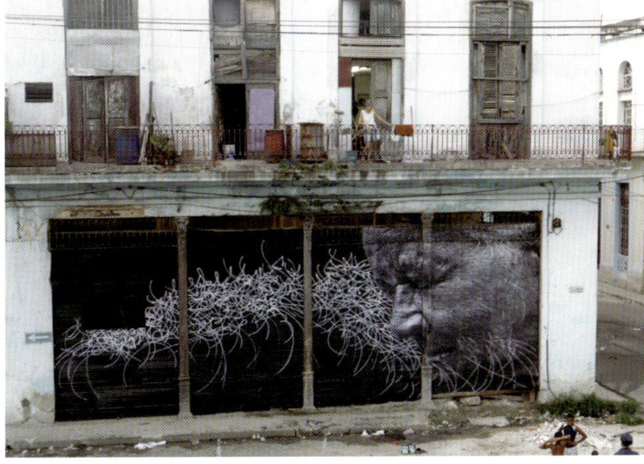

torno a él, chocándose con sus retratos. Esta experiencia es la dimensión política en la que se pone el foco aquí: una crítica de la revolución cubana, el largo apoyo soviético, y el permanente embargo de Estados Unidos expresado *sotto voce* como mural público.

La tragedia es el dominio tradicional de la nobleza, de la alta cuna, y no del plebeyo: es la gran caída del privilegiado provocado por sus propias acciones. Para el resto, es simplemente una condición de la vida misma. La tragedia del hombre es la pérdida de posición; la tragedia para todos los demás es tener que vivir con las consecuencias de las acciones del noble. Estos son los choques visible en estos murales, la dinámica establecida entre la persona y las capas de historia en las que se enredan, que trascienden simplemente sobreviviendo, haciendo lo necesario. *Carmen y Padre Varela* crea ese choque entre acontecimientos e individuos para quienes estas cosas están más allá de su control visible: el flujo de la historia literalmente se desliza por el muro como una brisa que recorre lo recorre, en torno a su rostro, remolinos blancos en la oscuridad; la historia que la empapa, dejando su marca.

Y sin embargo estas figuras sí cumplen algunos de los más básicos requisitos descritos por Aristóteles en su *Poética* para ser héroes de una tragedia: son realistas y sin embargo sí están idealizados por estas producciones, un efecto necesario—incluso inevitable—de la gran escala transformativa de estos murales. Como en el caso de Willie Loman, son personas normales insertas en una historia por lo general fuera de su controla, sirviendo sus expresiones sublimes de recordatorio de que la catarsis—el fin último de toda tragedia—depende de la respuesta, de una *elección*.

Los choques entre historia e individuo son el vínculo temático de los murales de La Habana. Aparece en toda la serie, a veces de forma más evidente que otras. Cada uno de los murales *Animas y Belascoain*, el *G y 17 Vedado*, y el *Peñalver y División* integra a un individuo dentro de y rodeado de esta historia mayor (pero siempre personal): la escritura distintiva de Parlá rodea, rebosa, captura el retrato, fusionándolo con el muro y el entorno que lo rodea. Estos murales no están tan adheridos a las superficies como una erupción de historia contenida en sí mismos y ahora escrita sobre ellos.

PHOTO FROM *THE WRINKLES OF THE CITY, HAVANA, CUBA* ARCHIVE
/
FOTO DE *LOS SURCOS DE LA CIUDAD, LA HABANA, CUBA* ARCHIVO

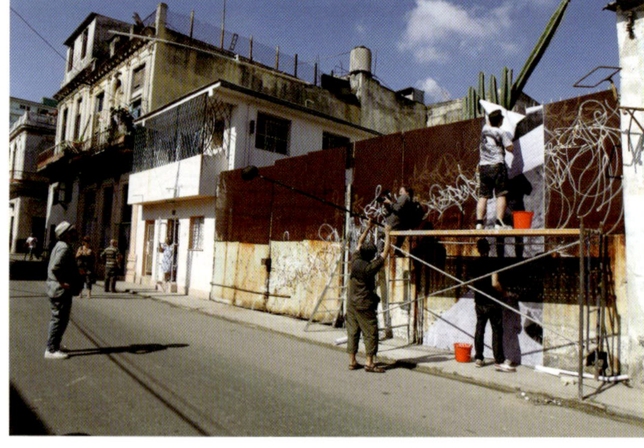

PHOTO FROM *THE WRINKLES OF THE CITY, HAVANA, CUBA* ARCHIVE
/
FOTO DE *LOS SURCOS DE LA CIUDAD, LA HABANA, CUBA* ARCHIVO

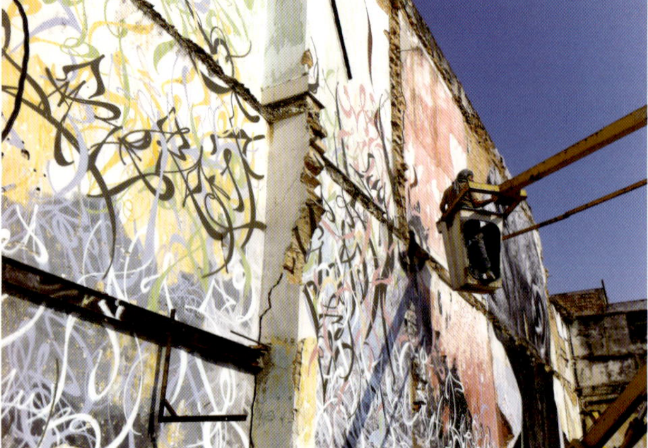

Michael Betancourt es teórico crítico, historiador del arte y cineasta. Sus ensayos se han traducido al chino, al francés, al italiano, al griego, al persa, al portugués y al español y sus ensayos han sido publicados en revistas académicas como *Leonardo*, *Semiotica* y *CTheory*. Ha escrito sobre José Parlá en varias ocasiones anteriores, como en el libro de 2011, *Walls, Diaries, Paintings*. Es Profesor en la *Savannah College of Art and Design* en Savannah, Georgia (Estados Unidos).

[1] Rey Parlá, "STANDARD DISPATCH: Behind the Scenes at the Havana Biennial" 30 de mayo, 2012 en The Standard, www.standardculture.com/posts/6547-STANDARD-DISPATCH-Behind-the-Scenes-at-the-Havana-Biennial, consultado el 20 de junio de 2012.

[2] Braco Dimitrijevic, Tractatus Post Historicus (1976), (Philadelphia: Slought Books, 2009).

[3] "Interview with José Parlá," en Skin, vol. 2, num. 17, agosto de 2008, pp. 38-39.

[4] Friedrich Nietzsche, Así habló Zaratustra, 1885

people posed within a history largely beyond their control, their sublime expressions reminders that catharsis—the ultimate goal of all tragedy—depends on response, a *choice*.

Collisions of history and individual thematically unite the Havana murals. It appears throughout the series, at times more evidently than others. *The Animas and Belascoain*, the *G y 17 Vedado*, and the *Peñalver and Division* murals each embeds an individual within and surrounded by this larger (yet always personal) history: Parlá's signature writing engulfs, flows over, captures the portrait, fusing it with the wall and surrounding environment. These murals are less attached to surfaces than an eruption of history contained within and now written upon them.

Michael Betancourt is a critical theorist, art historian and moviemaker. His essays have been translated into Chinese, French, Italian, Greek, Persian, Portuguese, and Spanish; journals such as *Leonardo*, *Semiotica* and *CTheory* have published his essays. He has written about José Parlá on several occasions in the past, including the 2011 book *Walls, Diaries, Paintings*. He is a Professor at the *Savannah College of Art and Design* in Savannah, Georgia.

PHOTO FROM *THE WRINKLES OF THE CITY, HAVANA, CUBA* ARCHIVE
/
FOTO DE *LOS SURCOS DE LA CIUDAD, LA HABANA, CUBA* ARCHIVO

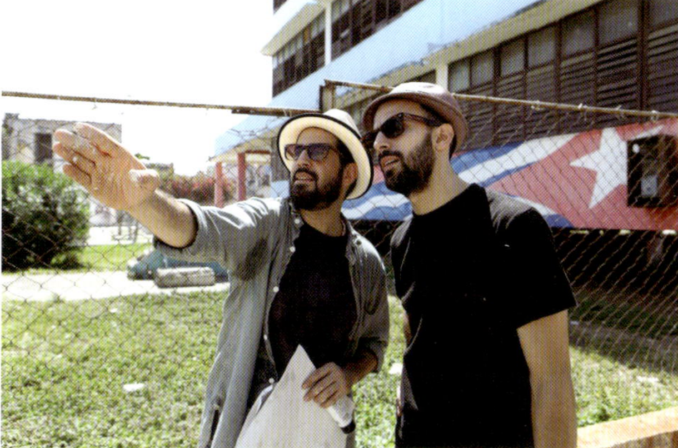

PHOTO FROM *THE WRINKLES OF THE CITY, HAVANA, CUBA* ARCHIVE
/
FOTO DE *LOS SURCOS DE LA CIUDAD, LA HABANA, CUBA* ARCHIVO

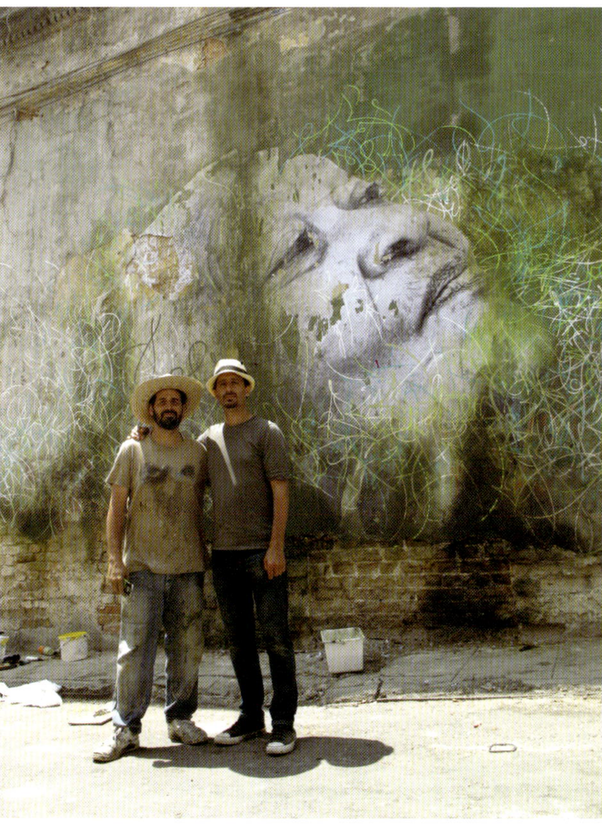

---

[1] Rey Parlá, "STANDARD DISPATCH: Behind the Scenes at the Havana Biennial" May 30, 2012 in *The Standard*, www.standardculture.com/posts/6547-STANDARD-DISPATCH-Behind-the-Scenes-at-the-Havana-Biennial, retrieved June 20, 2012.

[2] Braco Dimitrijevic, *Tractatus Post Historicus* (1976), (Philadelphia: Slought Books, 2009).

[3] "Interview with José Parlá," in *Skin*, vol. 2, issue 17, August 2008, pp. 38-39.

[4] Friedrich Nietzsche, *Thus Spoke Zarathustra* (New York: Penguin Publishing, 1885).

Los surcos de la ciudad: el pasado como destino
Clara Astiasarán

"¿Qué puede el sol en un pueblo tan triste?"
Virgilio Piñera: *La isla en peso*

Yo, uno de los 36 justos desconocidos.
Yo loco wahavit cara pintada (...)
la campana haré din don.
Haré din don, haré din don..."
Carlos Augusto Alfonso: *Día Mundial de las gentes que no me ven*

El sol baña la isla. El sol, que es el aliado más tenaz del Caribe.
Entre él y La Habana se cumple uno de esos axiomas clásicos que contiene la sabiduría que hay en todo lugar común: *nada hay nuevo debajo del sol*[1]. Nunca mejor dicho en una ciudad interrumpida, en un país que hace más de medio siglo apostó por vivir en la geografía y no en el tiempo.

Hay acontecimientos, decía Nietzsche, que tardan un siglo en llegar hasta nosotros, verdades que no nos atrevemos a mirar cara a cara y permanecen bloqueadas en una especie de universo paralelo. La realidad cubana de las últimas seis décadas ha edificado su propio sistema de 'a-islamiento' y, desde esa perspectiva, los acontecimientos ya no se producen al filo de la Historia, si no de las estrategias económicas y políticas.

Un simple recorrido por la ciudad constata que el paisaje está libre de toda culpa transnacional[2] y que la adversidad se ha ensañado con sus muros; ellos son la prueba fehaciente de que si existiese la novedad, perdería allí todo carácter evolutivo. Parafraseando una famosa ley física: en La Habana la materia ni se crea, ni se transforma; sólo se destruye.

El escritor cubano Antonio José Ponte[3], identificado como el 'ruinólogo' de Cuba, aborda la génesis de este neologismo con la singular tristeza que impone la necesidad. Su crítica a la 'reconstrucción nostálgica' que se ejecuta desde el terreno oficial[4] está lejos de abogar por la resistencia folklórica. Ponte, como la mayoría de los cubanos, no celebra la ruina, la necesita; tal y como los seres humanos necesitamos del álbum familiar: porque la arquitectura y la biología constituyen la memoria histórica.

Los surcos de la ciudad[5] es un proyecto que habla del potencial diálogo entre el concepto de compilación –presente en todo álbum familiar– y la arqueología urbana: fotos gigantescas de personajes anónimos de la ciudad, fusionándose con el paisaje. Un significativo giro estilístico produce un nuevo encauce sémico en la edición habanera: la colaboración entre el artista francés JR[6], gestor de esta idea, y el artista cubano americano José Parlá.

La coincidencia no es gratuita. La génesis de ambas praxis se ubica en el espacio público y bajo las leyes particulares de la producción 'en y para' el contexto urbano. En ambas obras se traduce una preocupación constante por reactivar la memoria –personal y colectiva, pública o anónima– sacándola de ese efecto de congelamiento en que se preserva desde la ciencias sociales.

JR apuesta por salir de las zonas de confort e intenta, lejos de esa ideología protectora o intervencionista del primer mundo, involucrar a los actores principales de cada uno de sus escenarios. El arte público, siempre sometido al escrutinio mediático, político y popular, tiende en su caso a la perdurabilidad, porque no está construido desde una lógica paternalista, sino que negocia las herramientas y el territorio de sus acciones con los implicados. Si observamos la incidencia de sus murales en un mapa del mundo, alcanzaríamos a ver el trazo de una 'cartografía de la incomodidad', de una suerte de *terribilità*, esa misma que Susan Sontag define como "*una belleza desafiante*" a partir del trabajo de Da Vinci, en su ensayo *Ante el dolor de los demás*.[7]

Jacques Derrida maduró la idea de que la escritura no es la misma para todos los hombres y que las palabras habladas tampoco son las mismas, mientras que los estados del alma, de los que esas expresiones son inmediatamente los signos,

The Wrinkles of the City: the Past as Destiny
Clara Astiasarán

"But what can the sun do in this benighted town?"
Virgilio Piñera: *The Whole Island*

I, one of the 36 unknown just men.
I, crazy painted-face wahhabi (...)
I'll toll the bell, ding dong.
I'll go ding dong, I'll go ding dong..."
Carlos Augusto Alfonso: *Día Mundial de las gentes que no me ven*

The sun, the Caribbean's most tenacious ally, bathes the island. Between the sun and Havana, a classical axiom containing the wisdom found in any commonplace is made apparent: *there's nothing new under the sun*[1]. This is particularly evident in this interrupted city, in this country that, over fifty years ago, determined to live in geography rather than in time.

Nietzsche suggested there are events that take a century to reach us, truths that we do not dare look in the face and remain blocked in a sort of parallel universe. The Cuban reality of the last six decades has built its own system of isolation (*insula*tion) and, from this point of view, events no longer take place as part of History, but as part of economic and political strategy.

A walk through the city suffices to note that the landscape is free of any multinational fault[2] and that adversity has gnawed at its walls; these walls are evidence that if innovation were to exist there, it would lose all its evolutionary nature. Paraphrasing the famous law of physics: in Havana, matter is neither created, nor transformed; it is only destroyed.

Cuban writer Antonio José Ponte[3], known as Cuba's 'ruinologist', addresses the root of this neologism with the unique kind of sadness brought on by need. His critique of the 'nostalgic reconstruction' executed from the official sphere[4] is far from advocating folkloric resistance. Ponte, like most Cubans, does not celebrate ruin; he needs it, much like human beings need a family album: because architecture and biology constitute historical memory.

The Wrinkles of the City[5] is a project that alludes to the potential dialog between the concept of compilation –present in every family album– and urban archaeology: gigantic photos of anonymous characters of the city, blending in with the landscape. A significant stylistic shift brings about a new semantic channel in the Havana installation: the collaboration between French artist JR[6], the creator of this idea, and Cuban American artist José Parlá.

This coincidence is not a matter of chance. The origin of both these artists' praxes is rooted in the public realm and under specific laws of production 'in and for' the urban context. In both of these artists' works there is a translation of a permanent concern for reactivating memory -personal and collective, public or anonymous-, releasing it from where it is kept "frozen" in the social sciences.

JR ventures beyond comfort areas and, removed from the paternalistic or interventionist ideology of the First World, attempts to engage the main actors of each of the scenarios. Public art, always subjected to political, popular and media scrutiny, in his case tends towards durability, because it is not created from a patronizing logic, but rather through negotiating the tools and the territory of his actions with the people involved. If we look at the incidence of his murals on a world map, we can see the lines of a 'cartography of discomfort', of a kind of *terribilità*, such as that defined by Susan Sontag as *"a challenging kind of beauty"* based on Da Vinci's work, in her essay *Regarding the pain of others*.[7]

Jacques Derrida further developed the idea that writing is not the same for all men and that spoken words are not the same either, whereas all the states of the soul, of which those expressions are immediately signs, are identical in everyone; as are the things of which these states are images[8]. This reflection is the basis of the work of an artist like José Parlá, whose symbolic material is, essentially, a new calligraphy; one with no recognizable common traits, which experiences *jouissance* or bliss[9] in its polysemic nature. His presence in Havana is not only that of

son idénticos en todos; así como son idénticas las cosas de las cuales dichos estados son imágenes[8]. Esa reflexión fundamenta la obra de un artista como José Parlá, cuyo material simbólico es, en esencia, una nueva caligrafía; una sin rasgos comunes reconocibles, que *goza*[9] en su carácter polisémico. Su presencia en La Habana, no sólo es la del traductor de un idioma que es parte de su información genética, o la de un aporte estético que supone su intervención pictórica. Su función es catártica y catalizadora, entre el anonimato de los representados y la pulsión de contar su historia.

La conjunción de estas dos sensibilidades, y la puesta en escena por un equipo multidisciplinar y multicultural, resulta en 20 murales emplazados en algunos de los sitios menos favorecidos de la ciudad: Centro Habana y San Agustín. Mientras, la transitada esquina de 17 y G en El Vedado, exhibe dos de ellos. La elección de los muros entrevé cierto síntoma de aleatoriedad, pero cada ubicación fue estudiada por los artistas en un trabajo inicial de campo, meses antes de su ejecución. Centro Habana es el barrio popular más representativo y allí entre los emplazamientos destacan la esquina donde nació el *Feeling*[10], en las cercanías del Callejón de Hammel; la calle Empedrado –mítica por la figura de José Lezama Lima–, y la contrafachada de la Iglesia de Reina, muestra del neogótico habanero. Con San Agustín la conexión está en la empatía con esa comunidad y con el Museo de Arte Contemporáneo de San Agustín[11], institución prototipo, dedicada al estudio de las prácticas artísticas en la esfera pública.

Los sujetos fotografiados para este proyecto son transeúntes anónimos, personajes cuya edad, rostros y vivencias emulan dramáticamente la fisura arquitectónica. La pared y el retrato se funden y confunden en el panorama ruinoso de La Habana. Si bien la fotografía ha sido concebida y defendida como un instrumento de definición, representación y conservación de identidad, entendida como realidad histórica y como ser social y cultural; esta experiencia constituye un cambio, no solamente en términos formales, técnicos o estilísticos sino también en términos ideológicos. En *Los surcos*… se adopta la restitución del pasado como destino; de modo que cualquier reformulación del realismo está amparada en su capacidad documental. Estos retratos devienen autorretrato de quien los mira. Cada habanero reconoce la arruga y el cansancio propios; cada huella del tiempo, en tanto anónima, es colectiva. En un país donde el culto a la imagen política oficial ha sido mensaje único, estos murales potencian la voz del desconocido y desde esa eficacia convierten el olvido en anamnesis[12].

Si, como escribió Baudelaire, "*dibujar es un acto de memoria*", José Parlá escribe una suerte de historia secreta que le es revelada por los muros. Su pintura asume una posición híbrida o una suerte de repliegue poético que visualiza otra dimensión del imaginario. Unas veces sus gestos pictóricos son la filigrana y el encaje de un vestido; otras un grito. La música que sale de las paredes y las canas tejiéndose entre la pintura y la espuma del mar. La Habana es una ciudad donde la naturaleza es una auténtica representación y donde pareciera cumplirse ese atestado poético de Gary Snyder: "*la naturaleza no necesita el arte*". Por eso es factible pensar que la obra de Parlá siempre ha estado allí, que estar en La Habana es una forma de re-encontrarse en doble vía con su propia historia.

De alguna manera podemos rastrear antecedentes naturales de este proyecto en la obra que desde los años 70 vino desarrollando el artista yugoslavo Braco Dimitrijevic –*Transeúnte Casual*– en la que también usaba fotografías de gente anónima al modo de grandes vallas públicas; en las arquitecturas hendidas de Gordon Matta Clark, donde la grieta abre un espectro metafórico que cuestiona todo orden establecido o quizás en la ideología –o su forma de interpelarnos– de los aforismos que Jenny Holzer proyectaba en Manhattan, también a finales de los setenta. Todas estas obras tienen en común con *Los surcos de la ciudad* su carácter atópico y la desmaterialización del objeto artístico. Para ellas la calle mantiene su prestigio alternativo, multiplicando sus lecturas políticas; fuera del marco restringido del especialista o del espacio de arte, pasan a involucrarse en la realidad de un público no iniciado.

Como proyecto invitado de la Oncena Bienal de la Habana, *Los Surcos*… mantuvo su dialéctica entre el supuesto marco 'neutro' de la institución y el potencial político del arte. La paradoja acá reside en la intención de institucionalizar un gesto anárquico, y es en todo caso una paradoja ética. Si entendemos que los sistemas, tal como los veía Niklas Luhmann[13], son reductores de complejidad, asumir este tipo de irreverencias en el espacio urbano aporta un barniz democrático en medio de las crisis institucionales contemporáneas. El arte en la esfera pública, no siempre es un generador de situaciones y accidentes como lo vio la

the translator of a language which forms part of his genetic information, or that of the aesthetic contribution of his pictorial intervention. His function is cathartic and works as a catalyst between the anonymity of the people represented and the drive to tell their story.

The combination of these two sensitivities and the *mis-en-scène* by a multidisciplinary and multicultural team results in 20 murals placed in some of the least favored locations of the city: Centro Habana and San Agustín. A couple are also exhibited on the busy corner of 17 and G in El Vedado. The choice of walls suggests a certain degree of randomness, but each location was studied by the artists in an initial field work phase, months prior to the execution. Centro Habana is the most representative popular neighborhood and among the locations chosen there, one must mention the corner where *Feeling*[10] was born, near the Callejón de Hammel; Calle Empedrado –famous for the figure of José Lezama Lima–, the rear façade of Iglesia de Reina, an example of Havana Neo-Gothic style; etc. With San Agustín the connection lies in the empathy with this community and with the MAC/SAN (Museum of Contemporary Arts of San Agustín)[11], a prototype for an institution dedicated to contemporary art practices in the public realm.

The subjects photographed for this project are anonymous passers-by, people whose age, faces and experiences emulate dramatically the architectural cracks. Wall and portrait are merged and confused in the ruinous scenario of Havana. Although the photograph has been conceived of and defended as an instrument of definition, representation and preservation of identity, understood as a historical reality and as a social and cultural entity, this experience constitutes a change, not only in formal, technical or stylistic terms, but also in ideological terms. The *Wrinkles…* adopts the restitution of the past as destiny; so that any reformulation of realism is supported by its documentary capacity. These portraits become the self-portrait of the observer. Each citizen of Havana recognizes their own wrinkles and fatigue; every footprint of time, to the extent that it is anonymous, is collective. In a country where the cult of official political image has been the only message, these murals raise the voice of the unknown and through that efficacy turn obscurity into anamnesis[12].

If, as Baudelaire wrote, *"drawing is an act of the memory"*, José Parlá writes a sort of secret history that is revealed by the walls. His painting assumes a hybrid position or a sort of poetic retreat that visualizes another dimension of the imaginary. Sometimes his pictorial gestures are the lace and filigree of a dress; other times they are a cry. Music drifts out of the walls and the grey hairs weave in with the paint and the surf of the sea. Havana is a city where nature is a genuine representation and where Gary Snyder's poetic statement to the effect that nature does not need art seems to be fulfilled. That is why one might think that Parlá's work has always been there, that being in the Havana is both an encounter and a reencounter with his own history.

It is possible to trace back the natural precursors of this project to the work carried out from the 1970s by Yugoslavian Artist Braco Dimitrijevic –*A Causal Passer-by* – where he also used photographs of anonymous people as great public billboards; to the fissured architectures of Gordon Matta Clark, where the cracks open up a metaphorical spectrum that questions any established order and perhaps to the ideology –or their way of addressing us- of the aphorisms that Jenny Holzer projected in Manhattan, also in the late 70s. All these works share with *The Wrinkles of the City* their atopic nature and the dematerialization of the artistic object. For them the street maintains its alternative prestige, multiplying political readings; outside the restricted framework of the specialist or art realm, going on to become part of the reality of an uninitiated public.

As one of the 11th Havana Biennial guest projects, *The Wrinkles…* maintained its dialectic between the supposedly 'neutral' framework of the institution and the political potential of art. The paradox here lies in the intention of institutionalizing an anarchic gesture, and which is in any case an ethical paradox. If we consider that systems, as Niklas Luhmann[13] understood them, are reducers of complexity, to assume this type of irreverence in the urban space provides a democratic varnish in the midst of contemporary institutional crises. Art in the public realm is not always a generator of situations and accidents as considered by the philosophy of Guy Debord[14], but a process of difficult negotiations in favor of the good of the community.

Friedrich Schiller wrote: *"[man] is only wholly Man when he is playing"*[15]. To take on this thought would imply recognizing that there is a specific sensorial experi-

filosofía de Guy Debord[14], sino un proceso de arduas negociaciones en pro de un bien comunitario.

Friedrich Schiller escribe: "*el hombre sólo es plenamente humano cuando juega*"[15]. Atender a este pensamiento implicaría reconocer que existe una experiencia sensorial específica –la estética– que mantiene la promesa de un nuevo mundo del arte y una nueva vida para los individuos y la comunidad. Tal vez la idea de un futuro posible hay que buscarla en Schiller, es decir: en el pasado. En su propuesta de reconocimiento lúdico del mundo. No sin dejar de politizarlo, no sin dejar de pensarlo como laboratorio de re-construcciones reales y simbólicas.

Mientras, la más enorme paradoja es la sobrevida. La cultura y la biología comparten, en La Habana, los ritos de esa sobrevivencia. *Los surcos de la ciudad* contagió al transeúnte habanero de una libertad ajena, de un respeto por algo que ellos atesoran cotidianamente: el valor de lo autogestionario, de lo callejero, de lo salvaje, de lo que más se le parece a la vida.

para los tíos Consuelo y Manolo / Julio, 2012

---

[1] "¿Qué es lo que fue? Lo mismo que será. ¿Qué es lo que ha sido hecho? Lo mismo que se hará: y nada hay nuevo debajo del sol." en Eclesiastés 1:9. Santa Biblia. Reina de Valera, 1909

[2] En Cuba, por disposición estatal, no existe la publicidad de empresas privadas y/o foráneas; además, por cuestiones de orden político, no existen en el país las trasnacionales de comida rápida, combustible, etc. habituales en el paisaje universal contemporáneo.

[3] Antonio José Ponte (Matanzas, 1964) es un escritor cubano que reside en España desde 2007. Ha incursionado en varios géneros y su interés por la ruina es visible en obras como Asiento en las ruinas (Poesía, Letras Cubanas, La Habana,1997), La fiesta vigilada (Ensayo, Anagrama, Barcelona, 2007) y Un arte de hacer ruinas (Cuento, Fondo de Cultura Económica, México, 2005)

[4] La Oficina del Historiador de La Habana es la máxima institución encargada de la restauración del centro histórico; es también una institución gubernamental.

[5] "The Wrinkles of the City" (Los surcos de la ciudad) es un proyecto que nace en el 2008 y ha tenido sus sedes en Cartagena, Shanghái y Los Ángeles. Este proyecto fue desarrollado en La Habana con la invitación de la Oncena Bienal de La Habana, bajo el tema "Prácticas Artísticas e Imaginarios Sociales"; esta Bienal estuvo fundamentalmente dedicada al trabajo de los artistas que desarrollan su propuesta en la esfera pública.

[6] JR es una figura internacional, que en el año 2011 obtuvo el PREMIO TED (Tecnología, Entretenimiento y Diseño) que es otorgado anualmente a personas influyentes con un proyecto o intención de cambiar el mundo.

[7] Sontag, Susan. Ante el dolor de los demás. Mondadori, Barcelona, 2011, p16

[8] Derrida, Jacques. «El fin del libro y el comienzo de la escritura». En De la Gramatología. Siglo XXI Editores, México, 2005, pp 11-35.

[9] El término 'gozo' referido a la interpretación de la escritura se lo debemos a Roland Barthes y está presente en gran parte de su obra teórica; en particular en El Placer del Texto (Siglo XXI, España, 2007) o en Fragmentos del Discurso Amoroso (Siglo XXI, México, 1993).

[10] El Feeling o Filin es un movimiento musical cubano, heredero del bolero, pero a diferencia de éste no es bailable. Tiene influencias del jazz, pero sus características melódicas y su lenguaje armónico lo hacen único. Comenzó en la casa del trovador Tirso Díaz, cercana al Callejón de Hamel. Allí se reunían Portillo de la Luz, Méndez, Ñico Rojas, Elena Burke, Rosendo Ruiz (hijo), Aida Diestro y Frank Emilio. Después se sucedieron los hechos que llevarían al feeling a la fama. Uno de ellos fue la fundación, en 1952, del cuarteto D'Aida el cual integró las voces de Aida Diestro, Moraima Secades, Omara Portuondo y Elena Burke.

[11] El Museo de Arte Contemporáneo de San Agustín es una institución fundada por artistas y gestores cubanos e internacionales, entre los que destaca la figura de Candelario. Es una institución no gubernamental dedicada a la visibilización y estudio de las prácticas artísticas en el dominio público.

[12] Anamnesis es un término griego que significa 'recolección', 'reminiscencia', 'rememoración'. La anamnesis en general apunta a traer al presente los recuerdos del pasado, recuperar la información registrada en épocas pretéritas.

[13] Niklas Luhmann fue un sociólogo alemán que en 1964 publicó su primera obra analizando problemas sociológicos a partir de una herramienta de comprensión que denominó como Teoría de los Sistemas.

[14] Guy Debord es la figura fundamental de la Internacional Situacionista, una organización de artistas e intelectuales revolucionarios, entre cuyos principales objetivos estaba el de acabar con la sociedad de clases en tanto que sistema opresivo y el de combatir el sistema ideológico contemporáneo de la civilización occidental: la llamada dominación capitalista. Dentro de su filosofía se sitúan los conceptos de "deriva urbana" y psicogeografía como modos accidentados de desplazarse y "hacer suceder" en las ciudades.

[15] Schiller, Friedrich. *On the Aesthetic Education of Man*. Dover Publications, New York, 2004. p.80

ence –the aesthetic experience- that keeps the promise of a new art world and a new life for the individuals and the community. Perhaps this idea of a possible future has to be looked for in Schiller, that is: in the past, in his proposal for recognizing the importance of play in the world. Not without politicizing it, not without thinking of it as a laboratory of real and symbolic re-constructions.

Meanwhile, the largest paradox is survival. In Havana, culture and biology share the rites of that survival. *The Wrinkles of the City* transmits to the Havana passer-by a freedom of others, a respect for something that they treasure in their daily lives: the value of self-management, the value of the street, of the wild, of what is closest to life.

For my aunt and uncle Consuelo and Manolo / July, 2012

---

[1] *"What has been will be again; what has been done will be done again; there is nothing new under the sun."*, Ecclesiastes 1:9. *Holy Bible*. New International Version, 1984.

[2] In Cuba, State regulations forbid advertising from private and/or foreign companies; furthermore, for political reasons, there are none of the fast food or fuel multinationals usually present in the contemporary universal landscape.

[3] Antonio José Ponte (Matanzas, 1964) is a Cuban writer who has been living in Spain since 2007. He has covered several genres and his interest in ruins is expressed in his works *Asiento en las ruinas* (A Seat in the Ruins) (Poesía, Letras Cubanas, Havana,1997), La fiesta vigilada (The Supervised Party) (Ensayo, Anagrama, Barcelona, 2007) and «The Art of Making Ruins» in Tales from the Cuban Empire, City Lights, San Francisco, 2002.

[4] The Havana City Historian's Office is the highest institution in charge of restoration of the historic centre; it is also a government institution.

[5] *The Wrinkles of the City* is a project that was started in 2008 and has been organized in Cartagena (Spain), Shanghai and Los Angeles. This project was carried out in Havana, at the invitation of the 11th Havana Biennial, under the theme "Art Practices and Social Imaginaries"; this Biennial was mainly devoted to the work of artists working in the public realm.

[6] JR is an international figure who received a TED (Technology, Entertainment and Design) Award in 2011. This award is given annually to influential people with a project or intention to change the world.

[7] Sontag, Susan. *Regarding the Pain of Others*. Farrar, Straus & Giroux, New York, 2003. pag16

[8] Derrida, Jacques. «The end of the book and the beginning of writing», in *Of Grammatology*. Johns Hopkins University Press, Baltimore & London, 1997, pp 11-35.

[9] The term *'jouissance'*, translated as 'bliss', referred to the interpretation of writing was first used by Roland Barthes and is present in a large part of his theoretical work; particularly in *The Pleasure of the Text*, Hill and Wang, New York, 1975, and in *A Lover's Discourse: Fragments*, Hill and Wang, New York, 2010

[10] *Feeling* or *Filin* is a Cuban musical movement, a successor of the bolero but unlike the latter, not music you dance to. It has influences from jazz, but its melodic features and harmonic language make it unique. It all started at the house of *trovador* Tirso Díaz, close to the Callejón de Hamel. Portillo de la Luz, Méndez, Ñico Rojas, Elena Burke, Rosendo Ruiz (son), Aida Diestro and Frank Emilio used to meet there. Then came the events that would bring *feeling* fame. One decisive event was the formation in 1952 of the D'Aida quartet, with the voices of Aida Diestro, Moraima Secades, Omara Portuondo and Elena Burke.

[11] The SAC/MAC Museum of Contemporary Arts is an institution founded by Cuban and international artists and arts managers, among which the figure of Candelario stands out. It is a non-governmental institution dedicated to making visible and studying art practices in the public realm.

[12] Anamnesis is a Greek term that means 'recollection', 'reminiscence', 'remembrance'. Anamnesis generally points to bringing to the present memories of the past, recovering the information recorded in past times.

[13] Niklas Luhmann was a German sociologist who published in 1964 his first work analyzing sociological problems with a tool of understanding he called Systems Theory.

[14] Guy Debord is the main figure of the Situationist International, an organization of revolutionary artists and intellectuals, among whose main aims was to put an end to the oppressive class society system and fight the contemporary ideological system of Western civilization: the so-called capitalist domination. His philosophy included the concepts of "urban drift" and psychogeography as accidental ways of moving and "making happen" in cities.

[15] Schiller, Friedrich. *On the Aesthetic Education of Man*. Dover Publications, New York, 2004. p.80

Viviendo La Habana: una historia en tres tiempos.
Janet Batet

Pero yo la amo.
Es una sabrosa bella durmiente blanca ciudad.
Cabrera Infante

I
La Habana es un capricho. Es imprescindible saber entornar los ojos antes de adentrarse en sus calles. Perderse sin miedo en medio de la marea humana bulliciosa y extrovertida que nos interpele a cada paso. Adelantarse bajo el sol ardiente que abraza la piel, especialmente al mediodía cuando cae implacable como plomada. Seguir el trazo fugaz del polvillo cansado de la tarde que, animado por la brisa vespertina, merodea los rincones de los portales como en un susurro, acariciando al perro que se echa justo a esa hora, con la puesta de sol, enroscándose como ovillo mientras la cola le cubre el hocico y los ojos, como reclamando un último resquicio de privacidad. Recorrer al tacto, con la palma de la mano, la oquedad esquiva que la humedad va sembrando en las paredes como hiedra, para luego –exorcismo final– precipitarse calle abajo hasta el mar que ya está dentro, pues a esta hora de la noche el salitre caló el alma y el indescriptible olor a mineral, y a limpio, y a molusco, es como esa última pizca de sal ineludible que realza todos los sabores de la abuela en la cocina, que, más que recetas hace magias, prodigios de malabar; sorteando esta y otra falta, mientras recuerda que antes el azafrán... y que en sus tiempos los clavos de olor..., y que si tan sólo tuviera un suspiro de canela...; mientras, esquiva, oculta la lágrima y no es la cebolla sino la ausencia del hijo menor, o del nieto. No sabemos bien por qué el momento es grave y nadie se atreve a la pregunta. Lo certero es que la lágrima sigue el curso de uno de esos pronunciados surcos que los años como grietas han crecido en su rostro –y en el alma– para precipitarse desde el abismo final de la barbilla y caer sobre la pócima que se cuece a fuego lento.

II
Desde que tengo uso de razón, La Habana me habla desde su ausencia, desde lo que no es, desde lo que queda, desde lo que falta. Es una condición sine qua non de esta ciudad que vive a dos tiempos y a destiempo, atrapada entre el limbático estado de un sistema sociopolítico inoperante anquilosado por más de medio siglo y la quimera colectiva –típica de todo pueblo venido a menos– de lo que un día fue.

Para los que no vivimos ese pasado devenido hoy nostalgia y utopía, aquellos que nacimos y crecimos dentro del marco de la revolución, dos factores vitales funcionan como savia magnífica que mantiene vivo ese pasado reciente, parte inseparable de nuestra cultura y nuestra identidad. Me refiero a los ancianos y la ciudad. Ambos sistemáticamente desatendidos y olvidados, como resultado de una estrategia consciente tramada desde el poder como zancadilla a la memoria.

El resultado es deplorable. La ciudad, otrora glamorosa, reconocida por su majestuosa arquitectura, vive una implosión sostenida que hace de La Habana una ciudad ruinosa, que reclama mucho de la imaginación del transeúnte para revivir sus encantos. Por su parte, los ancianos, sin nada que hacer, se sientan en los vanos roídos de las casas, privados de expectativas, la mirada ausente, esperando a que pase el día, o un milagro.

En medio de la atmósfera general donde reina la desidia colectiva o la apoteosis institucional con miras a la imagen que el país genera en la arena internacional más que en el propio patio, tiene lugar la 11na Bienal de La Habana y en el marco de la misma, *The Wrinkles of the City*, un proyecto atípico que renuncia a las arterias turísticas de la ciudad para adentrarse barrio adentro y rendir homenaje a esos dos excluidos de la Cuba de hoy: los ancianos y la ciudad.

III
La Revolución cubana ha transcurrido entre dos arquetipos fundamentales de héroe. El primero, grandilocuente, es ese que ensalza la figura del líder y que encarnado en Fidel Castro proliferó como imagen de la revolución en carteles, murales y vallas por doquier. La segunda, eco y complemento, responde a la extendida noción del “hombre nuevo”. Ese héroe anónimo, colectivo, encarnado en la masa, decidido a ofrecer a diario su modesto sacrificio en aras de un futuro mejor.

Living Havana: A History in Three Times
Janet Batet

But I love it.
It is a delicious, sleeping beauty, white city.
Cabrera Infante

I

Havana is a whim. It is essential to master the art of squinting before venturing into its streets. Losing oneself fearlessly in the midst of the bustling, extroverted human tide that calls out at us every step of the way. Go deeper under the burning sun that embraces our skin, especially at midday, when it falls relentlessly on the streets, like lead. Following the fleeting traces of the tired afternoon dust, which, lifted by the evening breeze, lingers in the corners of doorways like a whisper, caressing the dog who is snoozing at that precise moment, at sunset, curled up in a ball while its tail covers its muzzle and eyes, as though claiming a last glimmer of privacy. Tracing with one's palm the elusive hollow in the walls spread gradually by the damp, like ivy, and then, as a final exorcism, hurrying down the street towards the sea, which is already within, because by that time of night the sea salt has already seeped into one's soul and the indescribable scent of minerals, cleanness and mollusks is like that inescapable last pinch of salt that brings out all of the flavors in Grandma's cooking. More than recipes she creates magic tricks, juggling wonders, remedying this and that lack, while she remembers saffron used to be... and that, in her days, cloves were..., and if only she had a touch of cinnamon...; while she evasively hides her tears, brought on not by the onion, but by the absence of her youngest son, or of her grandson. We don't really know why the moment is solemn and no one dares ask. One thing is certain –her tears follow the course of one of those pronounced wrinkles that the passing years have impressed on her face –and on her soul– like cracks, and then hurl themselves from the final abyss of her chin, and drop into her slow-cooking potion.

II

For as long as I can remember, Havana speaks to me from its absence, from what it is not, from what remains, from what is missing. It is a *condicio sine qua non* of this city living in two times and out of time, trapped between the limbo of an inoperative socio-political system that has been halted for more than half a century, and the collective chimera –typical of any people who have lost their fortune– of what it once was.

For those of us who are not living in that past, which today has become nostalgia and utopia; for those of us who were born and grew up within the framework of the Revolution, two vital factors function as a magnificent sap that keeps that recent past alive, an intrinsic part of our culture and our identity: I am referring to the elderly and the city. Both have been systematically neglected and forgotten, as a result of a conscious strategy designed by those in power as a hindrance to memory.

The result is deplorable. The city, once glamorous and renowned for its majestic architecture, is living through a sustained implosion that makes the city of Havana ruinous, demanding from passers-by a great deal of imagination to relive its charms. On their part, the elderly, with nothing to do, sit in the rotting doorways of their homes, deprived of expectations, their gaze absent, waiting for the day to go by, or for a miracle.

The 11th Havana Biennial is being held in the midst of a general atmosphere dominated by collective indolence or institutional apotheosis concerned with the image projected by the country in the international arena more than in its own back yard. *The Wrinkles of the City* forms part of it –an atypical project that bypasses the city's tourist arteries and chooses its inner streets to pay homage to those two excluded elements of today's Cuba: the elderly and the city itself.

III

The Cuban Revolution has taken place straddled between two fundamental hero archetypes. The first, grandiloquent, extols the figure of the leader and, incarnated in Fidel Castro, proliferated as the image of the revolution in posters, murals and billboards everywhere. The second archetype, an echo and complement of the former, responds to the extended notion of the "new man". That anonymous,

La propuesta de José Parlá y JR se instala como contrapartida a ambos arquetipos hoy inoperantes. Emplazada desde lo que podríamos definir como una suerte de arqueología urbana, *The Wrinkles of the City* apunta hacia un héroe latente, excluido de la historia revolucionaria, un ente que podría considerarse en primera instancia pasivo y, cuyo rol fundamental de dimensión épica ha sido –nada más y nada menos– que el de la salvaguarda de la memoria. En este sentido, la pasividad debe ser entendida aquí como resistencia.

La revolución cubana, desde su instauración en 1959 ha apostado –como bien hemos apuntado antes– al olvido como estrategia de reafirmación del poder. Una de las prácticas más usuales era la de cambiar el nombre de los edificios y las calles, tratando de barrer con ello cualquier referencia al pasado inmediato. Más tarde, a la estrategia del olvido se superpuso la de la imposibilidad que encuentra en la lenta agonía de la ciudad en ruinas su máximo exponente.

La figura literaria implícita en *The Wrinkles of the City* es fundamental para entender la dimensión del mismo. El acto de dibujar el rostro de personas anónimas, de la tercera edad, encontradas en la calle al azar, sobre los edificios ruinosos, incompletos, implica en sí misma la idea transgresora de restitución de la identidad elidida, a partir de la simbiosis entre el vestigio y la memoria.

La idea anterior es enfatizada por la recurrencia a la caligrafía obsesiva que cual enigmática filigrana trepa sobre las paredes, enmienda aquí, zurce allá. Estos palimpsestos crípticos asoman como el eco de las elucubraciones íntimas del retratado que son a su vez, la memoria e identidad de estas ruinas.

Llama la atención el hecho de que, en casi todos los retratos, las figuras están como ensimismadas, encerradas en su propio mundo, los ojos entornados en una suerte de *rêverieque* les protege del entorno aciago.

Se impone mención, en el caso específico de esta versión en La Habana de *The Wrinkles of the City*, a un precedente, tal vez el único de este tipo, dentro de la historia del arte cubano reciente. Me refiero a “We have what you like and what you don’t know you like yet”, realizado por José Ángel Toirac, durante la sexta Bienal de la Habana, en 1997[1].

Sin embargo, *The Wrinkles of the City* tiene la ventaja de renunciar al enrarecido circuito del arte y utilizar como soporte la ciudad.

Participando de la noción de street-art o post-grafiti en la que se inscriben las creaciones de JR y Parlá, este proyecto interactivo se instala en medio de la vida urbana, participando de un diálogo directo con sus protagonistas y abriendo, por primera vez, la brecha de la posibilidad como opción plausible en medio de la sociedad cubana actual.

Verano, 2012

---

[1] “We have what you like and what you don’t know you like yet” comprendía retratos al óleo de desamparados de La Habana que se hacía acompañar por un documental (*Andar La otra Habana*, Dir. Katina Batet, 1996) dedicado a ruinas de la ciudad asociadas a la vida cultural cubana republicana. La instalación se hacía acompañar de un mapa turístico disponible a todos los visitantes donde se localizaban los personajes anónimos retratados y las ruinas recogidas en el documental.

collective hero, incarnated in the masses, determined to offer his modest sacrifice on a daily basis in honor of a better future.

The work of José Parlá and JR presents itself as a counterpart to both archetypes, nowadays inoperative. Positioned from what we could define as a sort of urban archaeology, *The Wrinkles of the City* points to a latent hero, excluded from the revolutionary history, a being that could at first be considered passive and whose fundamental, epic-scale role has been –no more and no less– to safeguard memory. In this regard, passivity should be understood here as resistance.

Since its establishment in 1959, the Cuban Revolution has relied on oblivion –as we mentioned previously– as a strategy for reaffirming its power. One of the most common practices was to change the names of buildings and streets, in an attempt to erase any reference to the immediate past. Later, the strategy of oblivion was replaced by that of impossibility, whose greatest exponent is the slow agony of the ruined city.

The literary figure implicit in *The Wrinkles of the City* is essential to understand its dimension. The act of drawing the faces of anonymous elderly people found on the streets at random onto the ruined, incomplete buildings implies in itself the transgressive idea of restitution of the elided identity, from the symbiosis between remains and memory.

The previous idea is emphasized by the recurrence of obsessive calligraphy, which, like enigmatic filigree, climbs the walls, mending here, darning there. These cryptic palimpsests show through like the echo of the intimate elucubrations of the portrayed, which are at once the memory and the identity of these ruins.

It is remarkable that, in almost every portrait, the figures seem to be lost in thought, shut away in their own world, their eyes half-open in a kind of *rêverie* protecting them from their tragic environment.

It seems pertinent, in the specific case of this version of *The Wrinkles of the City* in Havana, to mention a precedent, perhaps unique in its kind, within the recent history of Cuban art. I am referring to “We have what you like and what you don't know you like yet”, created by José Ángel Toirac, during the sixth Havana Biennial in 1997[1].

However, The Wrinkles of the City has the advantage of eschewing the strained art circuit and using the city as its medium.

Participating in the notion of street-art or post-graffiti embraced by the creations of JR and Parlá, this interactive project installs itself in the middle of urban life, engaging in a direct dialogue with its protagonists and, for the first time, opening up the realm of possibility as a plausible option within current Cuban society.

Summer, 2012

---

[1] “We have what you like and what you don't know you like yet” comprised oil portraits of helpless people in Havana, which were accompanied by a documentary (*Andar La otra Habana* –Walking the Other Havana–, Dir. Katina Batet, 1996) showing ruins of the city associated to republican Cuban cultural life. The installation also included a hand-out map for all visitors, which showed the location of each of the anonymous people portrayed, as well as the ruins filmed in the documentary.

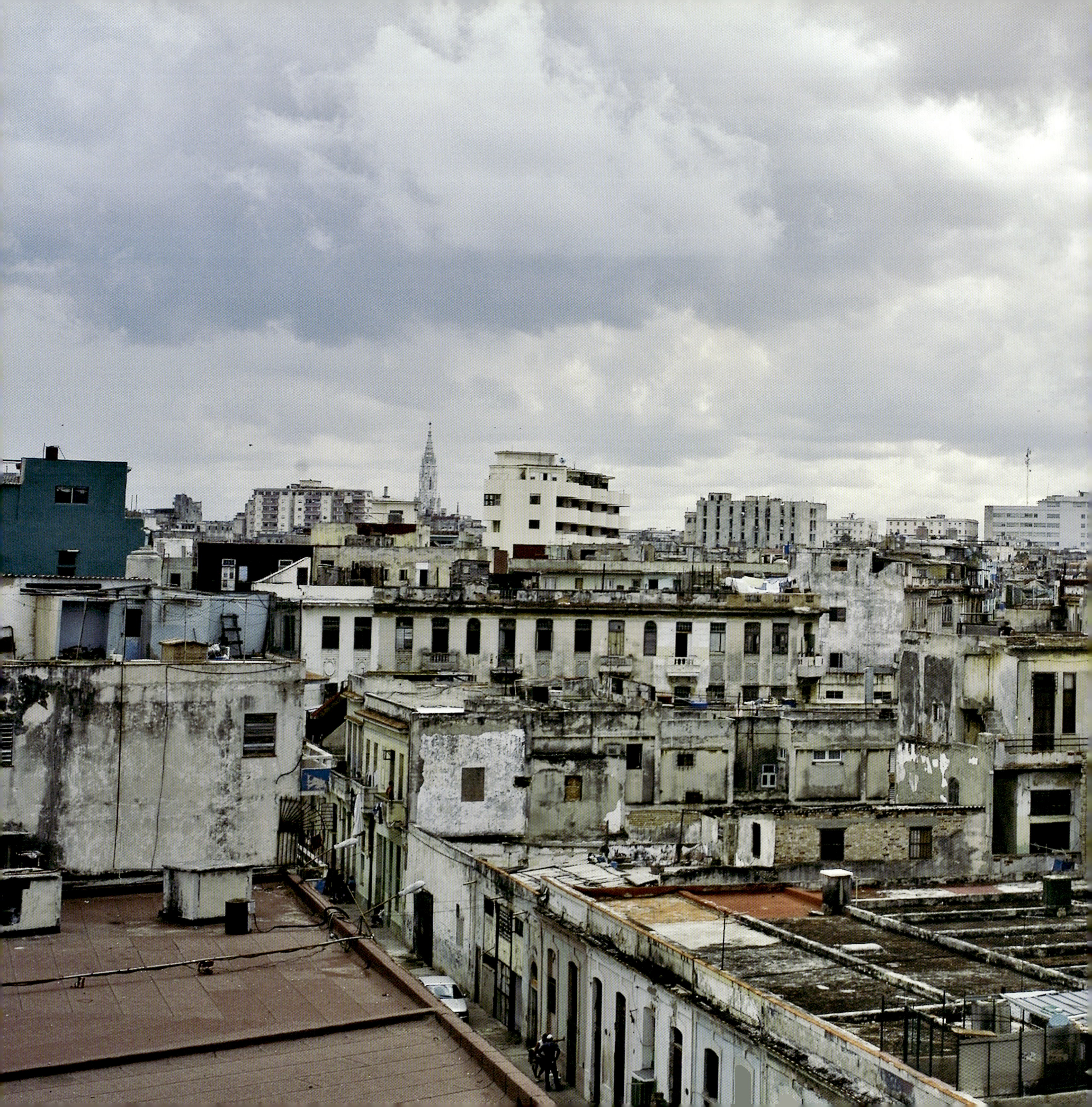

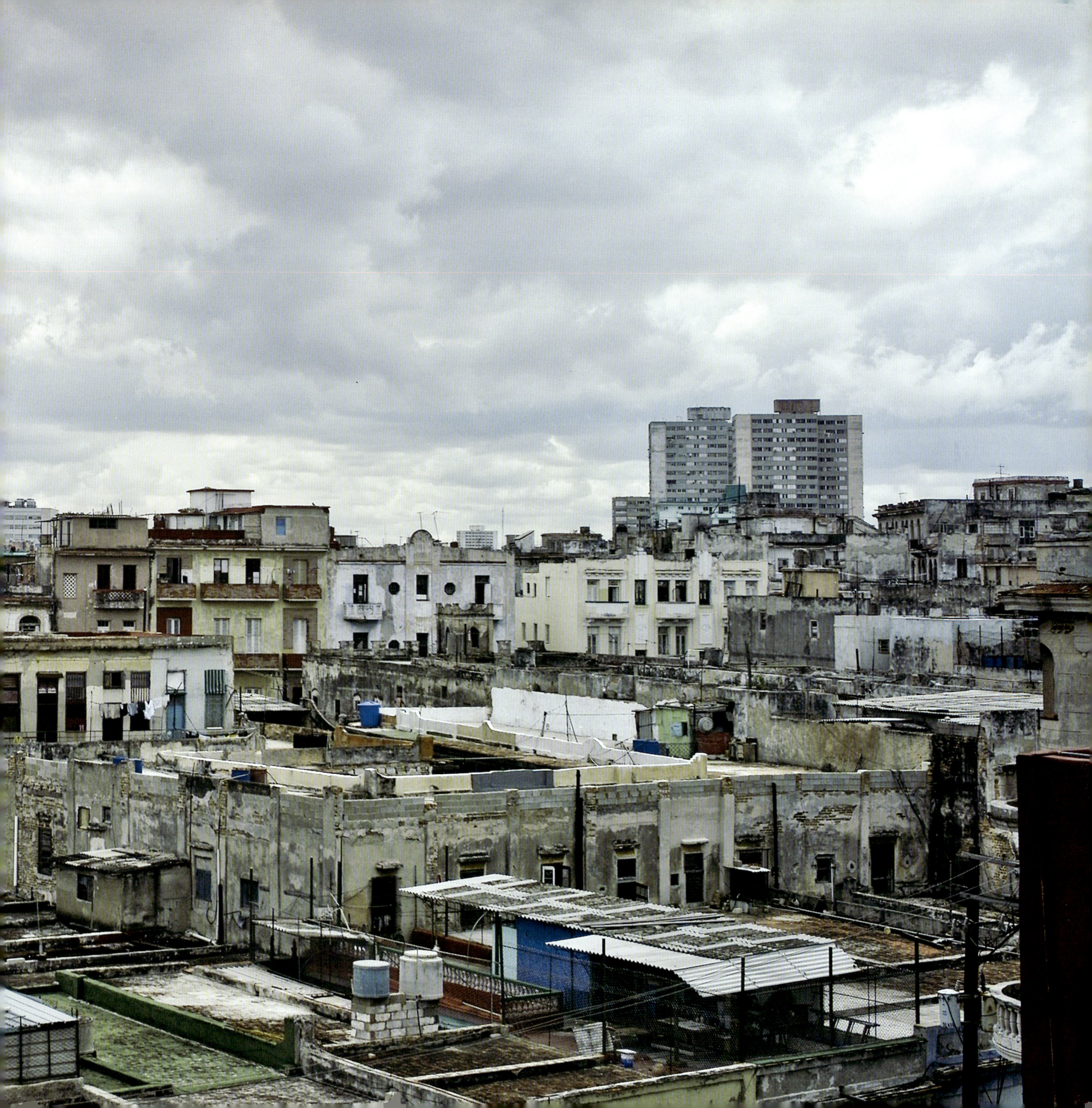

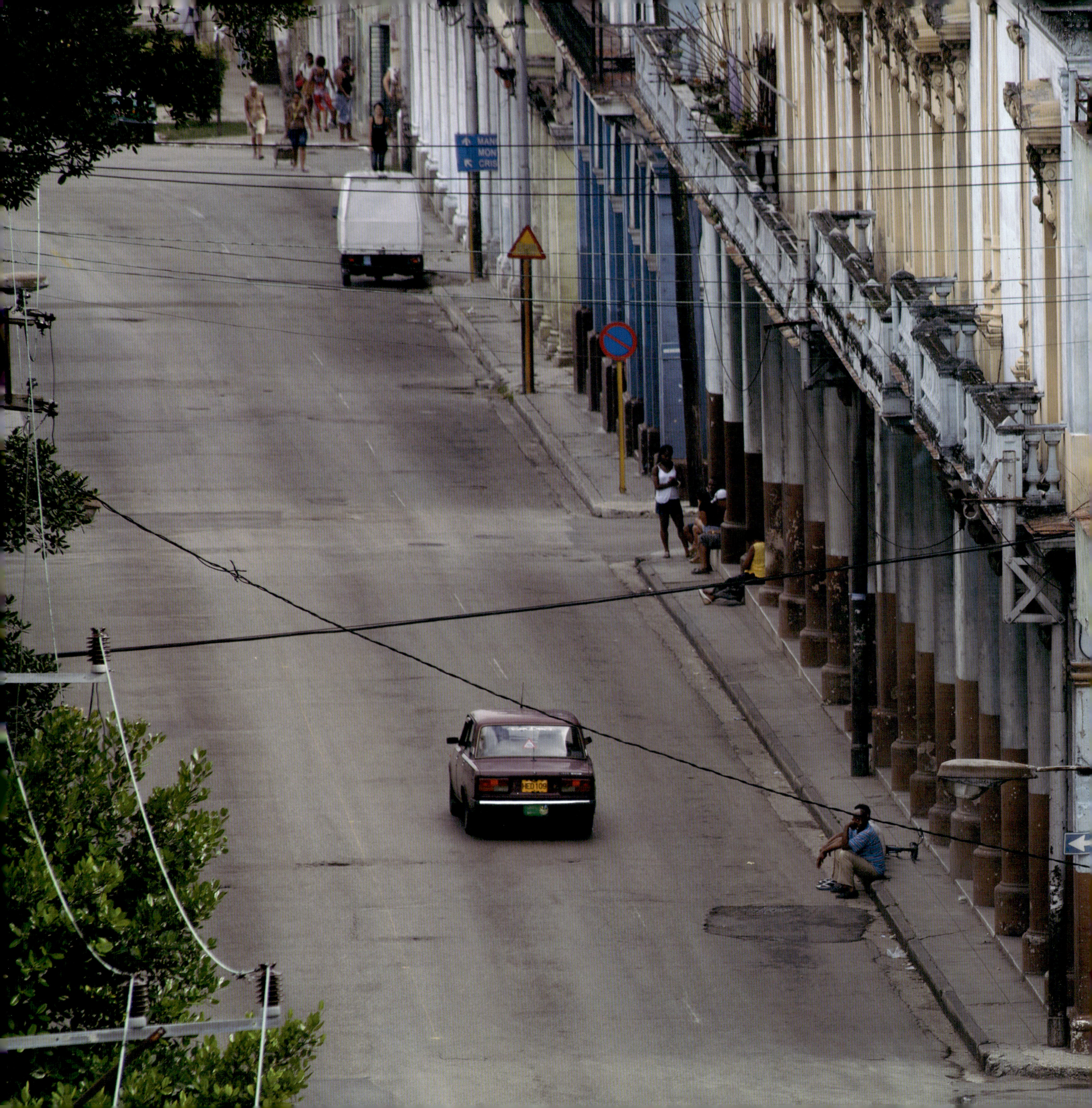

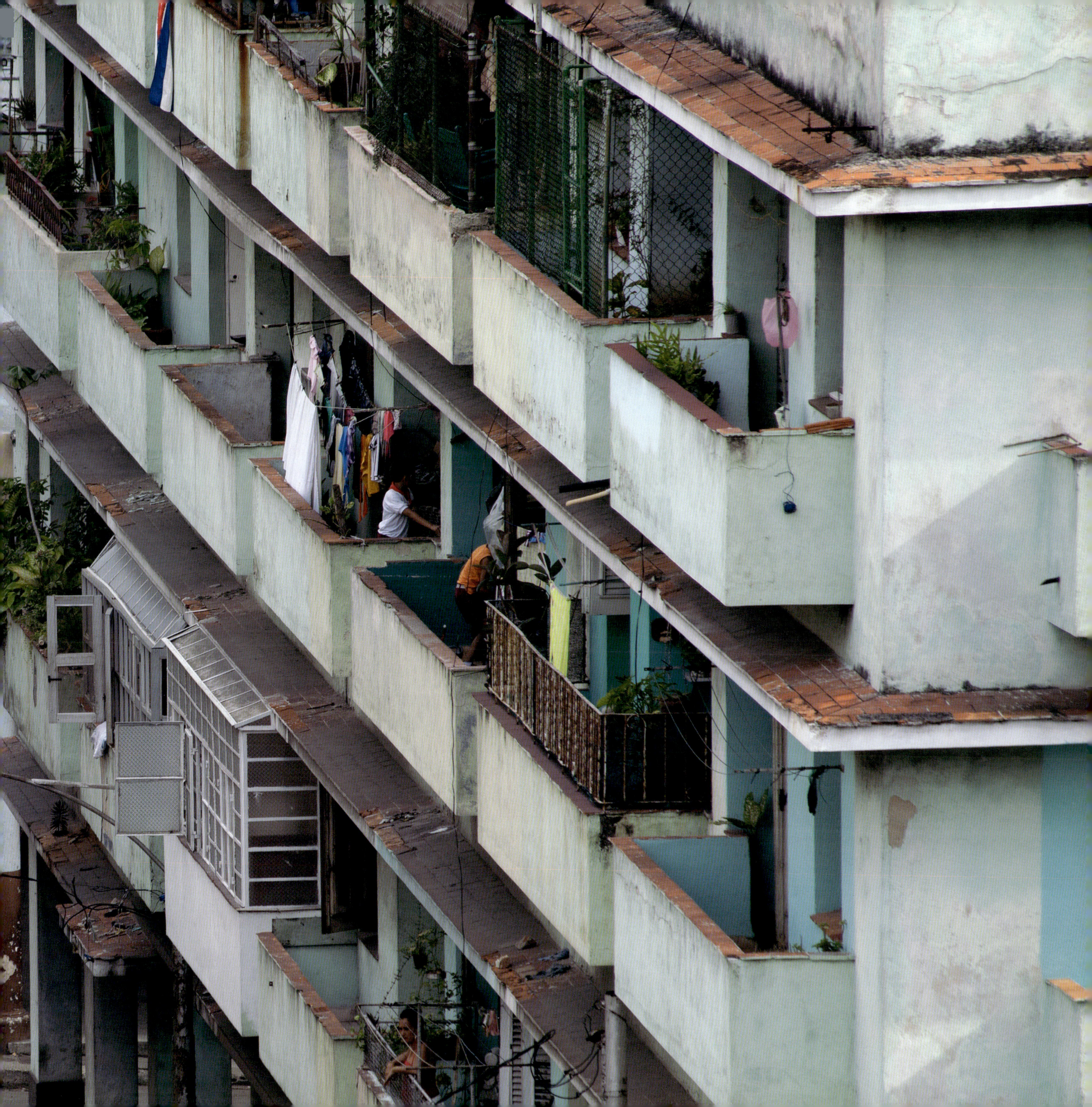

My name is Ledia Antonia Machado, I was born in Banes, in the east of the country. I arrived in Havana when I was very young. In this very quarter. My mother was Cuban, my father was Chinese. I've had a really beautiful life. Full of travels, full of beautiful clothes. All these things continue to please me at my age. I am always well put together.

I love art! Music, cinema, group improvisation, dance, anything that expresses and offers joy. I love exhibitions and musical improvisations.

Half of my children are still young.

I have never been abroad. I'd love to go to Mexico. Here everyone only talks about the US, but for me, it's Mexico: I love its music. I also love Argentina and tango.

Displayed on the wall, like that, I'm still good for something. Because if I were completely ruined, you wouldn't have taken my portrait.

LEDA ANTONIA MACHADO

Me llamo Ledia Antonia Machado, nací en Banes, en el este del país. Llegué a La Habana de muy joven. A este mismo barrio. Mi madre era cubana, mi padre chino. He tenido una vida muy bella. Muchos viajes, muchos vestidos bellos. Todas estas cosas aún me dan placer a mi edad. Siempre voy bien arreglada.

¡Me encanta el arte! La música, el cine, la improvisación en grupo, la danza, todo lo que exprese y aporte felicidad. Me gustan mucho las exposiciones y las improvisaciones musicales.

La mitad de mis hijos son todavía jóvenes.

Nunca he estado en el extranjero. Me gustaría ir a México. Todo el mundo aquí no hace más que hablar de Estados Unidos, pero lo mío es México: me gusta la música. También me gusta Argentina y el tango.

Pegada al muro, así, aún sirvo para algo. Porque si estuviera muy estropeada, no me habría hecho usted el retrato.

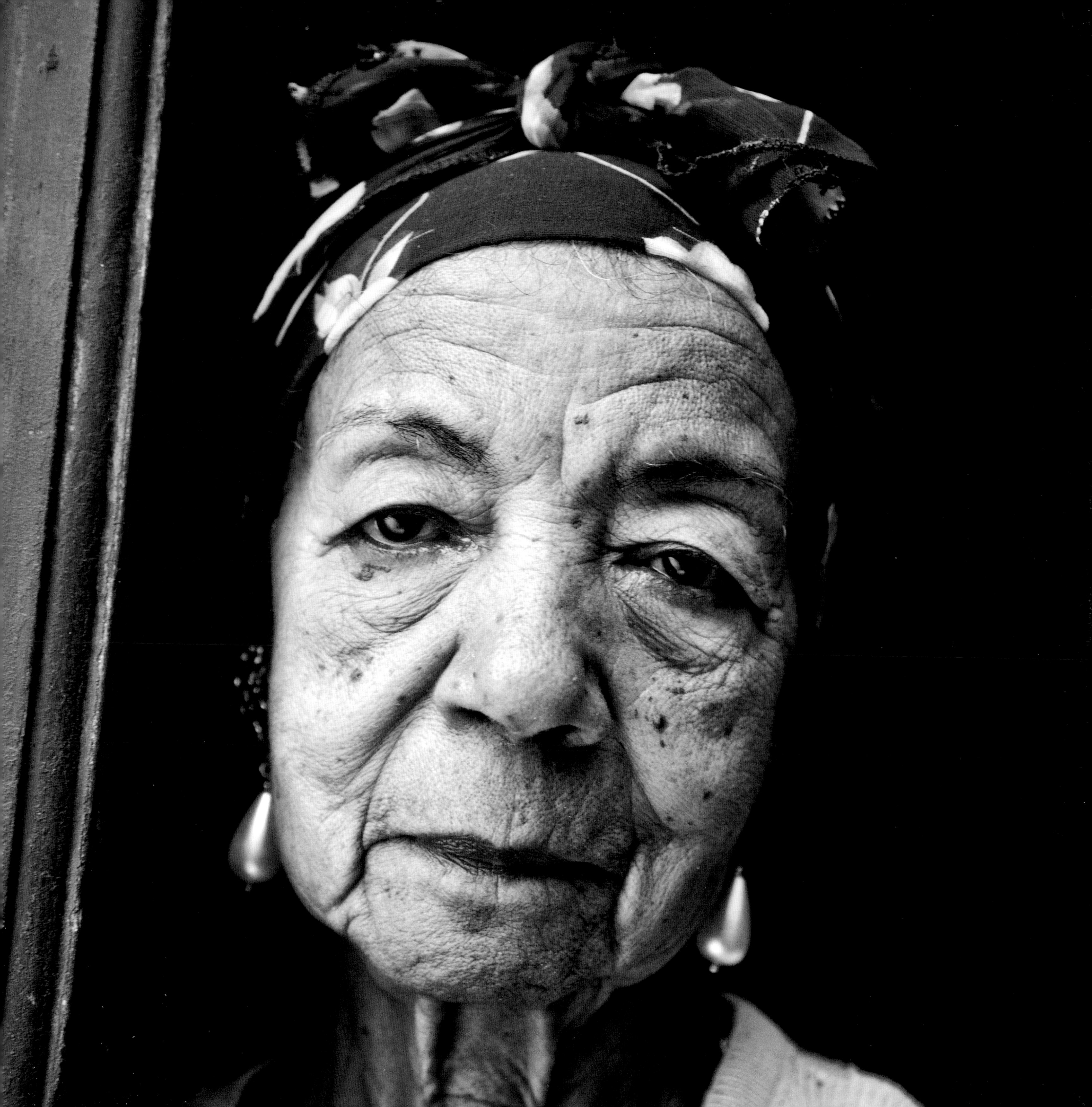

PEÑALVER ENTRE DIVISIÓN Y ESCOBAR

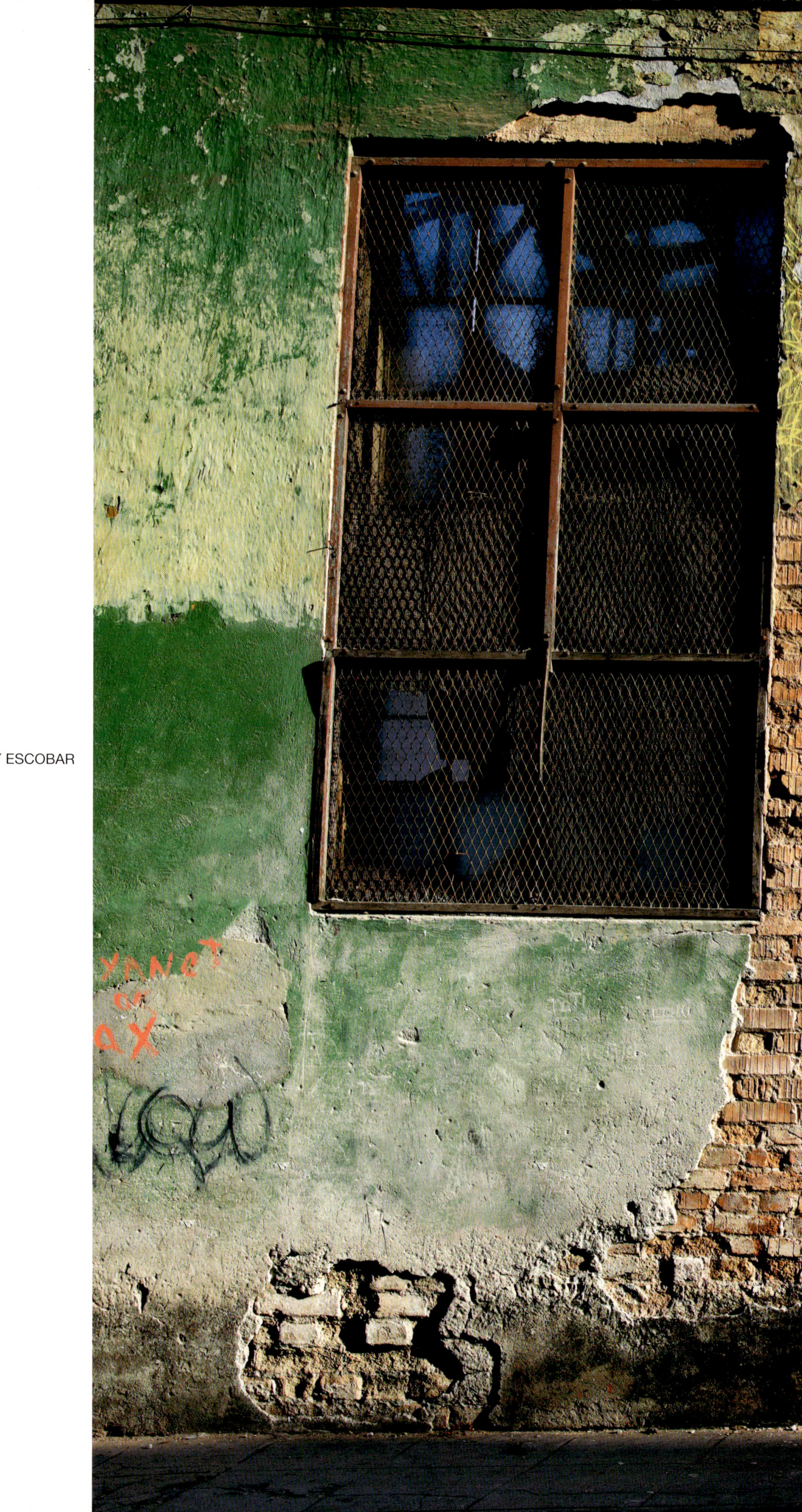

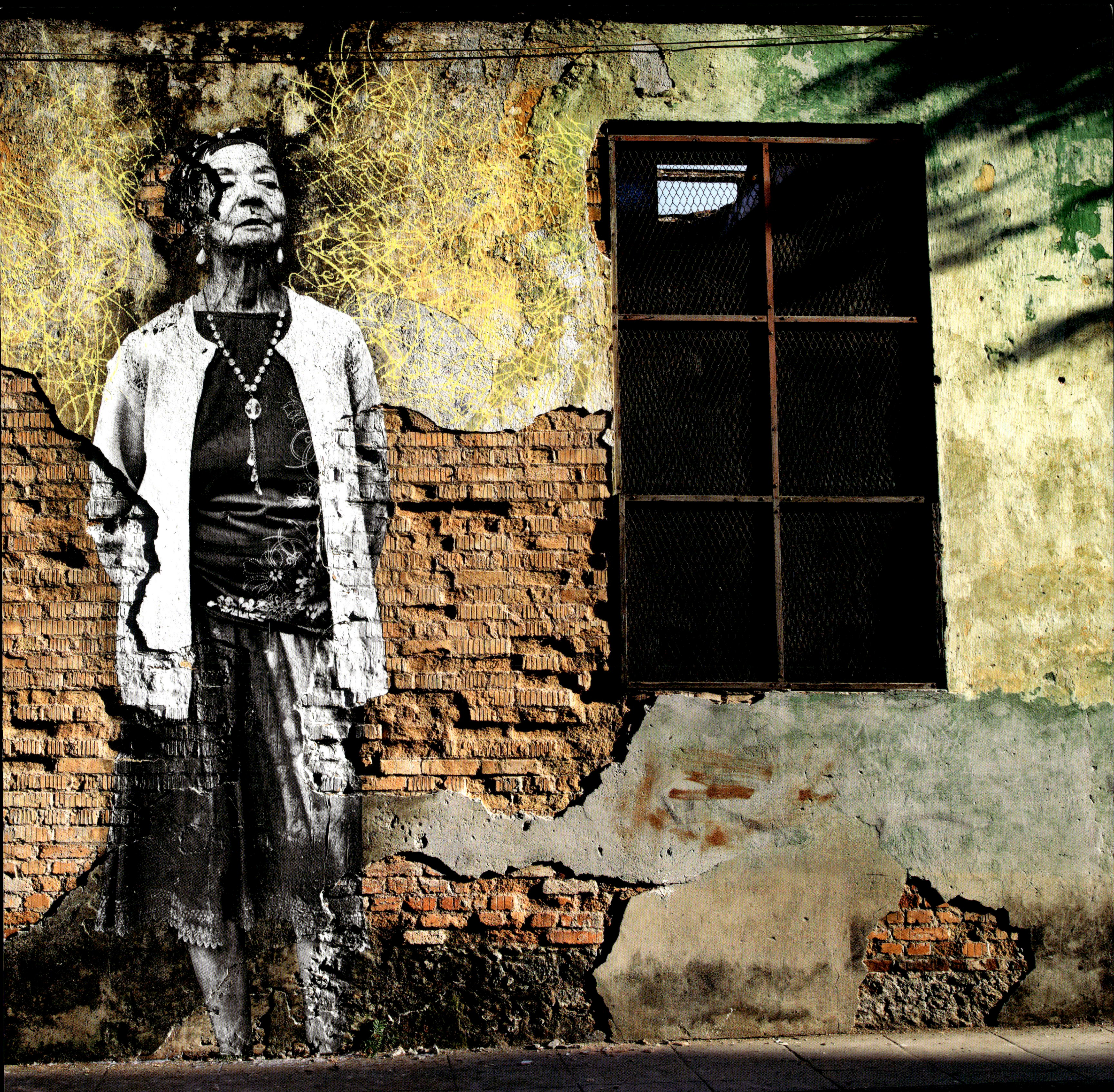

My name is Alfonso Ramón Fontaines Batista. I'm 83 years old. I'm old but happy. I'm from the East of the country, from between Puerto Padre and Las Tunas. In Havana, I do all sorts of jobs. I don't turn my nose up at any job; there are harder jobs and lighter jobs. I work a lot. I know a bit about woodworking, masonry, I can work as a baker, I have also worked in fields and as a butcher. I love all those things, but I prefer the country to the city.

I was born on the 15th of November, 1928. We were 5 brothers and sisters, but only two of us are left. Because my father, with his first wife, had 11 children, and then 5 with my mother. The first are just half-brothers and sisters and they are all dead already. I've got a good memory and when I sleep well I remember everything, absolutely everything.

I sing. Well, I'm not a singer but I love it and some say they like the way I sing although I smoke now, but I smoke out of anxiety, not because it's good for me, it's not good for anyone. I love all kinds of music. There are lots of singers who are no longer with us but I think their voices are inimitable. I love tango, bolero, Mexican music, Spanish music, a bit of everything.

I have no complex about my wrinkles because I know there are people older than me who don't have any, but their life hasn't been the same. I have gone through very difficult situations. I have suffered from very bad anxiety. When I was a member of the communist party, I had lots of work, it affected my anxiety levels. Now I don't have any problems with anxiety anymore. I'm not afraid of anything but I respect everyone. I avoid fights.

All vices, everything exaggerated in life is bad. Being too poor, being too rich; being too ill like me. And as the saying goes "If a problem has a remedy, why worry? If it has no remedy, what's the use of worrying?" May death arrive when God decides; when God orders it. It doesn't really worry me.

ALFONSO RAMÓN FONTAINE BATISTA

Me llamo Alfonso Ramón Fontaines Batista. Tengo 83 años. Soy viejo pero feliz. Soy del este del país, de entre Puerto Padre y Las Tunas. En La Habana, he hecho todo tipo de trabajo. Para mí no hay trabajo inaceptable; hay trabajos más duros, otros más llevaderos. Yo trabajo mucho. Sé algo de carpintería, de albañilería, puedo trabajar como panadero, también he trabajado en el campo y como carnicero. Me gustan todas esas cosas, pero me gusta más el campo que la ciudad.

Nací el 15 de noviembre de 1928. Éramos 5 hermanos y hermanas, pero ya solo quedamos dos. Porque mi padre, con la mujer de su primer matrimonio tuvo 11 hijos, y luego 5 con mi madre. Los primeros son solo medio-hermanos y hermanas y están todos muertos ya. Tengo buena memoria y cuando duermo bien me acuerdo de todo, de todo, todo.

Yo canto. Bueno, no soy cantante, pero algunos dicen que les gusta mi manera de cantar, aunque ahora fume, pero fumo por ansiedad no porque me haga bien. Eso no le hace bien a nadie. Me gustan todos los tipos de música. Hay muchos cantantes que ya no se encuentran entre nosotros pero pienso que sus voces son inimitables. Me gusta el tango, el bolero, la canción mexicana, la española, un poquito de todo.

No tengo ningún complejo por mis arrugas porque sé que hay gente más mayor que yo que no tiene, pero su vida no ha sido la misma. Yo he pasado situaciones muy difíciles. He estado muy enfermo de los nervios. Cuando era miembro del partido comunista, tenía mucho trabajo, eso me afectaba los nervios. Ahora ya no tengo problemas de nervios. No tengo miedo a nada pero respeto a todo el mundo. Evito las peleas.

Todo vicio, todo lo que sea exagerado en la vida es malo. Ser demasiado pobre, ser demasiado rico, estar demasiado enfermo como yo. Y como dice el dicho, "Si tu mal no tiene remedio, ¿para qué te apuras? Y si tiene remedio, ¿para qué te apuras?". La muerte que llegue cuando Dios quiera, cuando Dios ordene. La verdad es que no me preocupa.

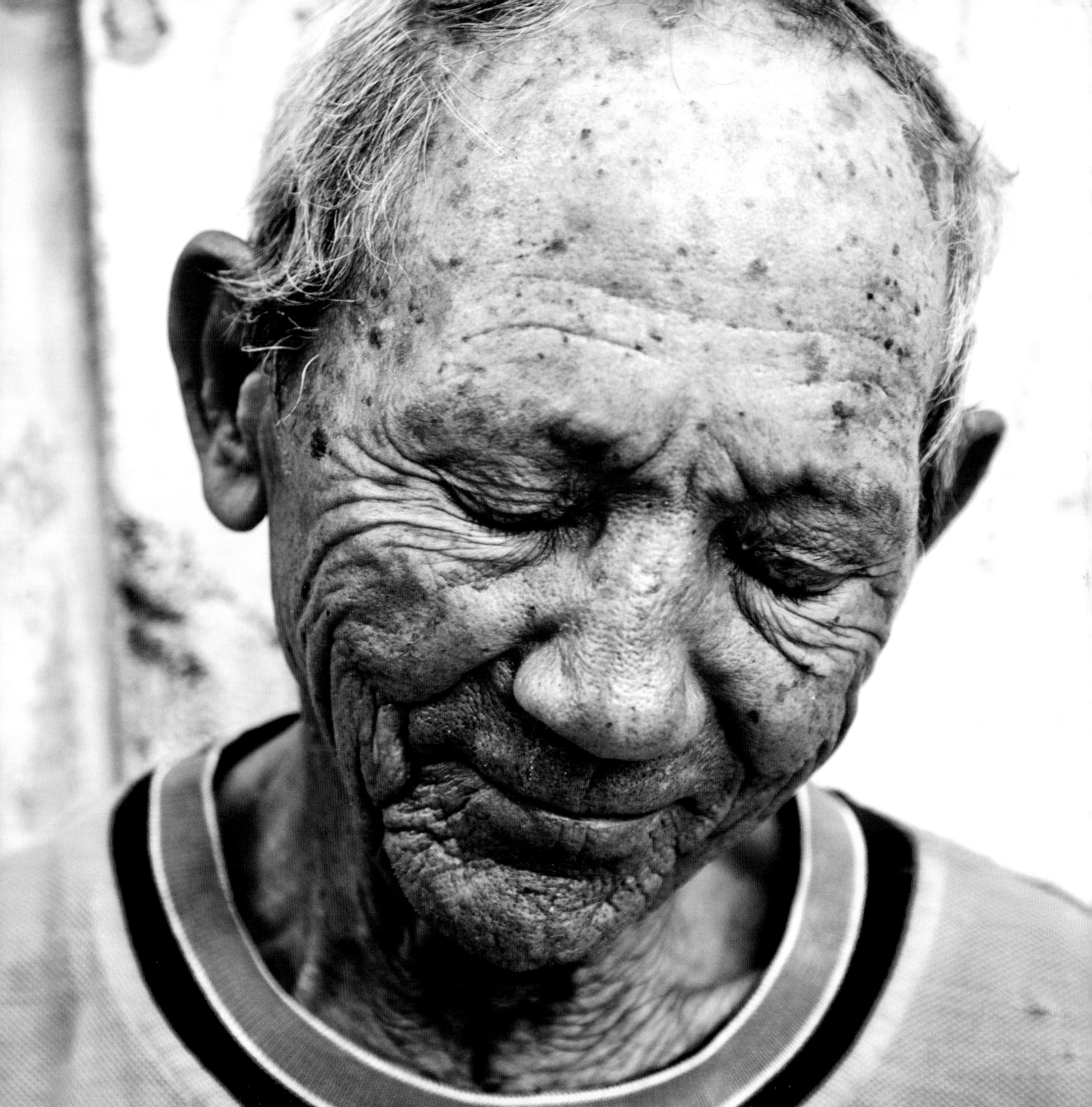

ANIMAS Y BELASQUAIN

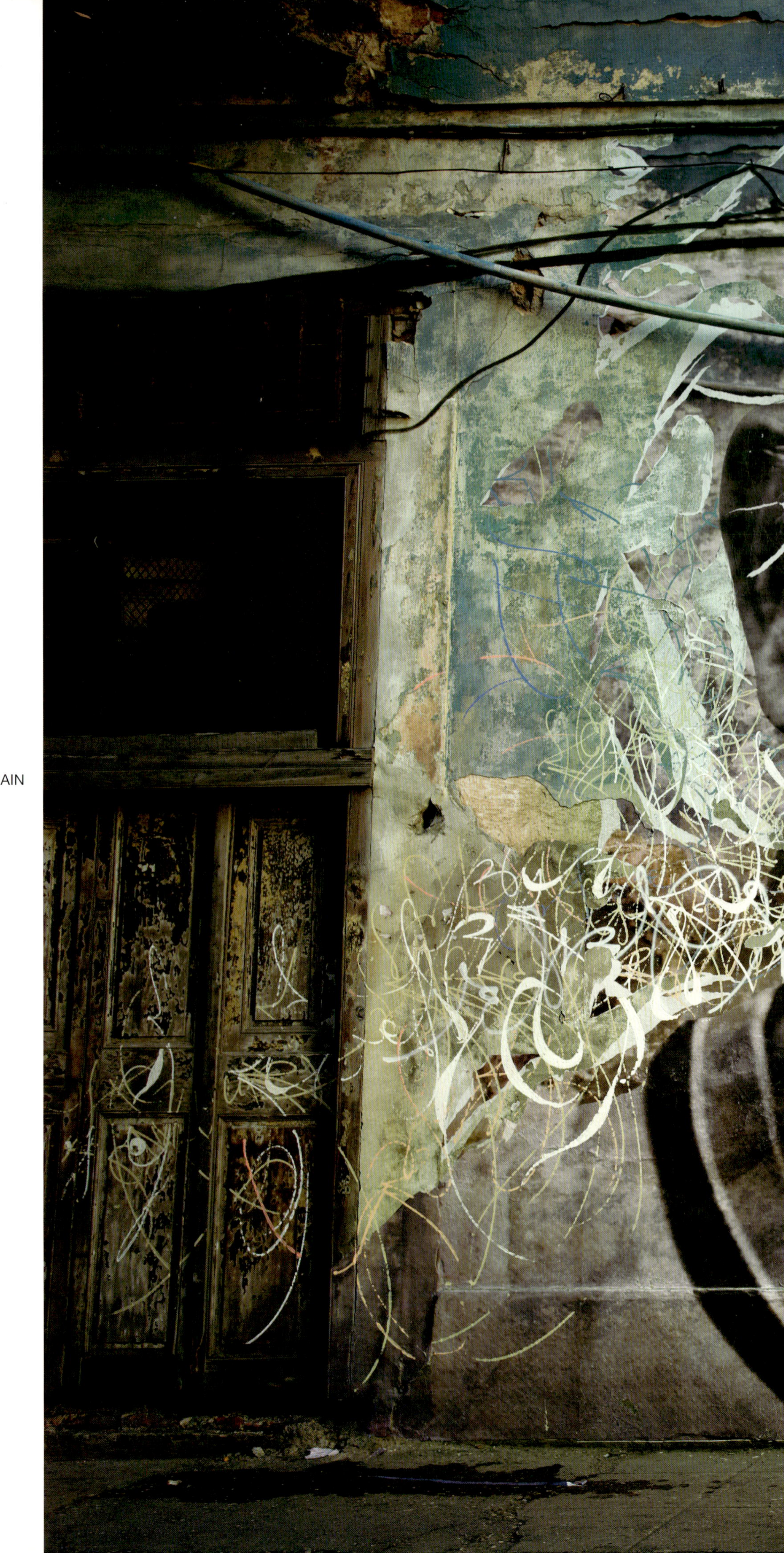

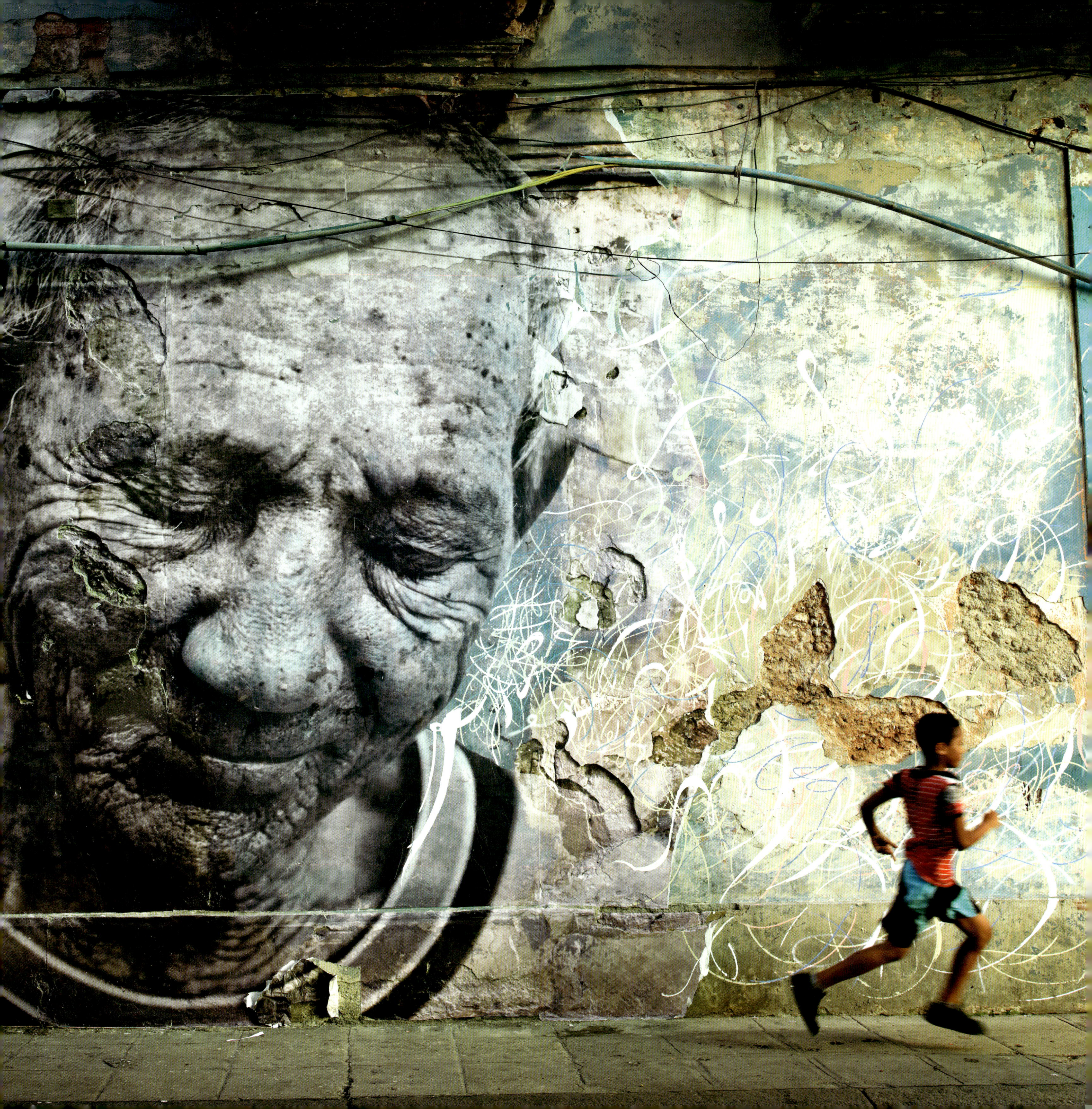

My name is Alicia Fernández. I was born in San Juan de los Remedios, on the 16th of January, 1927. I stayed there until I was six, when my mother moved to Placetas, a village near Remedios. That is also where I got married a little over 60 years ago, and where I had my first daughter, my eldest, who is a dentist. She is 63, and she is about to retire. I had another daughter, who died, and who left me her 19 year-old daughter. She's studying Chemistry, she's a good student. We are very poor. I was widowed 5 years ago. We are happy, her and me. We help each other. I work, do the shopping, take care of the cooking. I always tell her that her mother, like her aunt, when they left home, they left dressed in white, and I hope it will be the same for her and no-one will have to bring her back for whatever reason.

I came to the convent because I have generalized arthrosis.

I believe in God, I am a Catholic, and it helps me enormously to continue my life. I love dancing.

The collages? As Esther Vida says, "I don't understand them, but it's art".
It's like the youth today, who get tattoos. Before, that wasn't considered art, and now it is. It's something I respect but I would like it to be more discreet.
Why get a figure like Che Guevara tattooed on one's shoulder? It's not respectable. What Fidel said 52 years ago is still pertinent today. And what Martí said more than 100 years ago is still pertinent today. Young people do not sing the national anthem with feeling anymore. Before, when you heard the national anthem, you got goose-bumps.

About the collages, they don't have to be of anyone known. A woman, she doesn't need to be well-known to show that she has an internal force. She provides services to society, because she has children, a husband, she can also be a doctor or a teacher or a housewife, always with pride. She represents respect, dignity, the love of a mother for her fellow man.

ALICIA ADELA HERNANDEZ FERNÁNDEZ

Me llamo Alicia Fernández. Nací en San Juan de los Remedios, el 16 de enero de 1927. Viví allí hasta los seis años, cuando mi madre se mudó a Placetas, un pueblo vecino a Remedios. Fue allí también que me casé hace un poco más de 60 años, y allí tuve a mi primera hija, la mayor, que es dentista. Ella tiene 63 años, y está a punto de jubilarse. Tuve otra hija, que murió, y que me dejó su hija de 19 años. Ella estudia química, es buena estudiante. Somos muy pobres. Quedé viuda hace 5 años. Somos felices, ella y yo. Nos ayudamos la una a la otra. Yo trabajo, hago las compras, me ocupo de la cocina. Le digo siempre que su madre, como su tía, cuando dejaron la casa, iban vestidas de blanco, y espero que sea lo mismo para ella, y que nadie me la tenga que traer de vuelta por cualquier motivo.

Vine al convento porque tengo una artrosis generalizada.

Creo en Dios, soy católica, y eso me ayuda muchísimo a seguir con la vida. Me gusta bailar.

¿Los collages? Como dice Esther Vida, "no los comprendo, pero es arte".
Es como la juventud, que se hace tatuajes, antes eso no era arte, ahora sí. Es algo que respeto, pero me gustaría que fuera más discreto.
¿Por qué se tatúan un personaje como Che Guevara en el hombro? Eso no es respetable. Lo que dijo Fidel hace 52 años aún sigue sirviendo hoy. Y lo que dijo Martí hace más de 100 años aún sirve hoy. Los jóvenes ya no cantan el himno nacional con fuerza. Antes, cuando se oían las notas del himno nacional, se te ponía la piel de gallina.

En cuanto a los collages, no hace falta que sea nadie conocido. Una mujer no hace falta que sea conocida para mostrar que tiene una fuerza interior. Presta servicios a la sociedad, porque tiene hijos, su marido, ella también puede ser médico o maestra o ama de casa, siempre con orgullo. Representa el respeto, la dignidad, el amor de una madre hacia su prójimo.

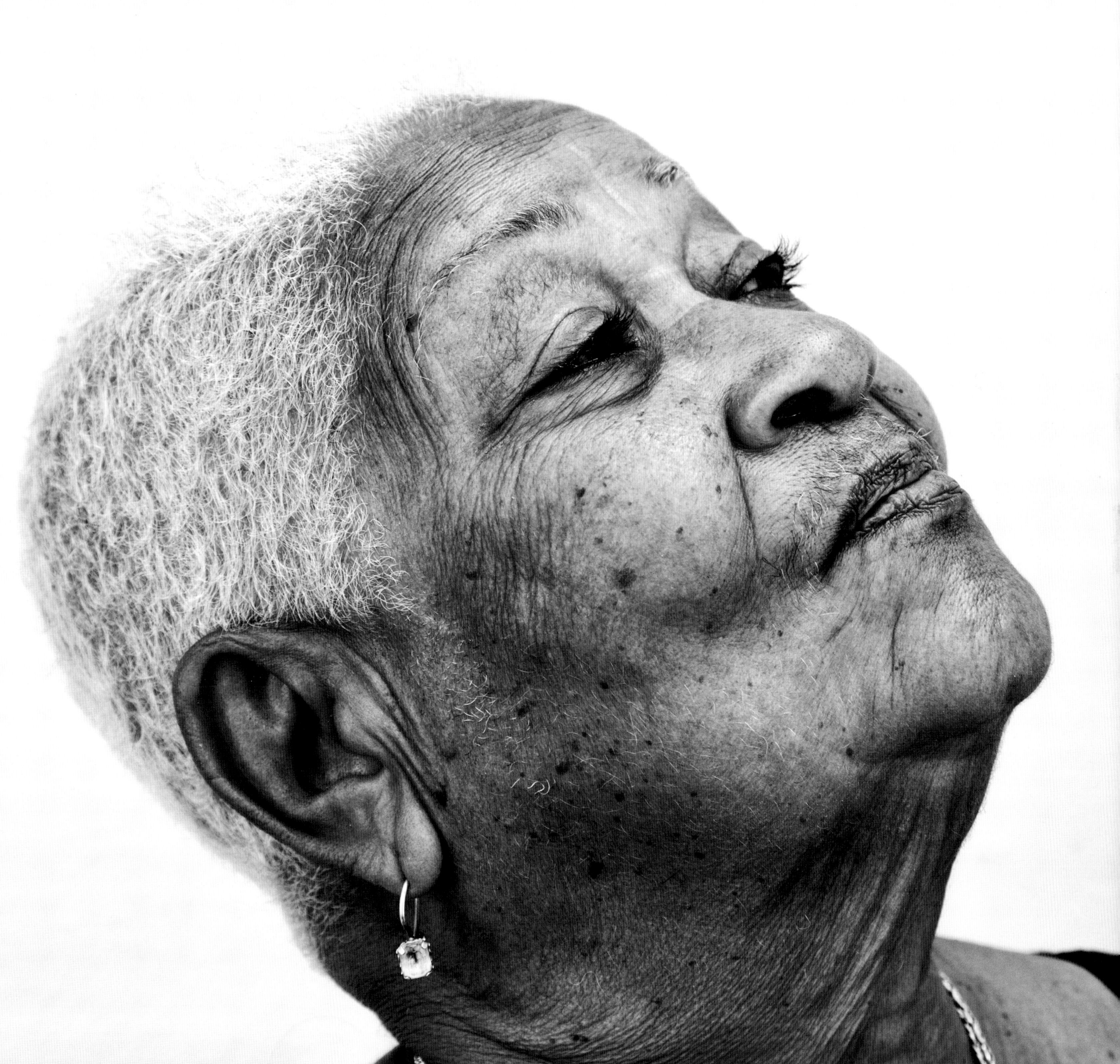

PEÑALVER ENTRE DIVISIÓN Y ESCOBAR

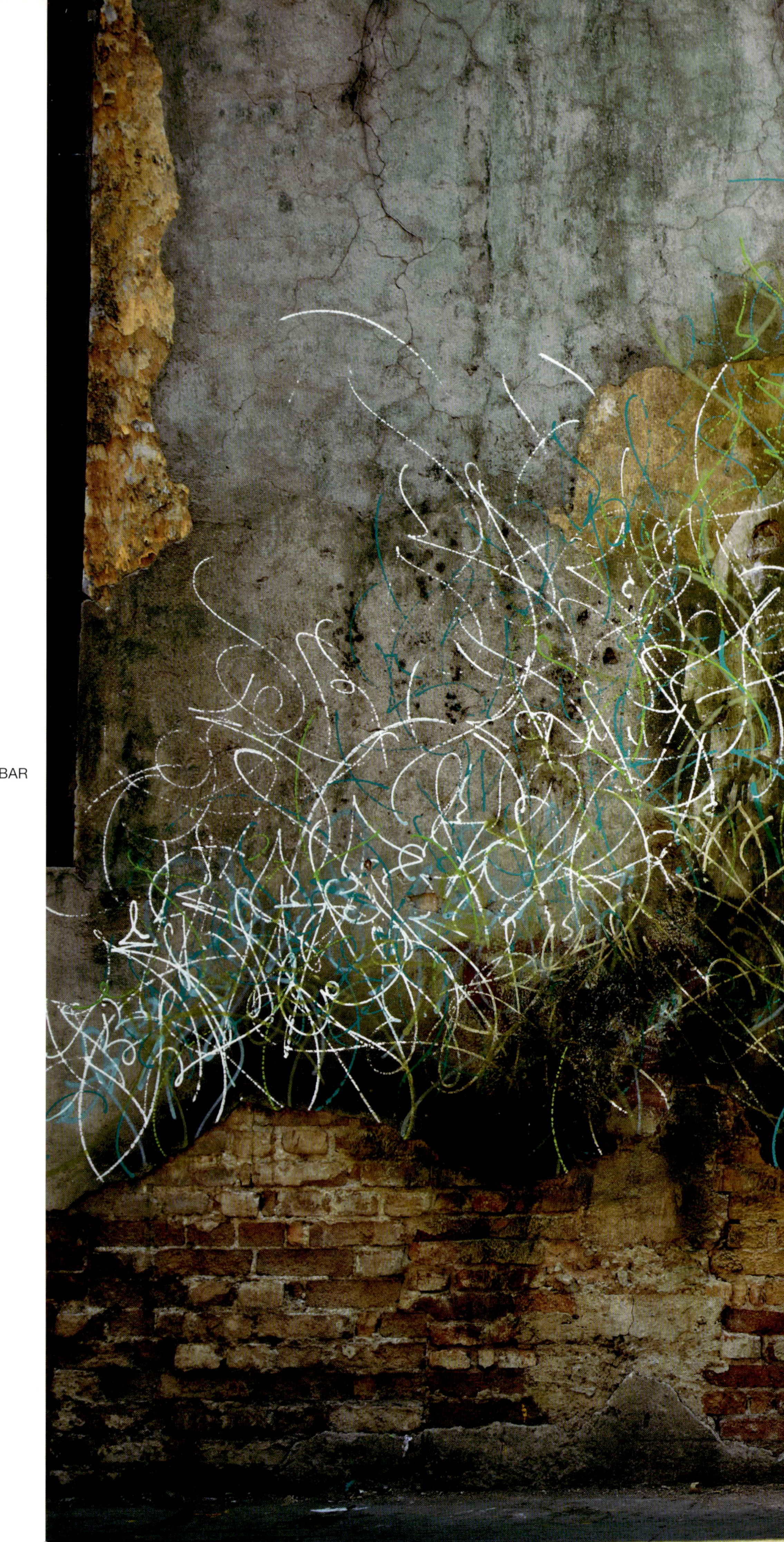

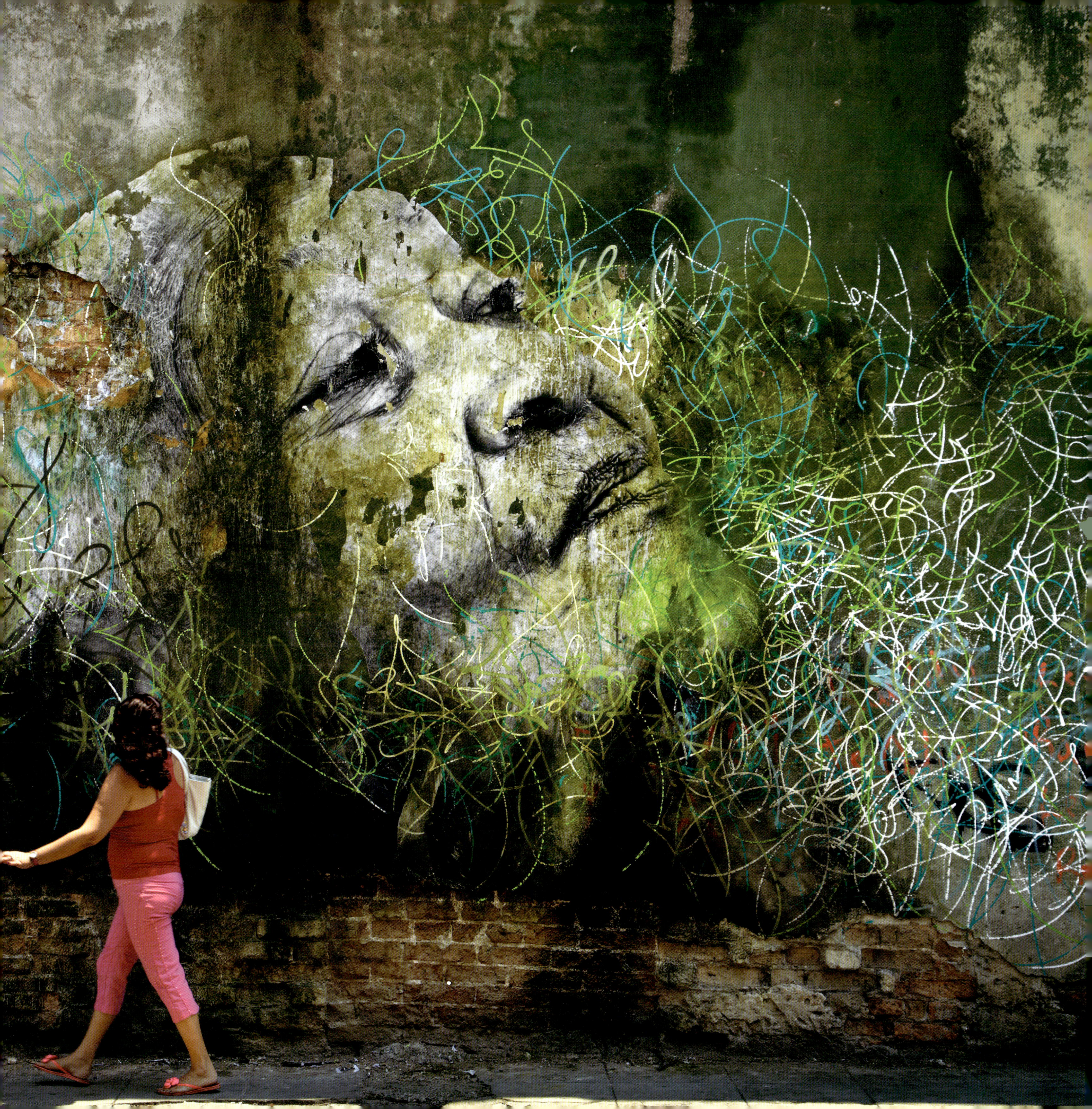

My name is José del Valle. One of my hobbies is collecting hats and stitching photos from magazines on them.Some of my favorites has a couple kissing, another has Venezuelan president Hugo Chávez on the front and on the back of the hat a view of the ocean. I have also visited Argentina many times. I love the Argentineans.

JOSÉ DEL VALLE DE AGUILA

Me llamo José del Valle. Uno de mis pasatiempos es coleccionar sombreros y coserle fotos que encuentro en revistas. Algunos de mis favoritos son de una pareja besándose, otro tiene el presidente venezolano Hugo Chávez en el frente y en la parte posterior del sombrero de un punto de vista del océano. También he visitado muchas veces la Argentina. Me encantan los argentinos.

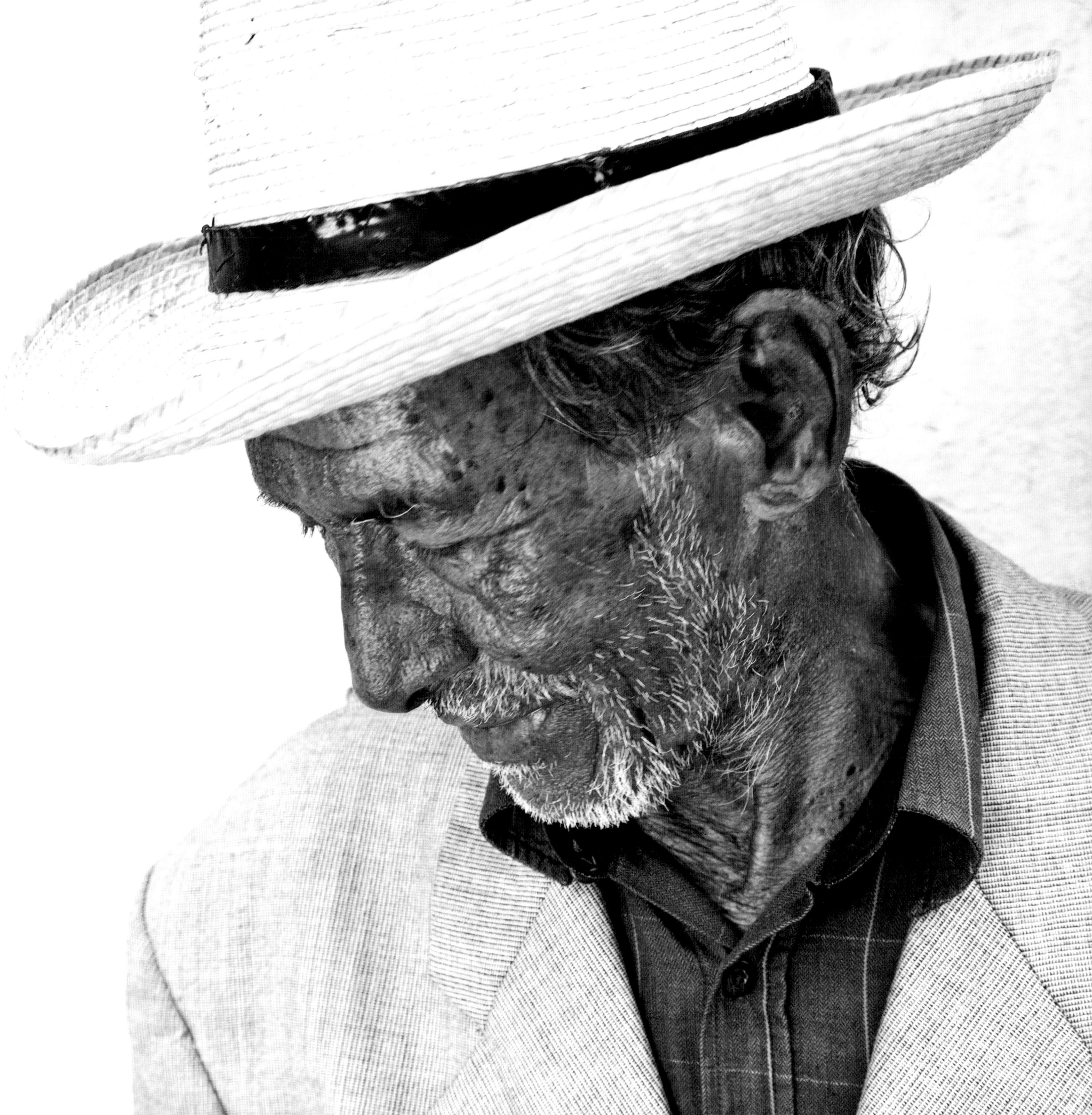

HOSPITAL ENTRE CONCORDIA Y CALLEJON DE HAMEL

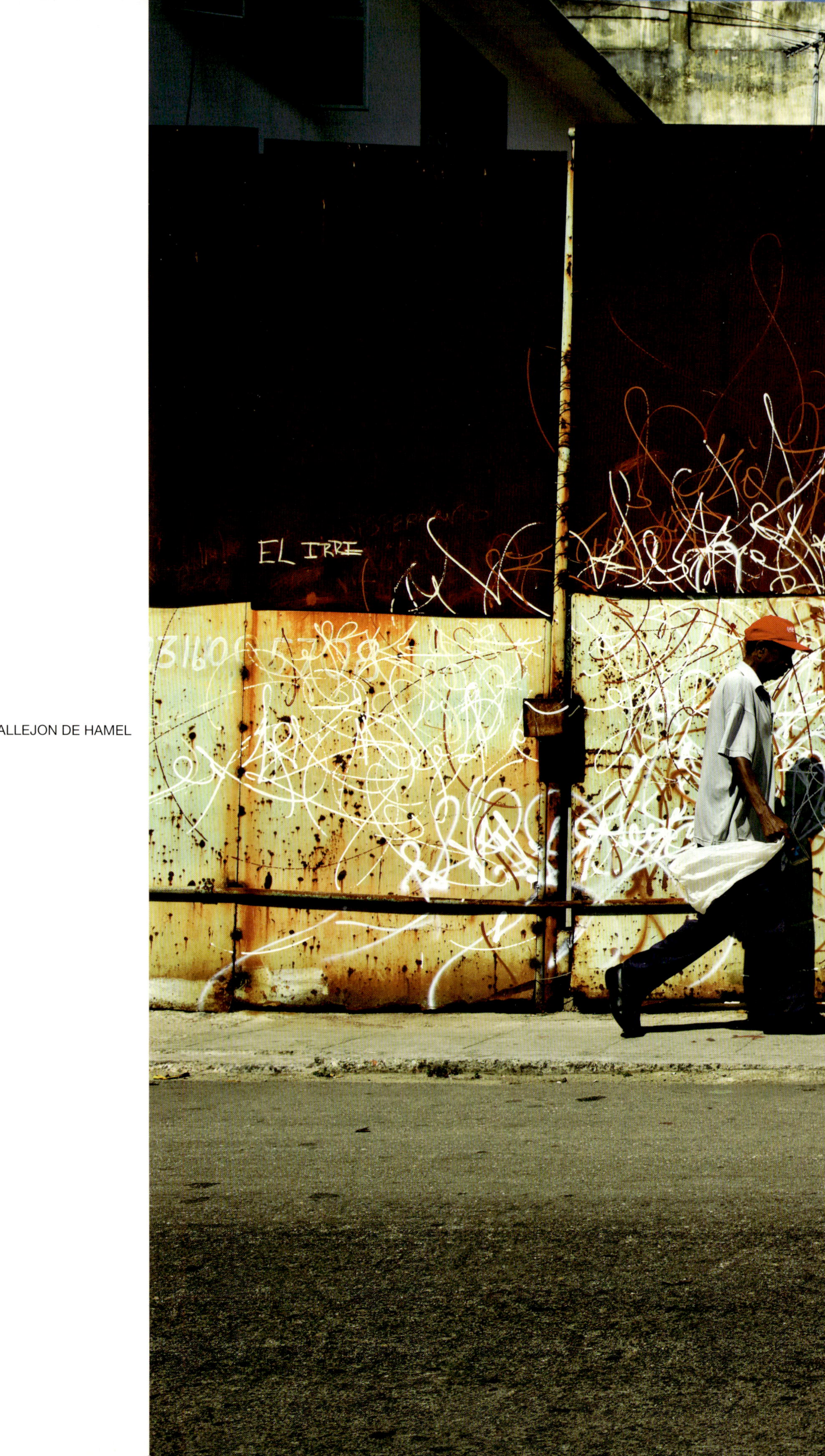

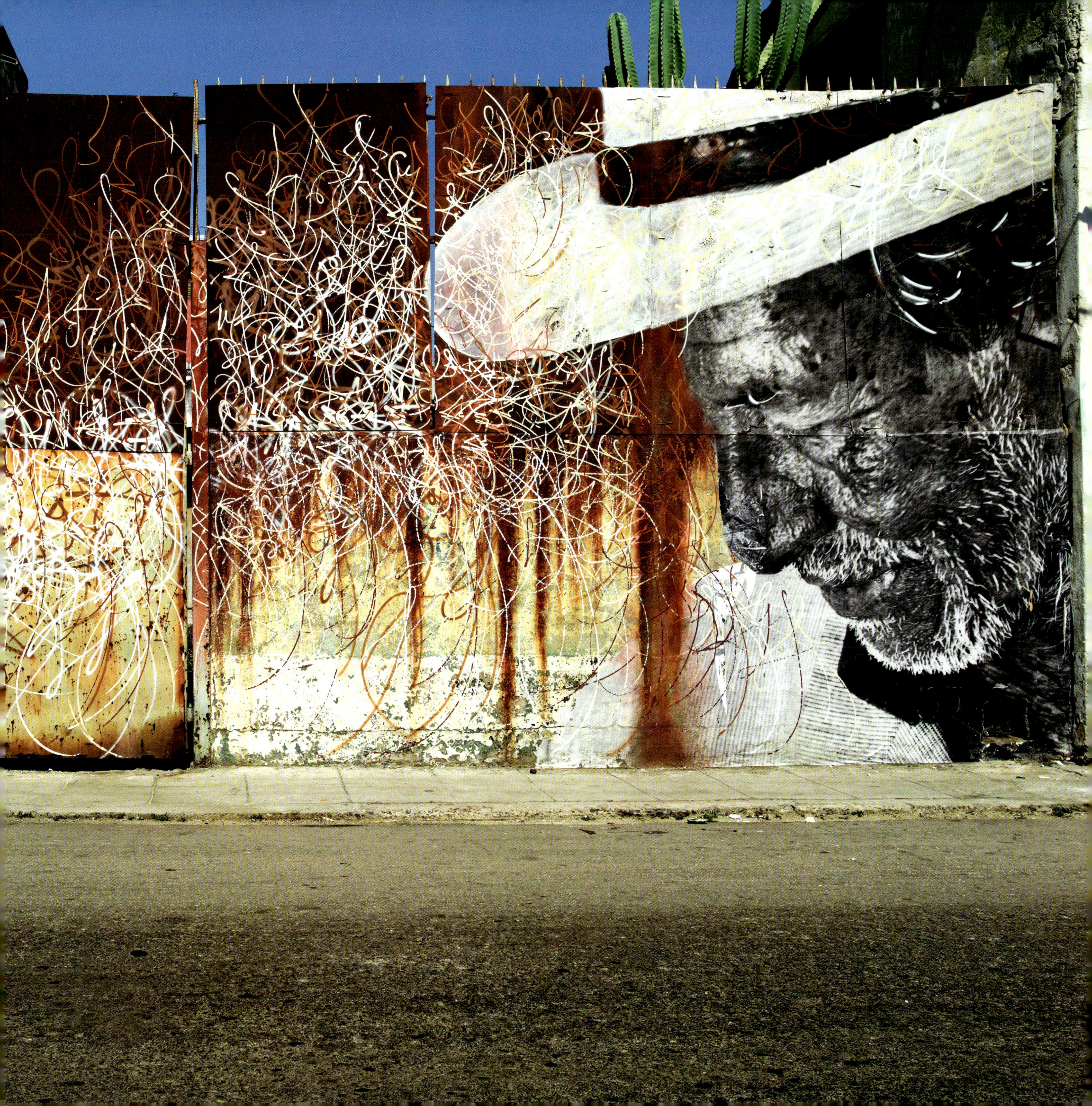

My name is Luisa Maria Miranda Oliva. I was born in the province of Matanzas, in the commune of Carlos Rojas, on the 21st of June, 1926.

At 18, I got married for the first time, and I came to live here in Havana. I became a widow after 21 years of marriage. After 3 years, I found someone and remarried. I became a widow again 11 years ago. I never had any children, or I should say, I had a girl in my first marriage, but I lost her a few days after she was born, and following that I wasn't able to have any more.

My father died when I was twelve, of typhus, at a time when there were no antibiotics or anything. I have always been a country girl; I really liked swimming in rivers. The seven years when Batista was in power were years of suffering: my youngest brother was killed in 1953; my other brothers were made prisoners. One of my brothers was tortured for 15 days – now he has a pacemaker. My mother suffered a lot. My mother has been dead now for 25 years. And there you have it, that's my life.

I come every day to the convent, because, as I live alone –in spite of my family–, it serves as a distraction.

As far as everything else is concerned, I thank God because, despite everything, I am someone who has never fallen ill.

Everything related to creation is very beautiful. Because God has given us a beautiful nature, the sun, everything is marvelous, here it is never cold; the heat, that's the worst thing one can suffer from here, but well, you put on your air conditioning and problem solved. Everything that God has bestowed upon man, man has been able to put to good use.

Thank you for giving me this moment outside of my very humble life and for wanting me to provide something to your project.

LUISA MARIA MIRANDA OLIVA

Me llamo Luisa María Miranda Oliva. Nací en la provincia de Matanzas, en el municipio de Carlos Rojas, el 21 de junio de 1926.

A los 18 años, me casé por primera vez, y me vine aquí a La Habana a vivir. Me quedé viuda después de 21 años de matrimonio. 3 años después, conocí a otra persona y me casé de nuevo. Y otra vez quedé viuda hace 11 años. No he tenido hijos, o mejor dicho, tuve una hija en mi primer matrimonio, pero la perdí a los pocos días de nacer, y ya no pude tener más.

Mi padre murió cuando yo tenía doce años, de tifus, en una época en la que no había antibióticos ni nada. Siempre he sido chica de campo, me encantaba bañarme en los ríos. Los siete años en los que Batista estuvo en el poder fueron años de sufrimiento: a mi hermano pequeño lo mataron en 1953, a mis otros hermanos los hicieron prisioneros. A uno de mis hermanos le torturaron durante 15 días –ahora lleva un marcapasos. Mi madre sufrió mucho. Hace ya 25 años que murió mi madre. Y ya está, esa es mi vida.

Vengo todos los días al convento, porque, como vivo sola –a pesar de mi familia–, para mí es una distracción.

Por lo demás, doy las gracias a Dios porque, a pesar de todo, soy una persona que nunca ha estado enferma.

Todo lo relativo a la creación es muy bello. Porque Dios nos ha dado una naturaleza muy bella, el sol, todo es maravilloso, aquí no hace nunca frío; el calor, eso es lo peor que podemos sufrir a veces, pero bueno, se pone el aire acondicionado y ya está. Todo lo que Dios ha dado al hombre, el hombre lo ha podido realizar.

Gracias a ustedes por haberme sacado por un momento de mi vida tan humilde y de haber querido que aporte algo a vuestro proyecto.

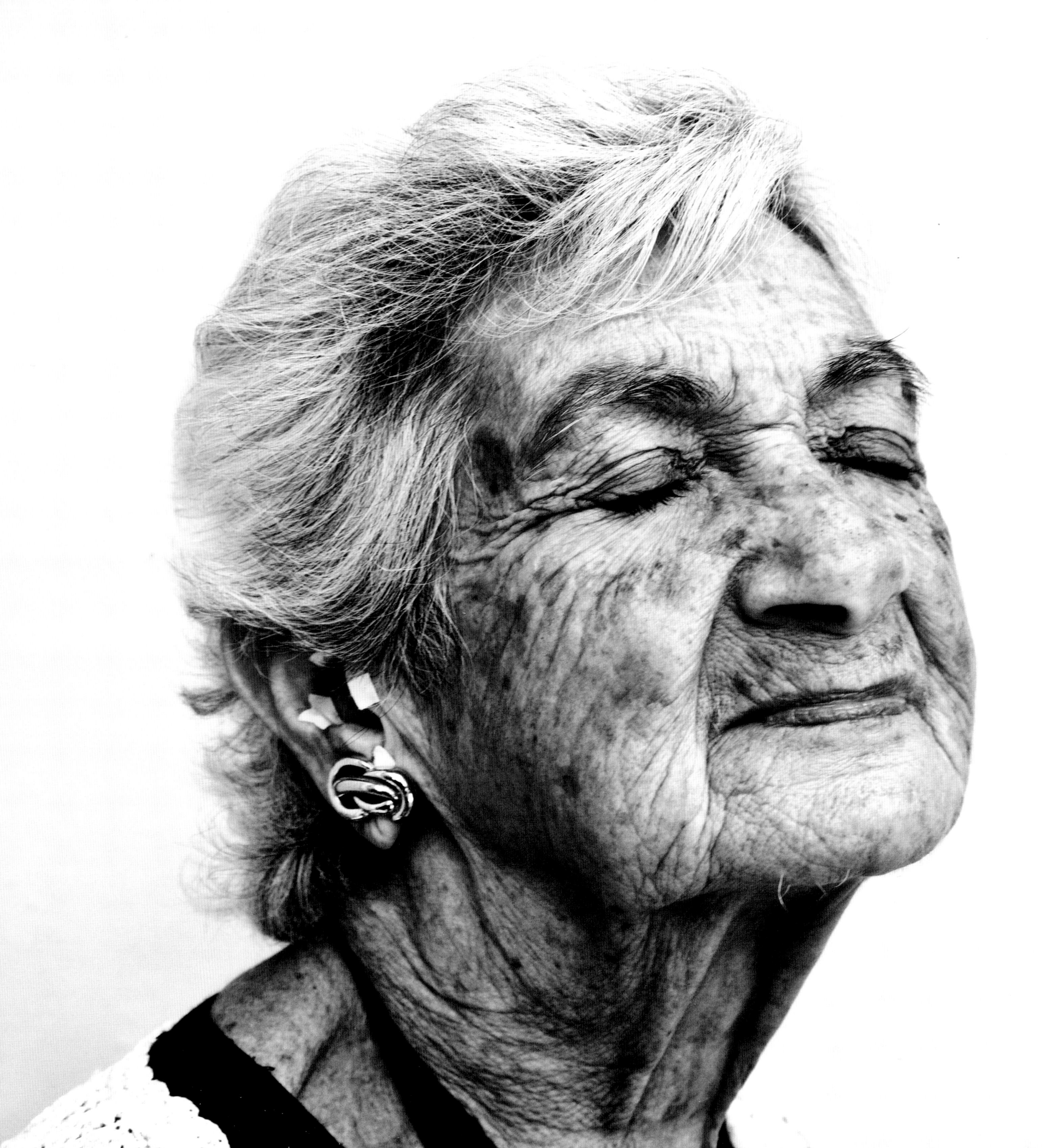

AVENIDA DE LOS PRESIDENTES (G) Y CALLE 17

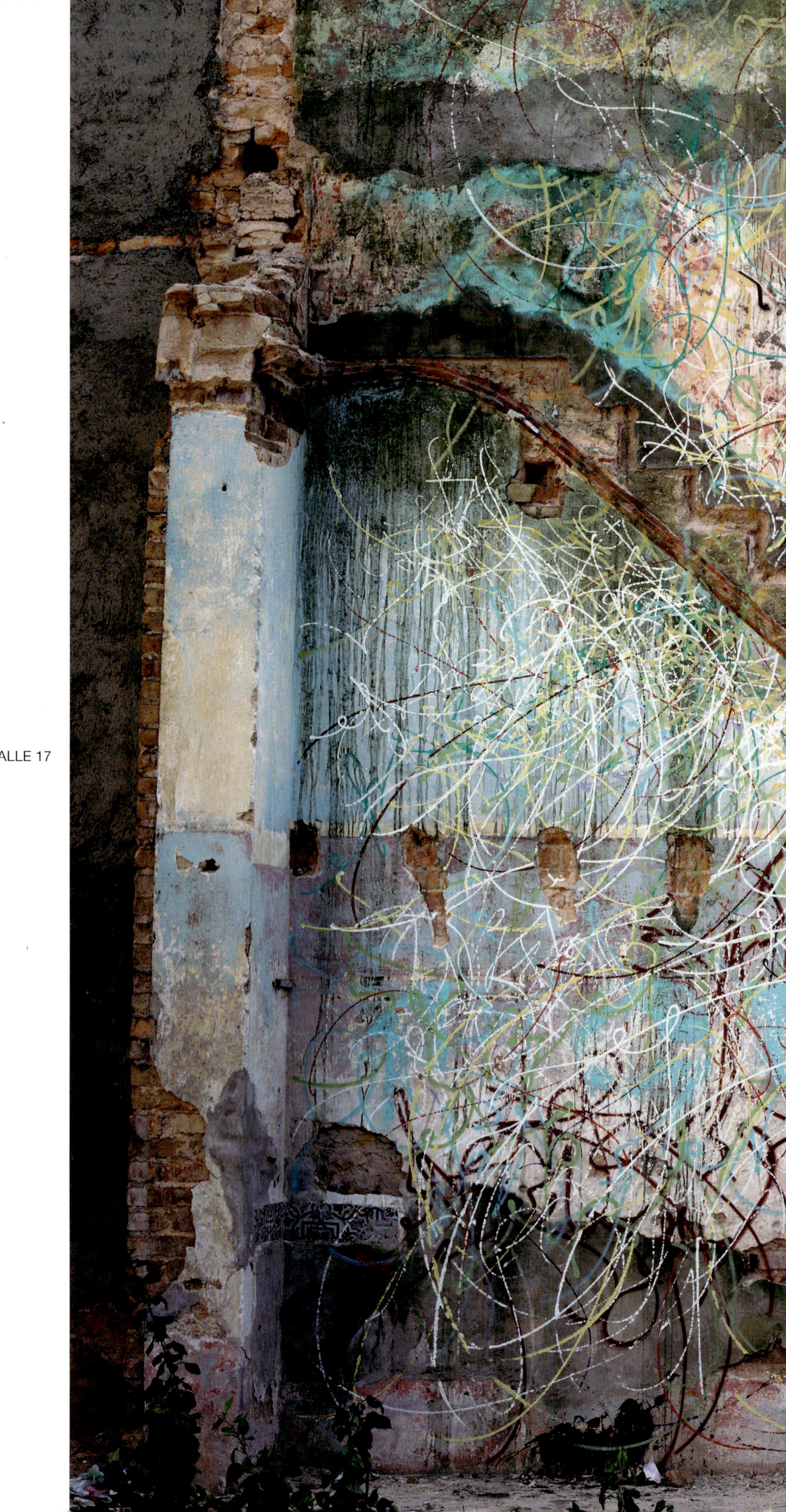

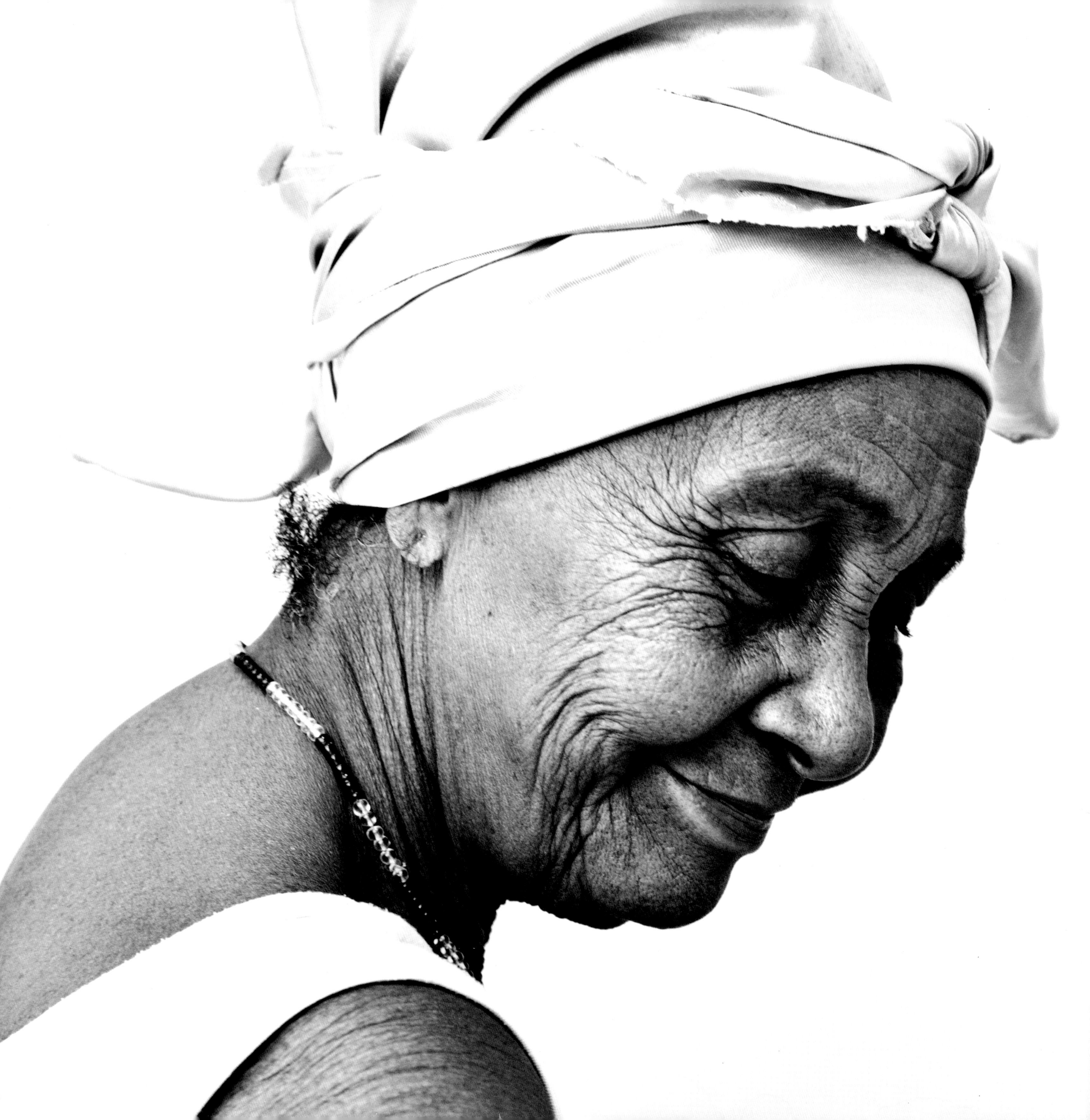

AVENIDA DE LOS PRESIDENTES (G) Y CALLE 17

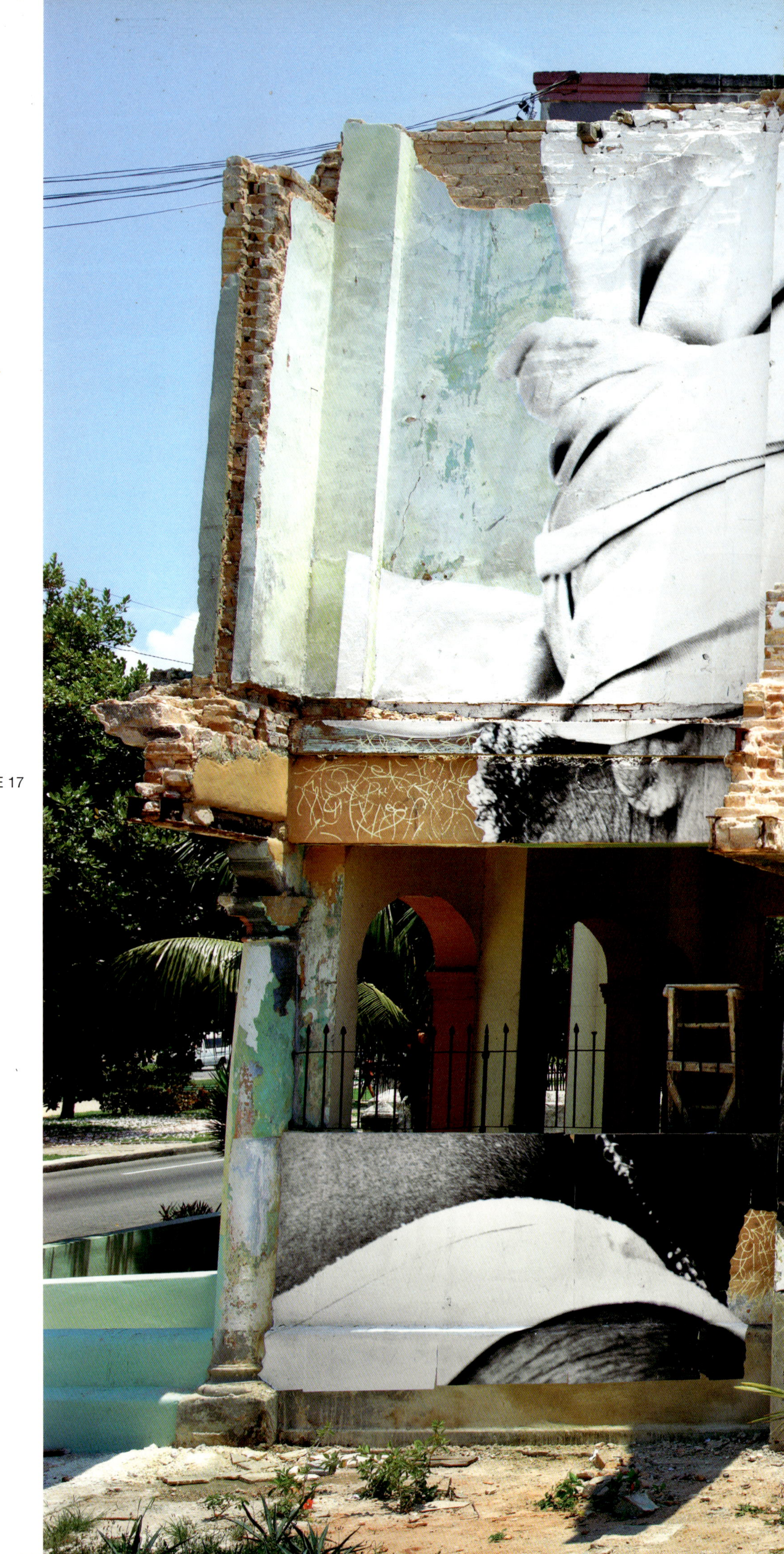

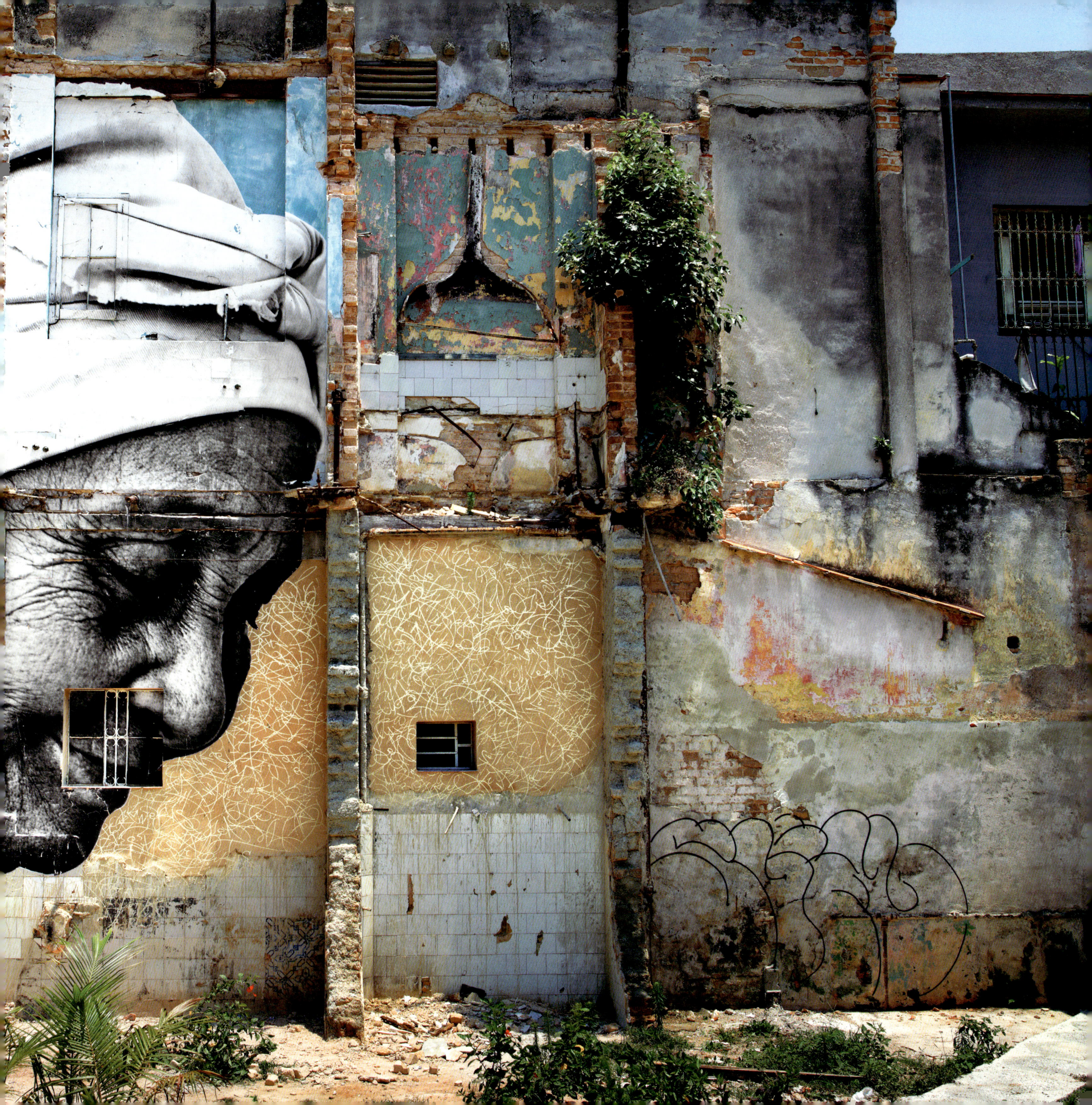

I was born in the East, in Guantánamo, on the 25th of February, 1945. I arrived in Havana in 1962. I've worked as a welder, a torch cutter, with an electric torch; I've worked on an eight-lane road, from here to the East of the country. We built a section to Matanzas. Then, I started working in restaurants, as a waiter, and then I became a cook. I worked in a camping center for seven years and then I retired. I couldn't continue. I hardly have any family left. I have nephews, a sister, my nephews. It's them I live with.

I come to the convent of Belén every day to do exercise, play dominos and talk with my friends.

I'm here until our Lord decides to take me with Him.

FELIX RIVERA RAMIREZ

Nací en el este, en Guantánamo, el 25 de febrero de 1945. Llegué a La Habana en 1962. He sido soldador, cortador con soplete eléctrico; he trabajado en la autopista de 8 carriles de aquí al este del país. Construimos una sección hasta Matanzas. Luego comencé a trabajar en la hostelería, primero como camarero y luego como cocinero. Trabajé siete años en un centro de camping, y luego me jubilé. Ya no podía seguir. Me queda muy poca familia. Tengo sobrinos, una hermana, mis sobrinos. Con ellos es con quien vivo.

Vengo todos los días al convento de Belén para hacer ejercicio, jugar al dominó, hablar con amigos.

Estoy aquí hasta que el Señor decida llevarme con Él.

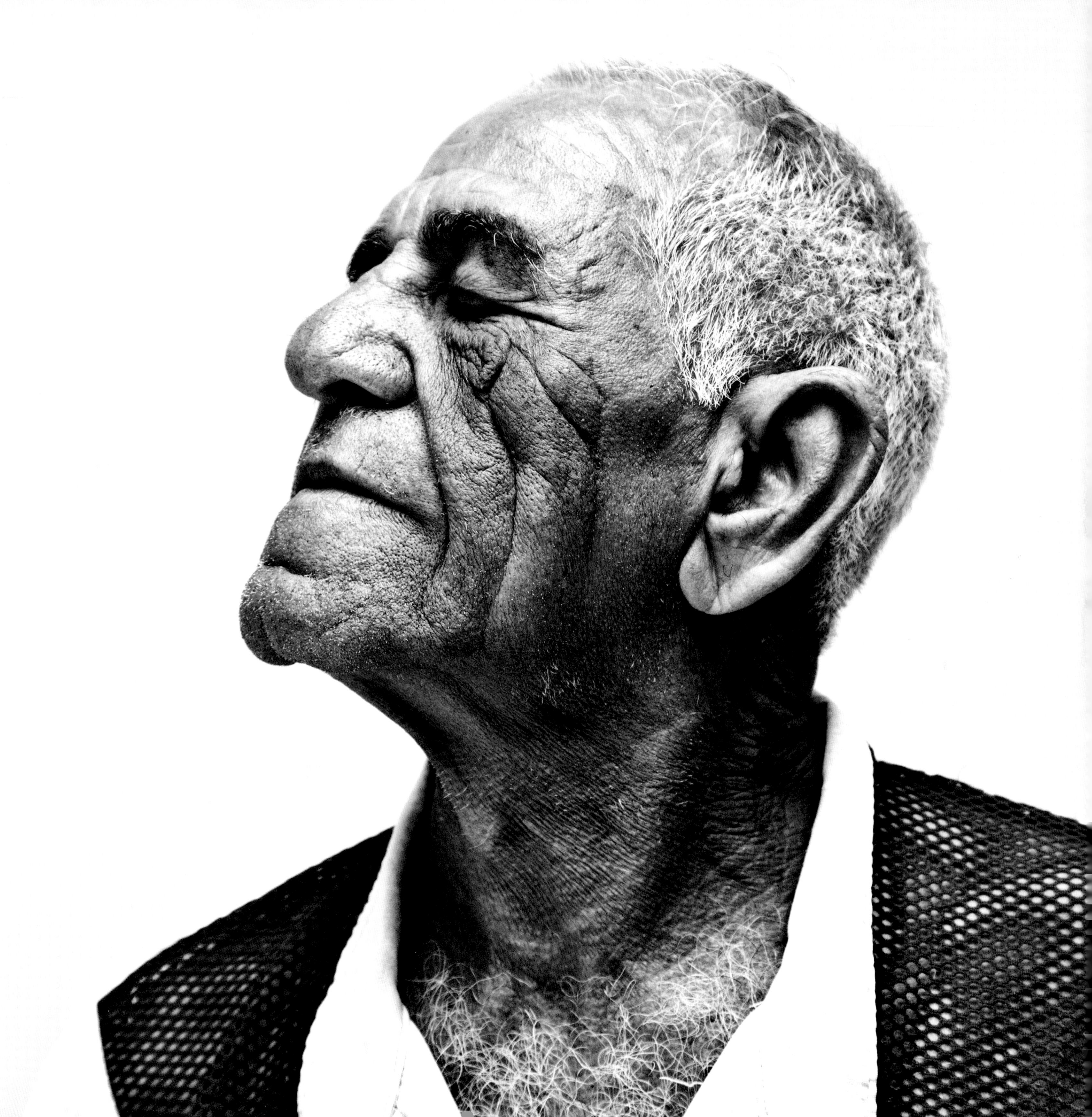

SAN MIGUEL ENTRE ARAMBURU Y SOLEDAD

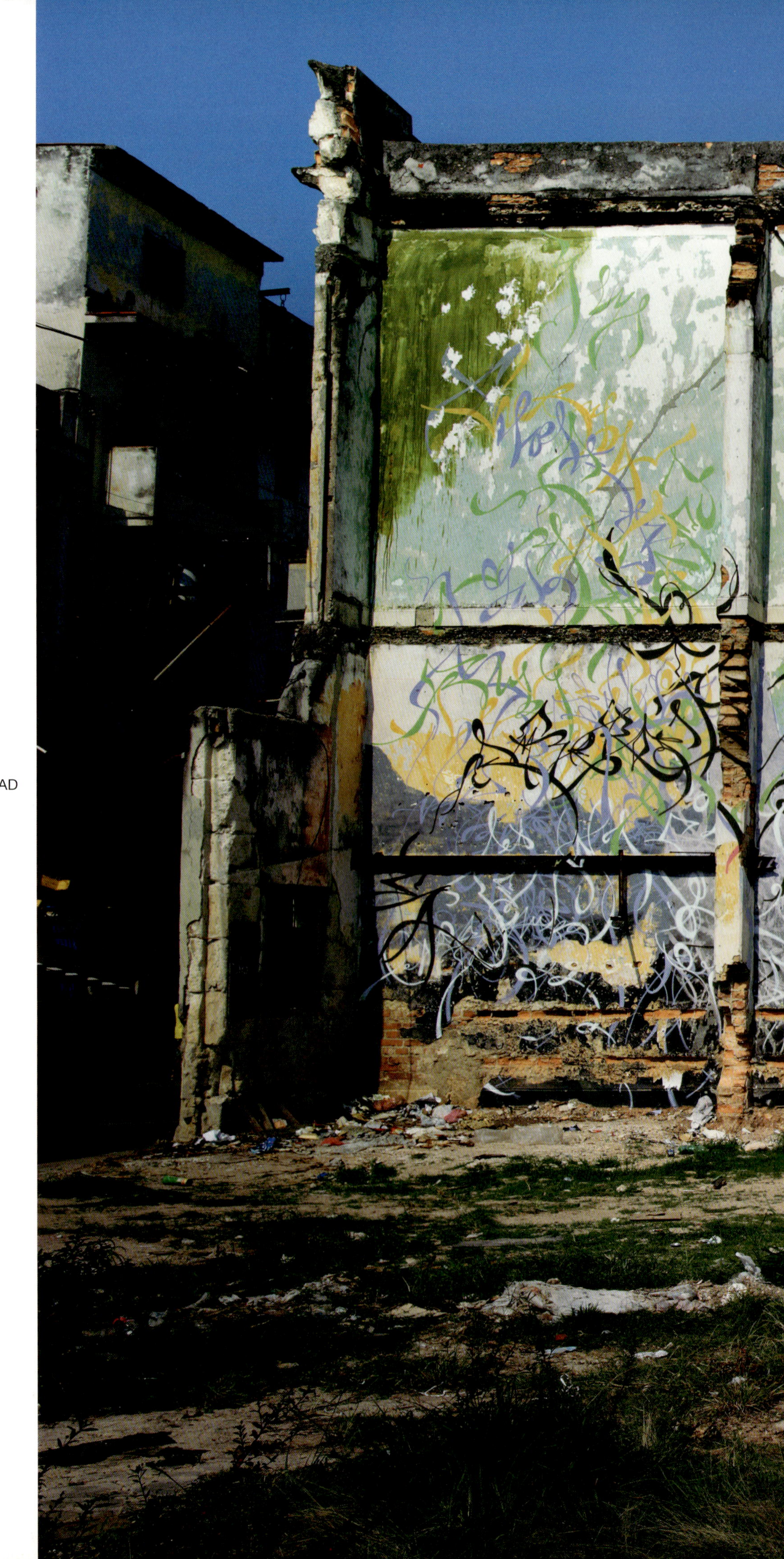

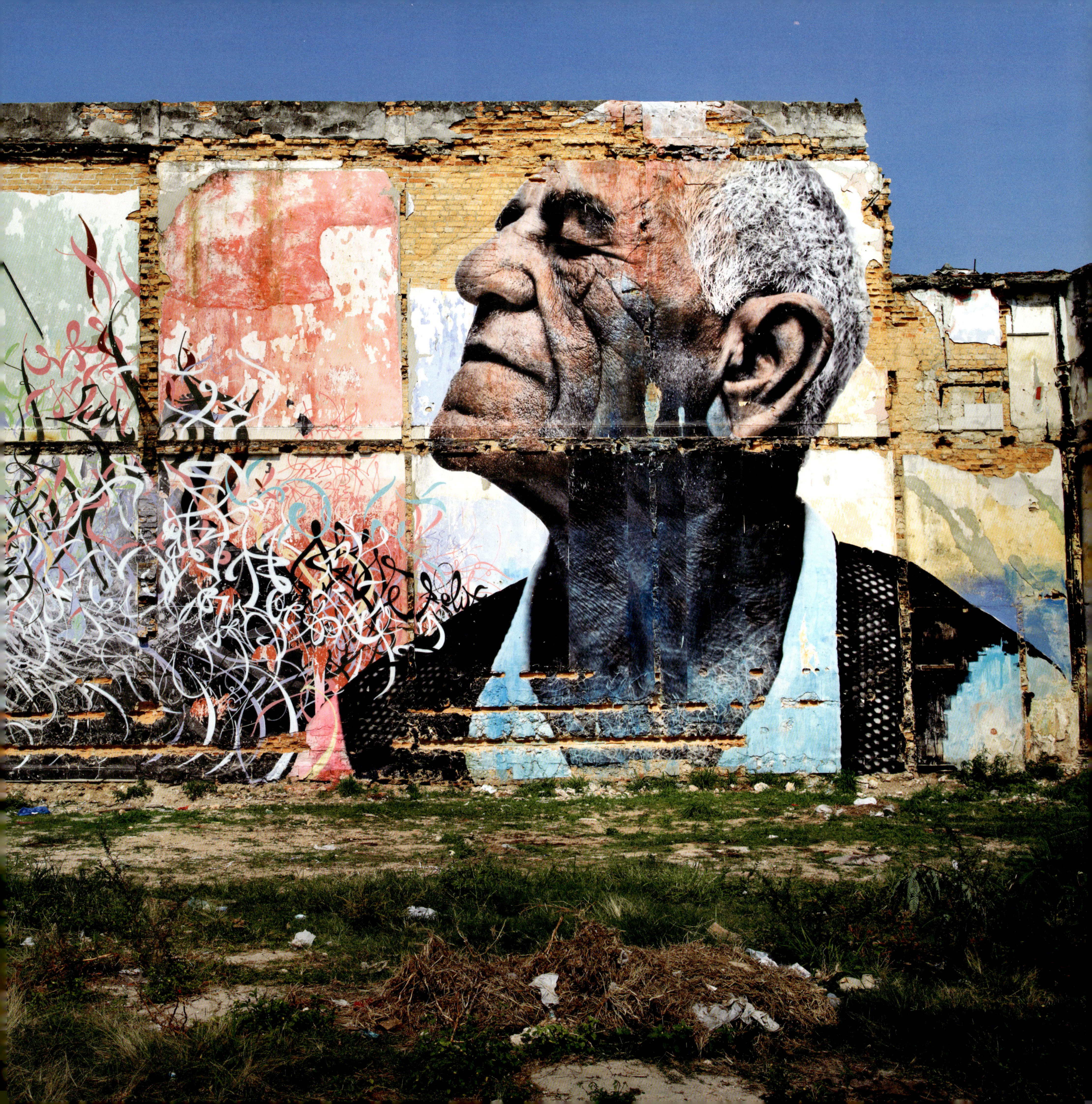

My name is Felo, I will be 90 on the 19th of June. My wife Otulia is 82. I was born a musician. I have travelled a great deal thanks to music. The first time was to Haiti.

We have lived in Havana for 40 years and we got married 60 years ago. She has a son who is already 60, when I met her he was one year and one month old. The others are my children, there is one that has been in the United States for some years. I worked with musician Carlos Puebla for many years. I travelled with him to a great number of countries. The last trip I did, though with another musician, was in the nineties, to Canada. It was freezing.

My wife has never wanted to travel, she never wanted to leave the home, she is very attached to her children

I am tired of travelling. I was asked to go to Spain several months ago, to give a course in a town, where they wanted to teach how to play marimbas, and I said no.

I would leave every year, twice, three times, to another country: Haiti, Costa Rica, Honduras, Venezuela, Ecuador, Bolivia, Spain, Russia… And after 15 days, I'd start to miss Cuba. I'd lose my appetite. It's like that for lots of people. They go, but they regret it immediately. Cuba has always had a humanist reputation.

As a musician I've already had my photo in magazines. In films also, we appeared outside Cuba, very frequently, on the television or in films or in a theatre. Even in Russian films.

RAFAEL LORENZO Y OBDULIA MANZANO

Me llamo Felo, cumpliré 90 años el 19 de junio. Mi mujer Otulia tiene 82 años. Nací músico. He viajado mucho gracias a la música. La primera vez fue a Haití.

Vivimos en La Habana desde hace 40 años y nos casamos hace 60 años. Ella tiene un hijo que tiene ya 60 años, cuando la conocí él tenía un año y un mes. Los otros son mis hijos, tengo uno que está en los Estados Unidos, desde hace algunos años. Trabajé con el músico Carlos Puebla durante muchos años. Viajé con él a muchísimos países. El último viaje que hice, pero con otro artista, fue en los años noventa, a Canadá. Hacía un frío de muerte.

Mi mujer nunca ha querido viajar, no quería dejar la casa, está muy apegada a sus hijos.

Yo estoy cansado de viajar. Me propusieron ir a España hace unos meses, para dar un curso en una ciudad, donde querían enseñar las marimbas, y les dije que no.

Me iba cada año, dos, tres veces, al extranjero: Haití, Costa Rica, Honduras, Venezuela, Ecuador, Bolivia, España, Rusia… Y ya al cabo de unos 15 días, ya echaba de menos Cuba. Perdía el apetito. Y así es para mucha gente. Se van y enseguida se arrepienten. Cuba siempre ha tenido una reputación humanista.

Como músico ya ha aparecido mi foto en revistas. En películas también, salimos fuera de Cuba, con mucha frecuencia, en la televisión, o en las películas o en un teatro. Incluso en películas rusas.

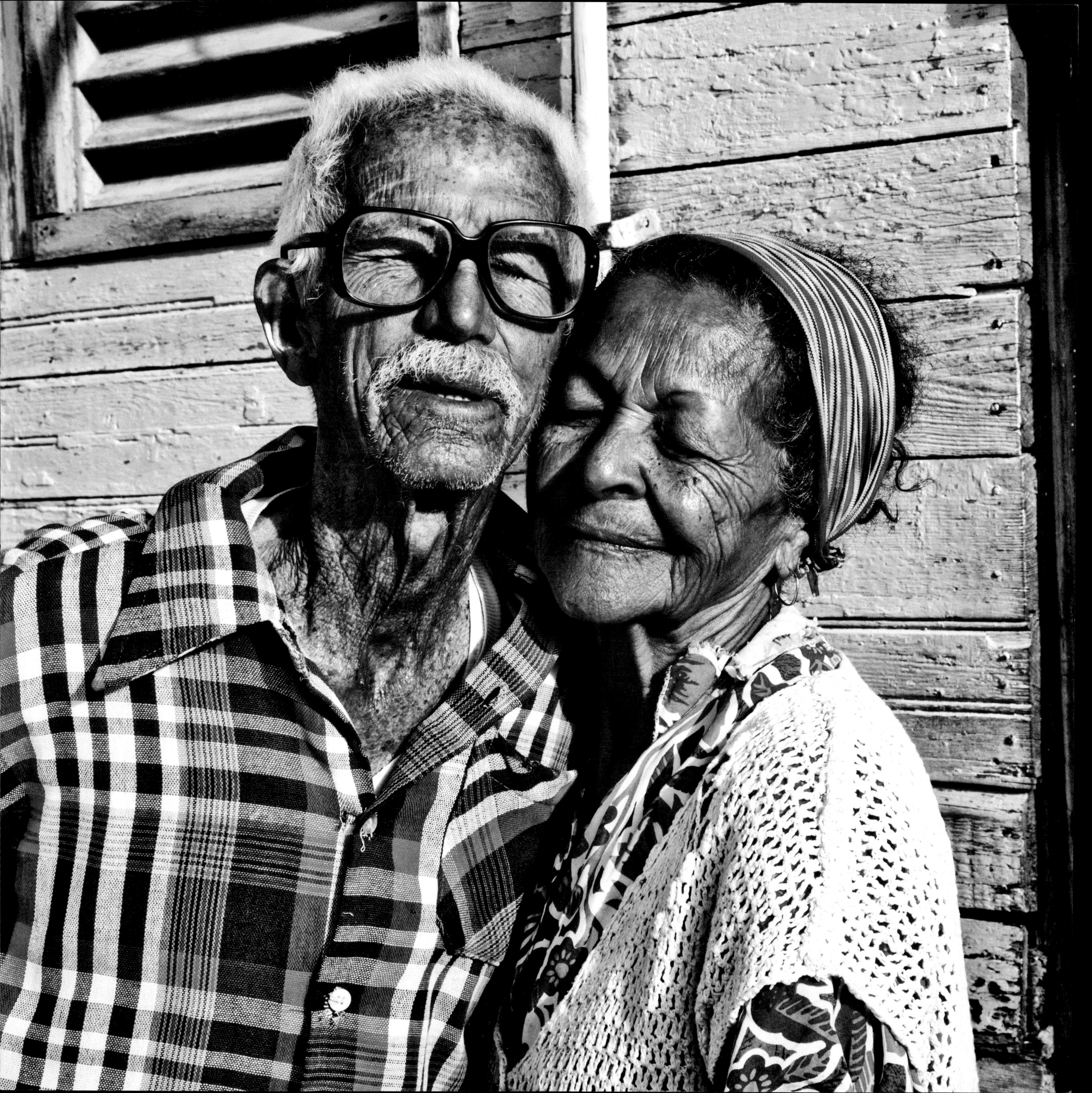

CONDESA Y CAMPANARIO

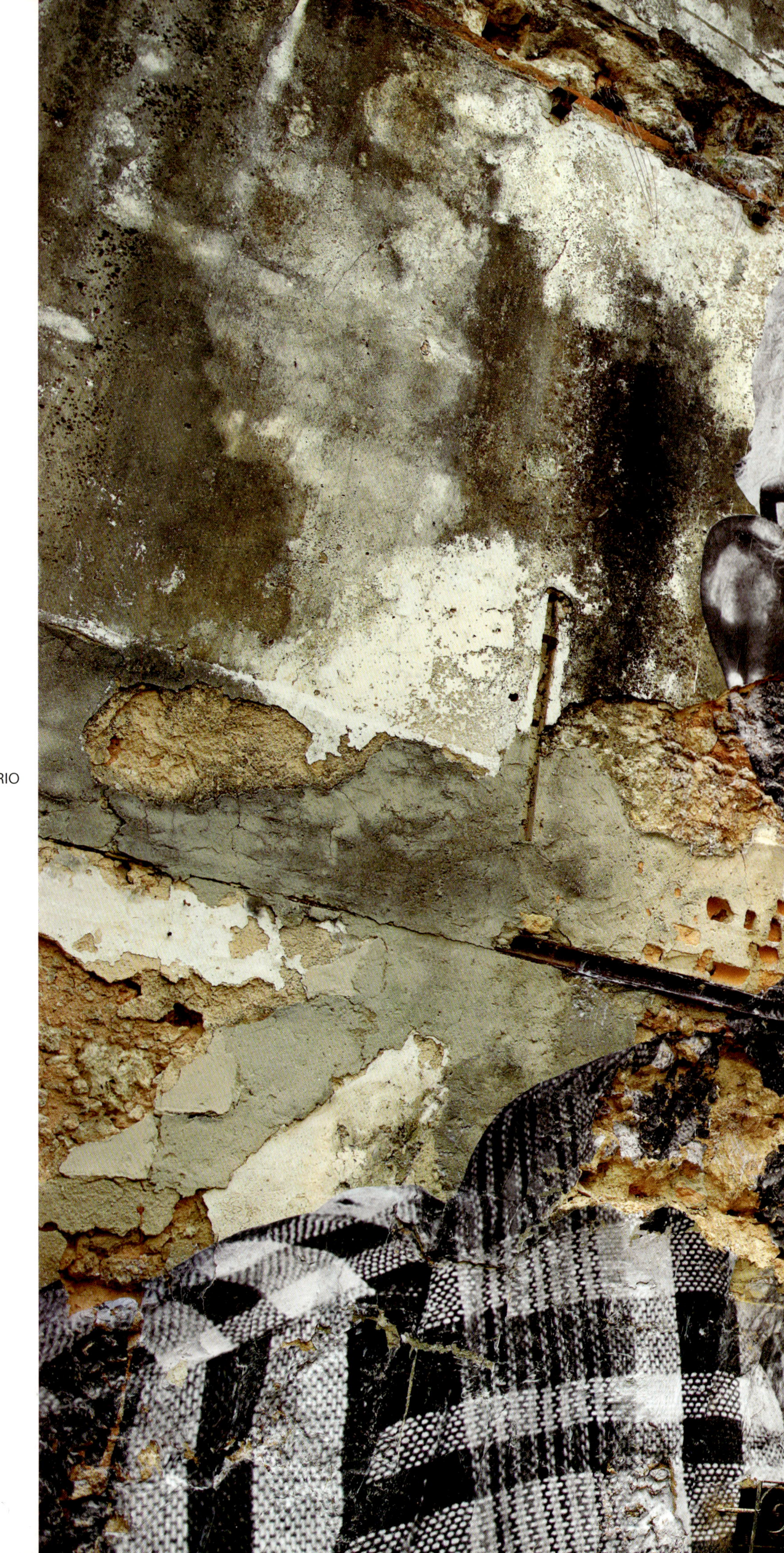

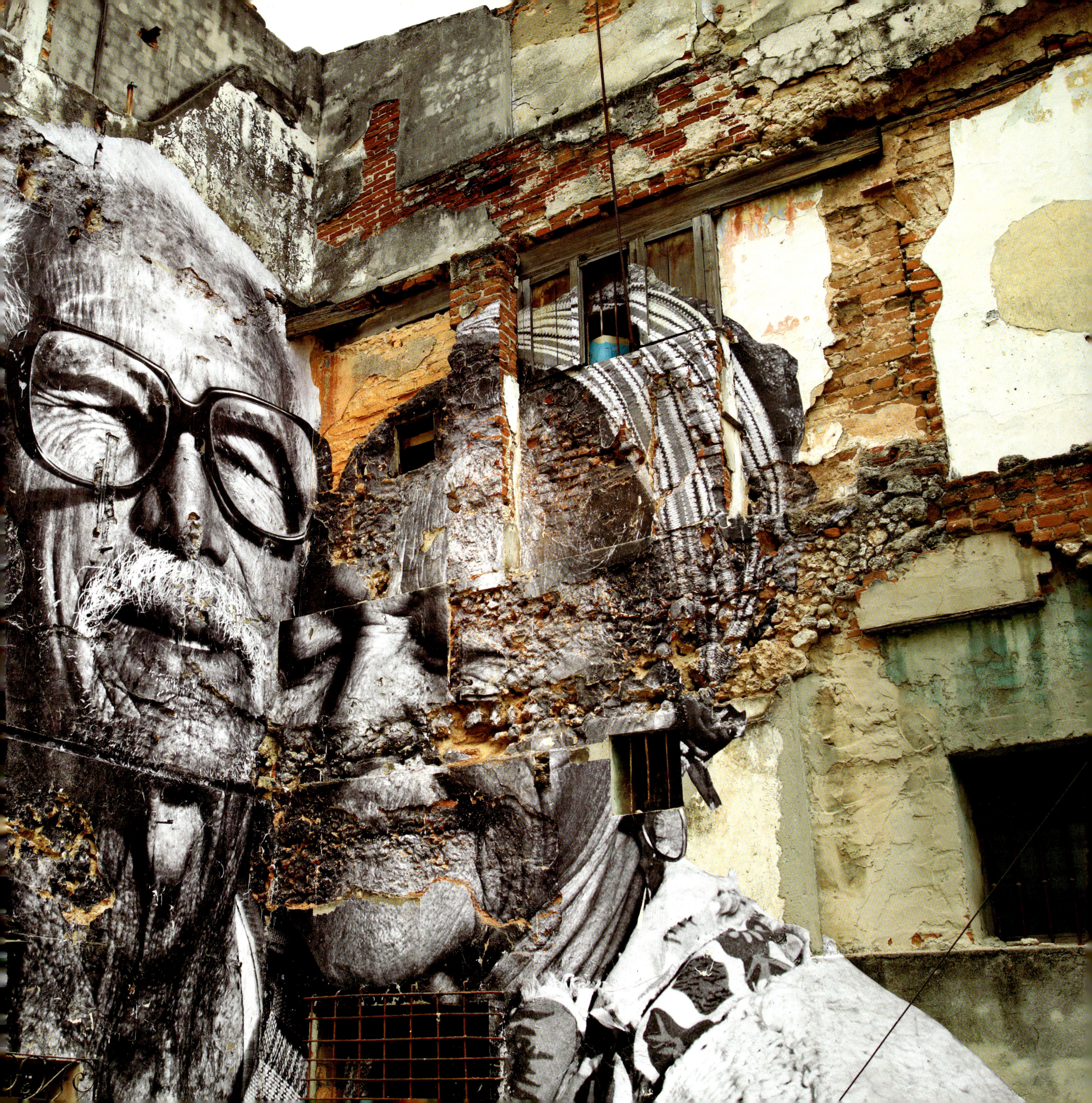

My name is Elio Milanés and I'm 83 years old. I was born in Niqueros in the province of Granma, in the East of the country. As a child, I arrived in Havana and all my life I've worked in a store, in a bodega. We sold a bit of everything. Today it's different.

In Havana, there are places that are in very good condition, and there are others that are so-so. So, well, I feel strong, I feel good, better even than someone young. Because of my age and because of the daily struggle. That's the way it is.

I love music, the danzón, the bolero, especially. I have never been a great rumba dancer.

ELIO MILANÉS

Me llamo Elio Milanés y tengo 83 años. Nací en Niqueros, en la provincia de Granma, al este del país. De pequeño, llegué a La Habana y toda mi vida he trabajado en el comercio, en una bodega. Vendíamos de todo. Hoy es distinto.

En La Habana, hay sitios que están en muy buen estado y otros que están regular. Pues bueno, yo me siento fuerte, me siento bien, mejor que un joven incluso. Por mi edad y por toda la lucha cotidiana. Es así.

Me encanta la música, el danzón, el bolero sobre todo. La rumba nunca se me ha dado demasiado bien.

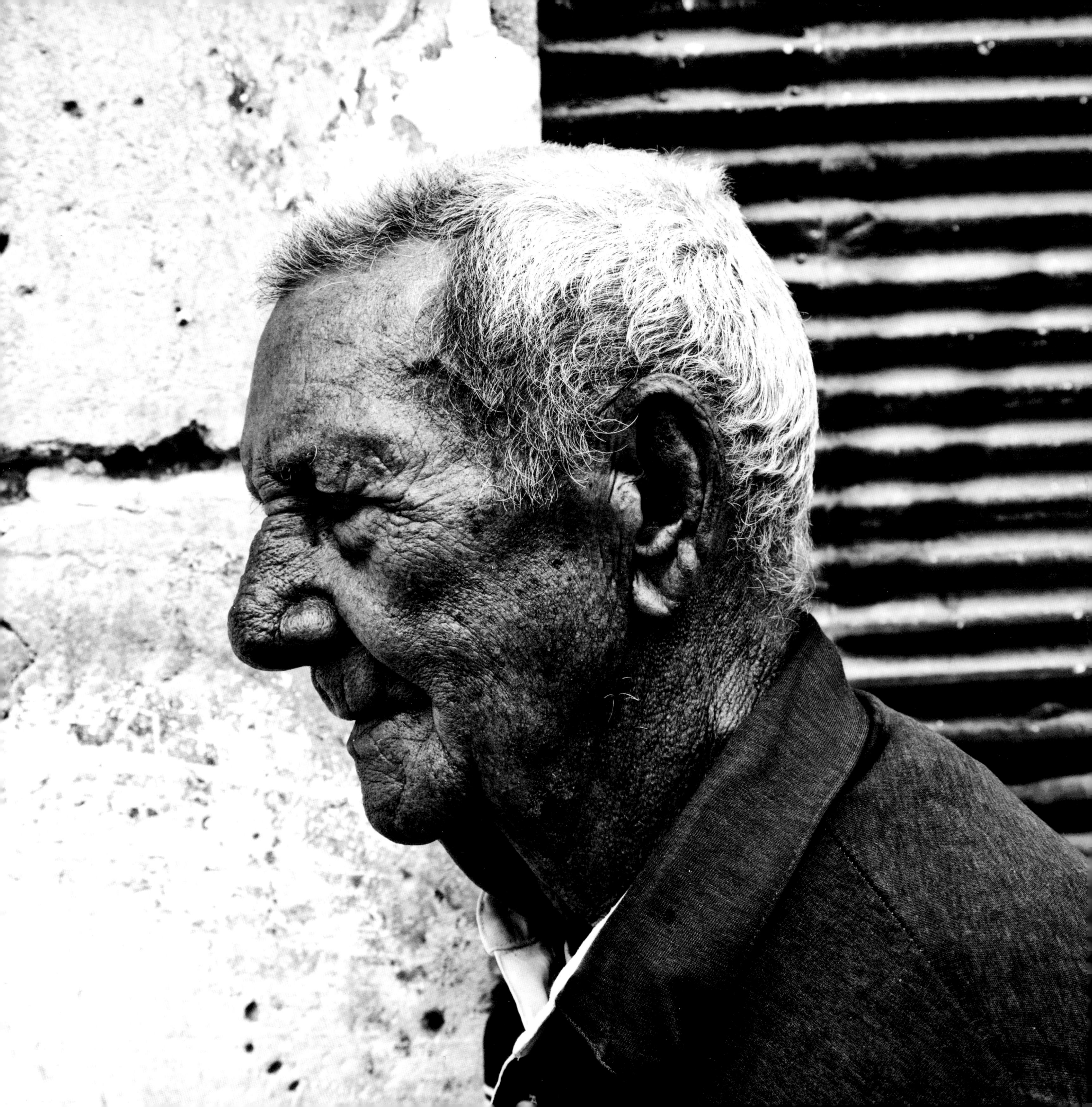

HOSPITAL Y CALLEJON DE HAMEL

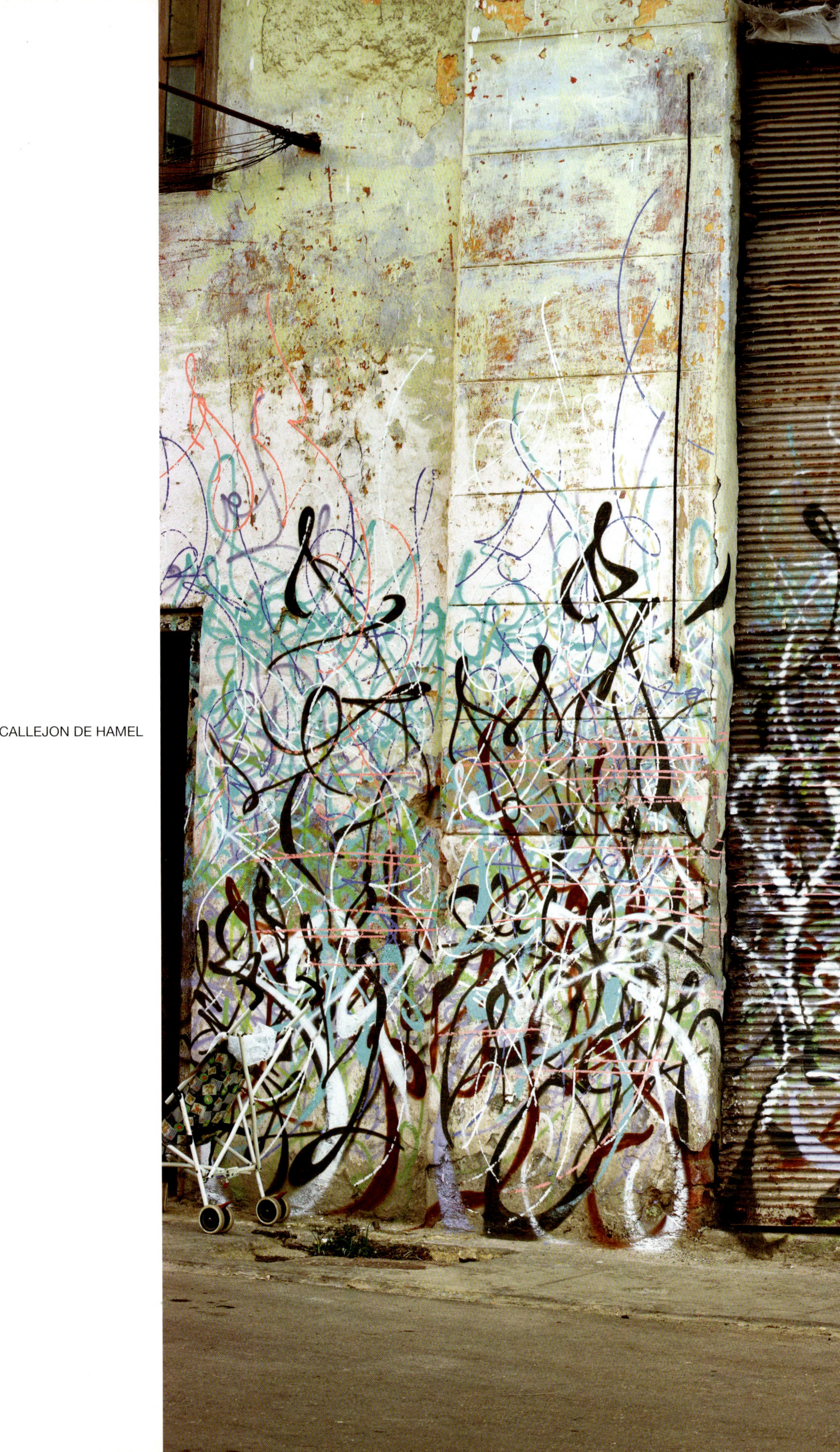

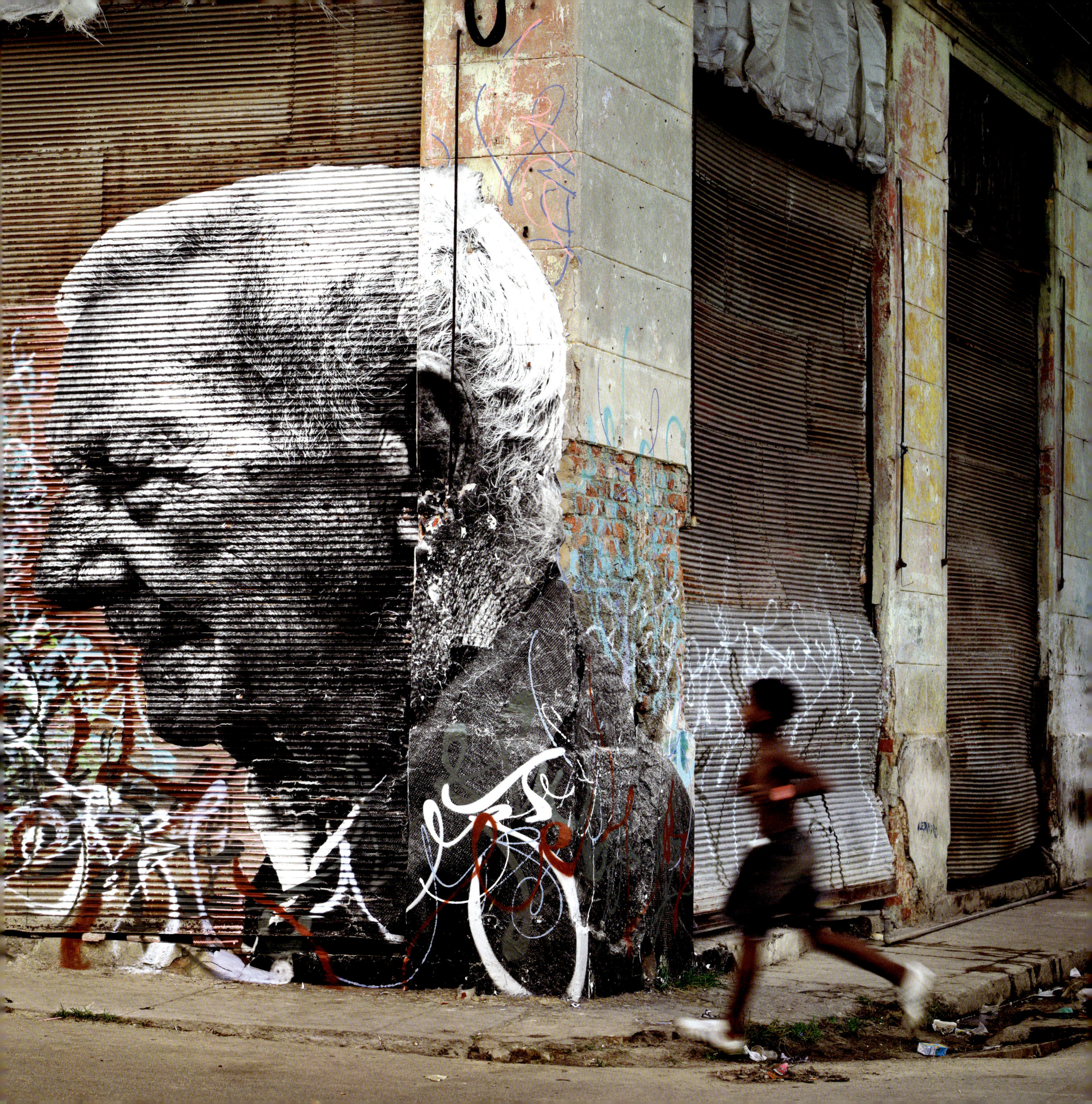

My name is Miguel Pelegrino. I'm from Las Villas. I'm 88 years old. I used to work for the State. I had a job at a hospital. Now I sell shopping bags.

MIGUEL PELEGRINO

Me llamo Miguel Pelegrino. Soy de Las Villas. Tengo 88 años. Yo trabajaba para el Estado. Estaba empleado en un hospital. Ahora vendo jabitas.

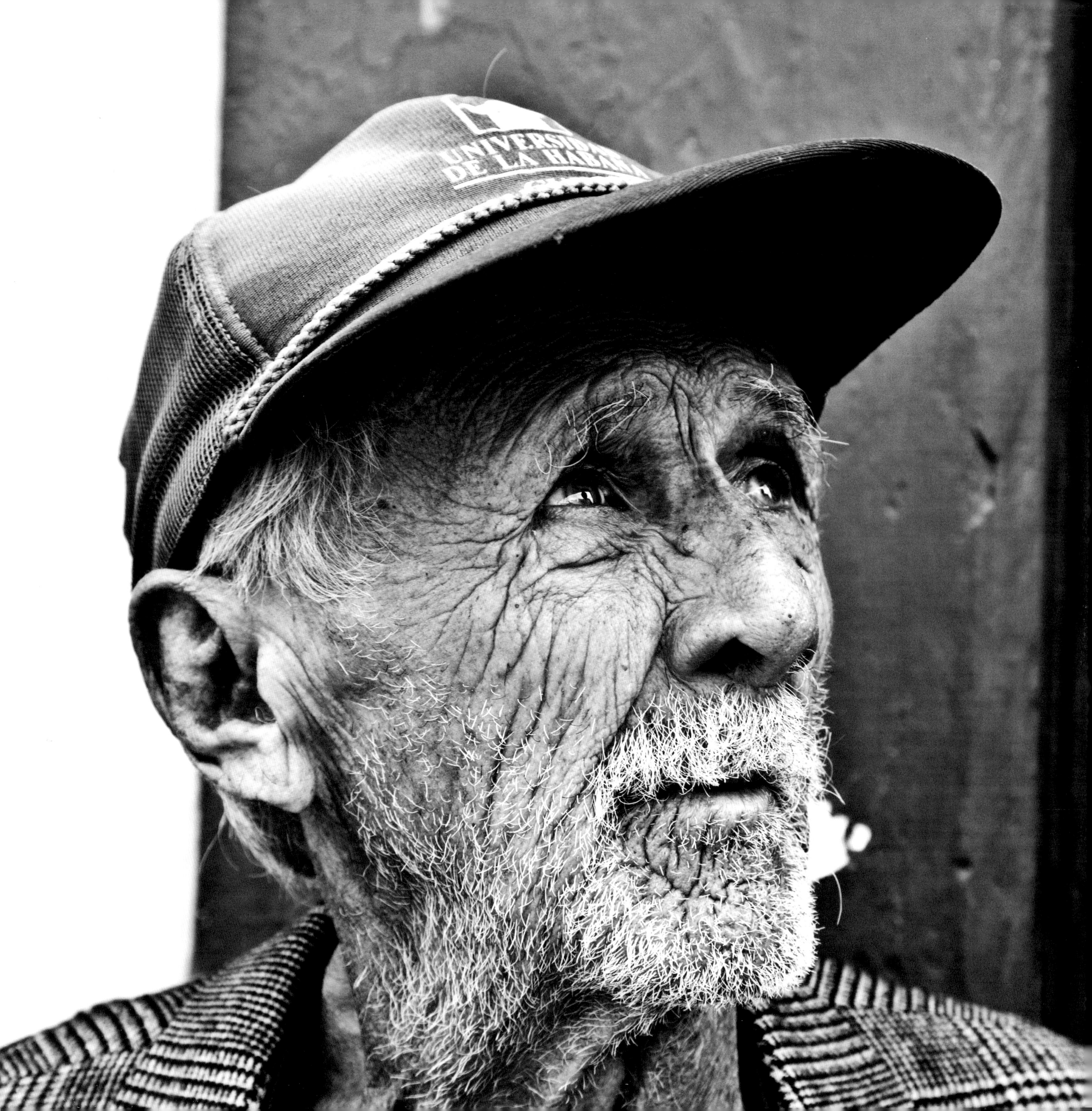
UNIVERSID
DE LA HABA

PADRE VARELA (BELASQUAIN) ENTRE FIGURAS Y ESCOBAR

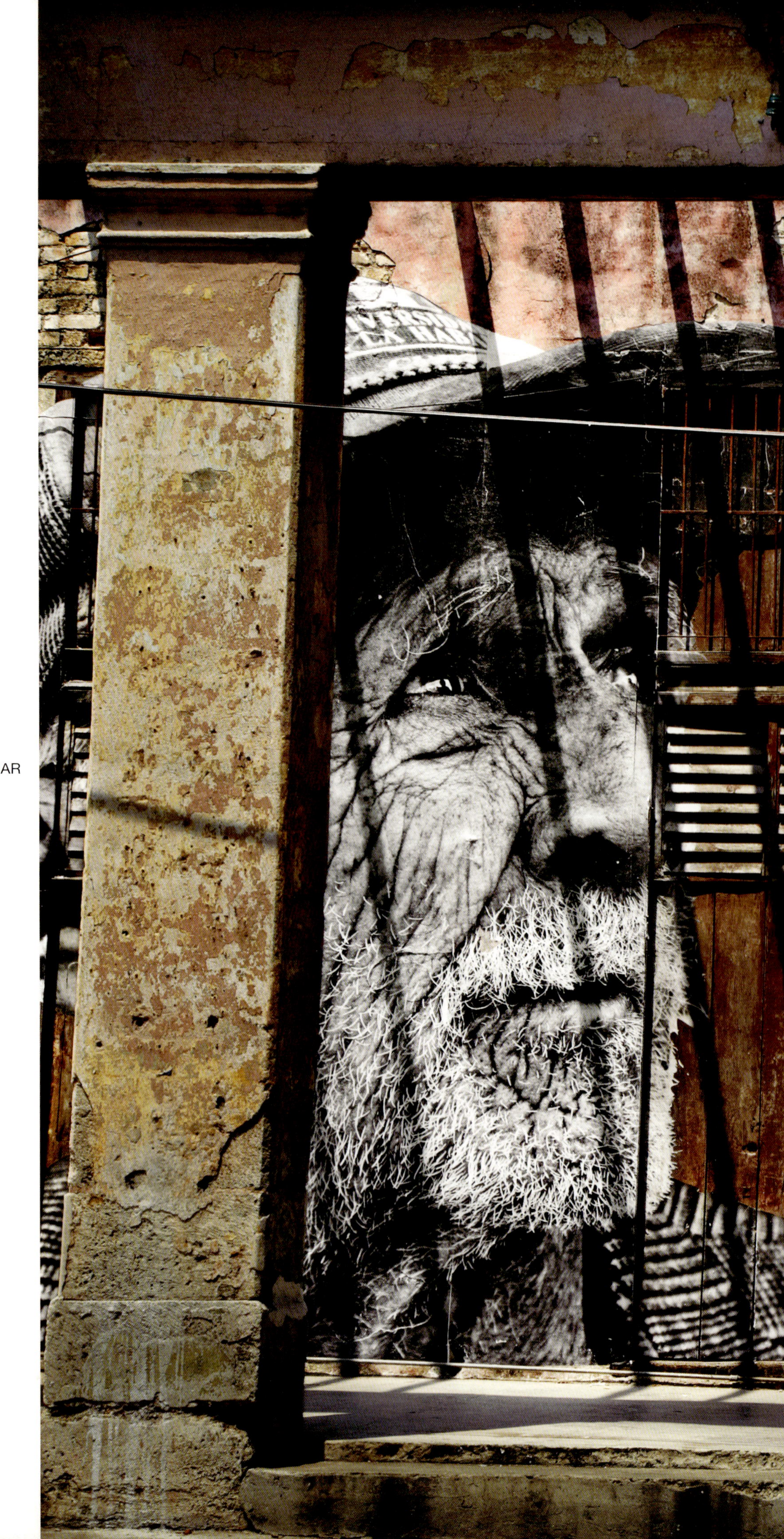

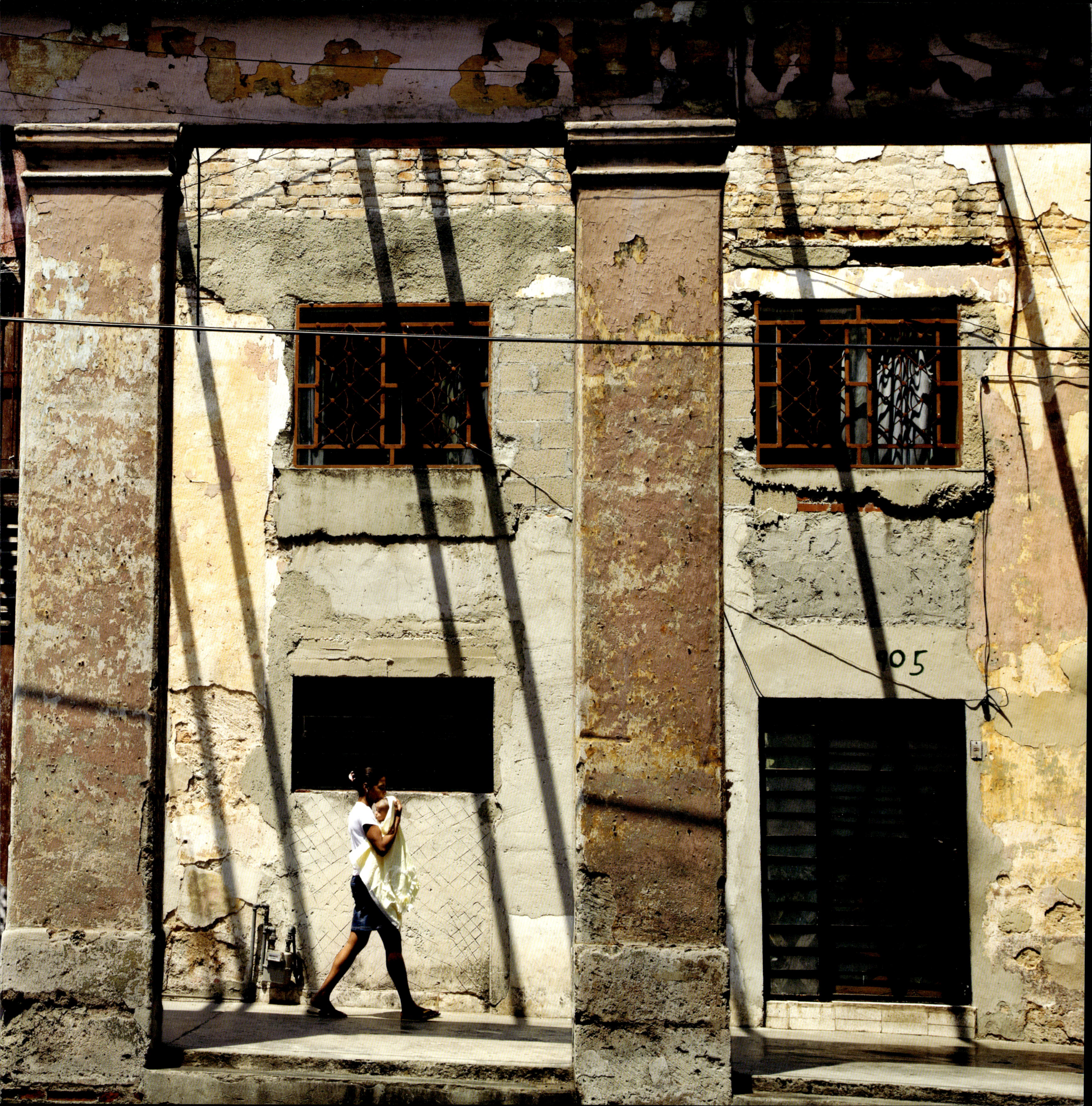
905

My name is Elsa Domínguez Jiménez. I was born in Santa Clara, Villa Clara. I came to live in Havana when I got married.

I'm 75 years old and I'm fit as a fiddle. I've gone out a lot and had lots of fun in Havana. All my family is from Cuba.

I love my life, I watch soaps at home on TV, I read novels.

I like cooking. Grilled pork meat, lots of rice and black beans, lots of fried potatoes, that's what I'm making today…

Let me tell you my secret for staying beautiful: I look after myself, my health. I have absolutely no illnesses. I'm well, fit as a fiddle. I love dancing, I have a lot of fun at parties and I drink lots of beer.

ELSA DOMINGUEZ JIMÉNEZ

Me llamo Elsa Domínguez Jiménez. Nací en Santa Clara, Villa Clara. Vine a vivir a La Habana cuando me casé.

Tengo 75 años y estoy en plena forma. Yo me he paseado mucho y me he divertido mucho en La Habana. Toda mi familia es de Cuba.

Estoy encantada con mi vida, veo las telenovelas en mi casa en la televisión, leo novelas.

Me gusta cocinar. Carne de cerdo a la parrilla, mucho arroz con frijoles, muchas papas fritas y eso es lo que voy a hacer hoy…

Le voy a contar mi secreto para estar bella: cuido de mí misma, de mi salud. No tengo ninguna enfermedad, nada. Estoy bien, en plena forma. Me gusta mucho bailar, me divierto mucho en fiestas y bebo mucha cerveza.

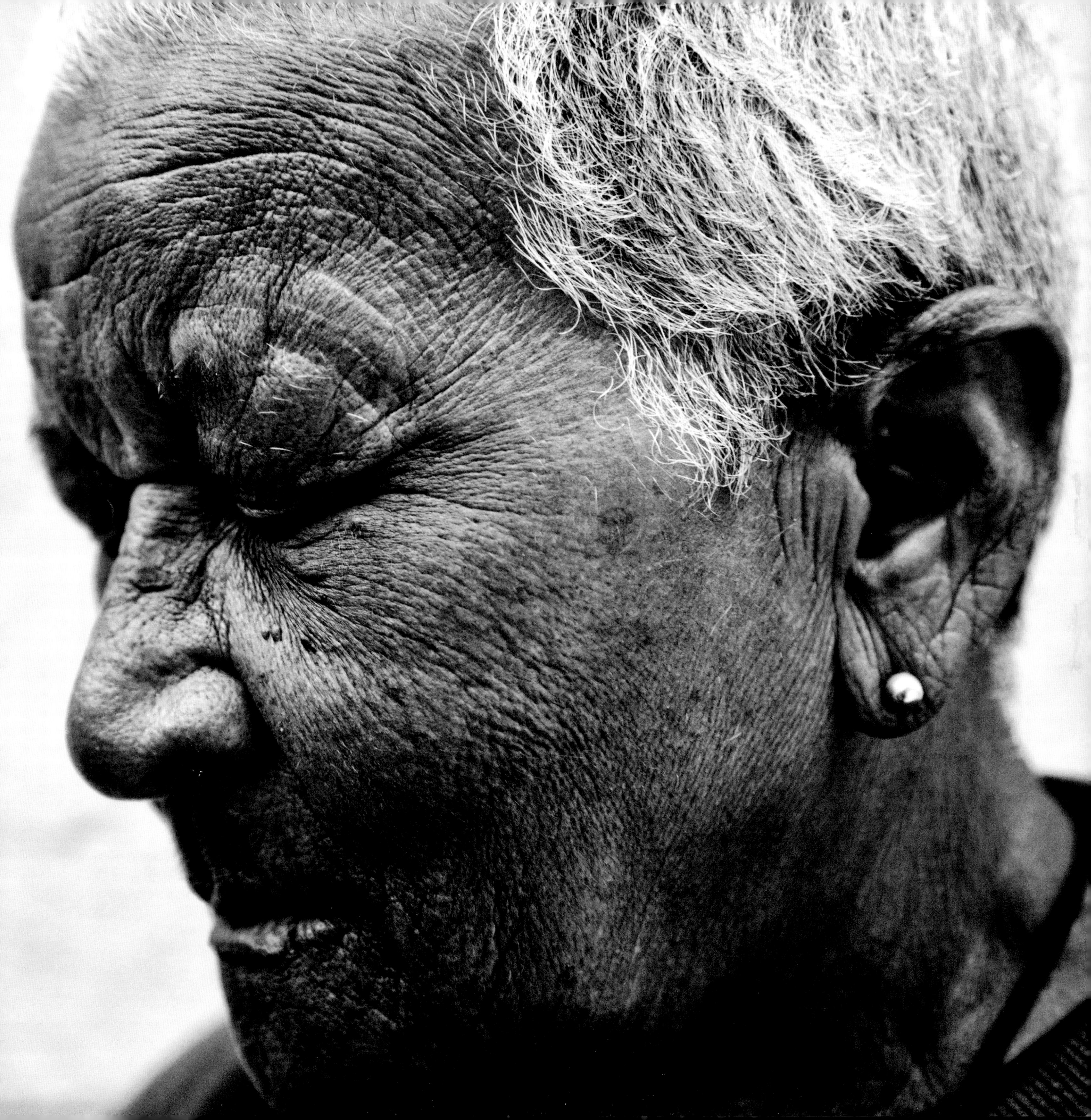

BELASQUAIN Y CARMEN

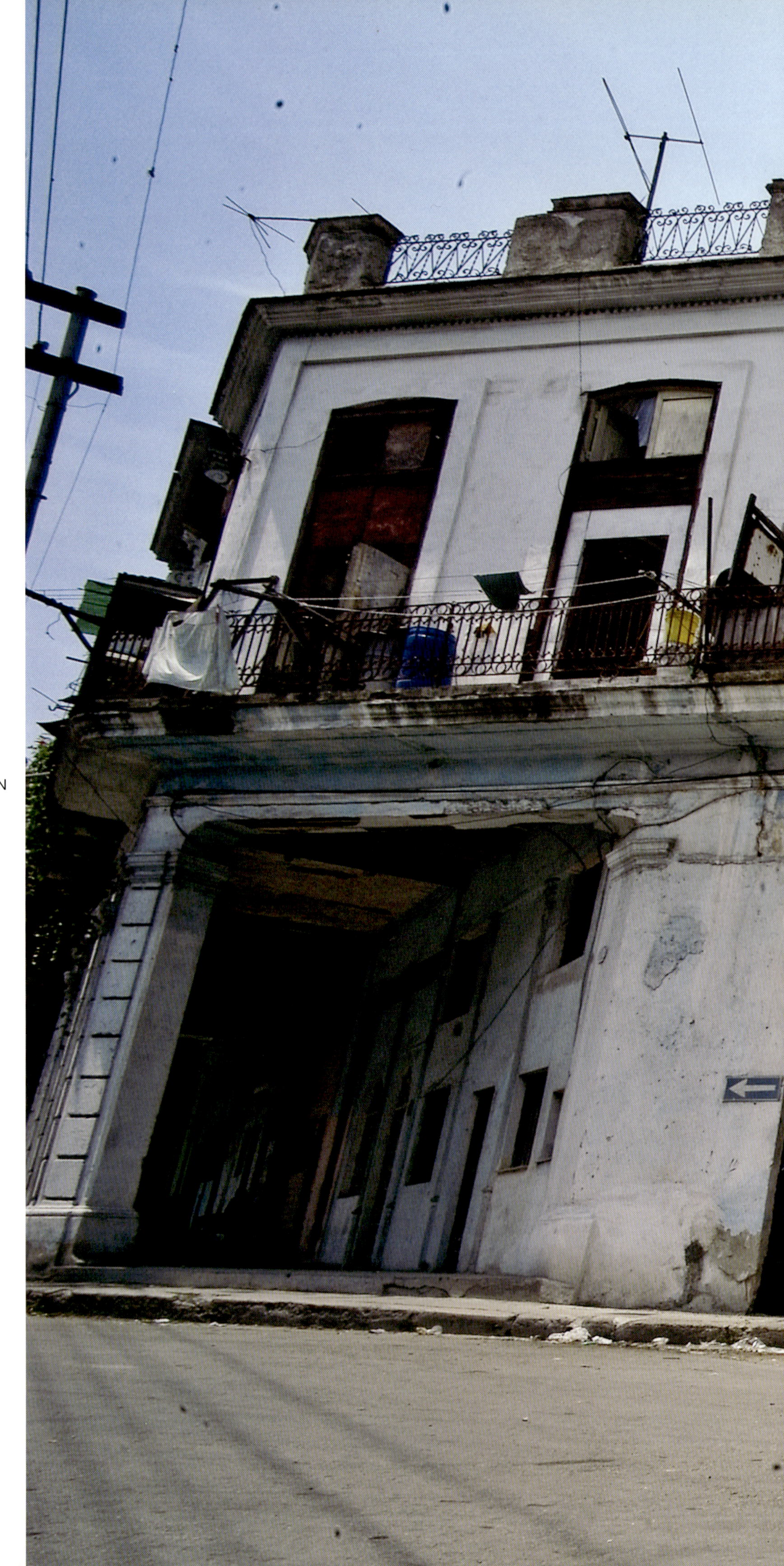

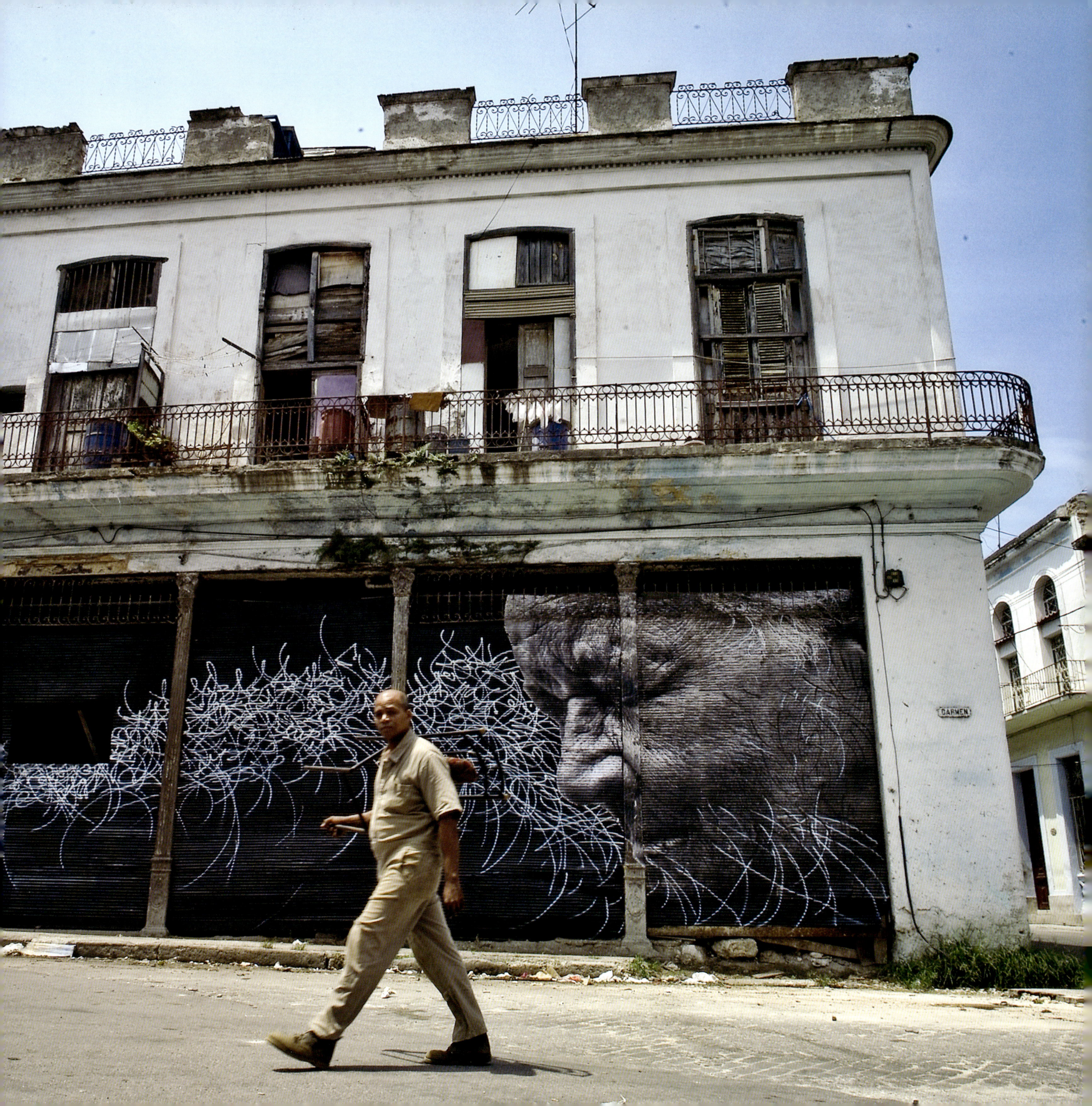

My name is Mercedes Décalo Rodríguez. I was born in the neighborhood of Regla. I'm 83 years old and I'm a retired doctor.

I have always liked studying as way of integrating in society. So I did secondary school first, then the baccalaureate, then higher education. I married and had 4 children and they have all gone on to higher education except one of them because she is handicapped. One of my sons is the singer of the group Sierra Maestra. His name is Alberto Virgilio Valdés Décalo. The second is called Carlos Valdés, the first trained as an economist, the second is an agricultural engineer and the third is a social worker… And since I retired I have come face to face with the problems of Cuba on a more regular basis.

I was an obstetric gynecologist at the América Arias hospital. It's been16 or 17 years since I stopped working and retired and now I spend my time at home or lending a hand at the CDR (Committee for the Defense of the Revolution).

The paint on the walls of the city was not like it is now. I think it is better now, thanks to the sacrifices of the Revolution to improve all the great avenues.

MERCEDES DÉCALO RODRÍGUEZ

Me llamo Mercedes Décalo Rodríguez. Nací en el barrio de Regla. Tengo 83 años y soy médico jubilada.

Siempre me ha gustado estudiar para integrarme en la sociedad. Así que primero hice secundaria, el bachillerato, luego estudios superiores. Me casé y tuve 4 hijos y todos han hecho estudios superiores excepto una de ellas porque es discapacitada. Uno de mis hijos es el cantante del grupo Sierra Maestra. Se llama Alberto Virgilio Valdés Décalo. El segundo se llama Carlos Valdés, el primero tiene una formación como economista, el segundo es ingeniero agrónomo y la tercera es trabajadora social… Y desde que estoy jubilada me he enfrentado de forma más regular a los problemas de Cuba.

Yo era ginecóloga obstetra en el hospital América Arias. Hace ya 16 o 17 años que lo dejé y me jubilé y ahora pasó el tiempo en casa o echando una mano al CDR (Comité de defensa de la revolución).

Las pinturas en las paredes de la ciudad no eran como las de ahora. Ahora las encuentro mejor, y gracias a los sacrificios que ha hecho la revolución para mejorar todas las grandes avenidas.

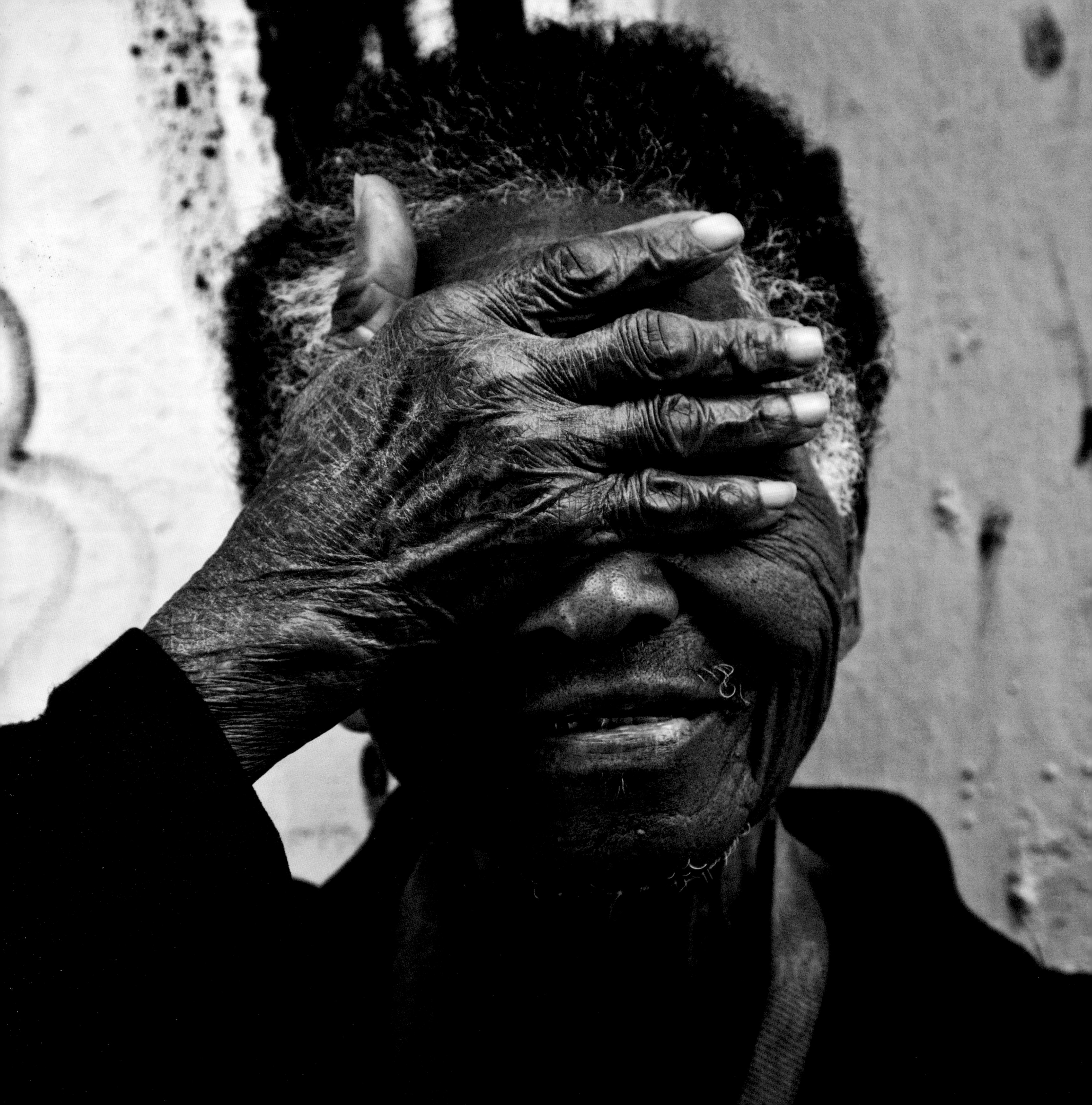

SAN NICOLAS ENTRE SAN LAZARO Y TROCADERO

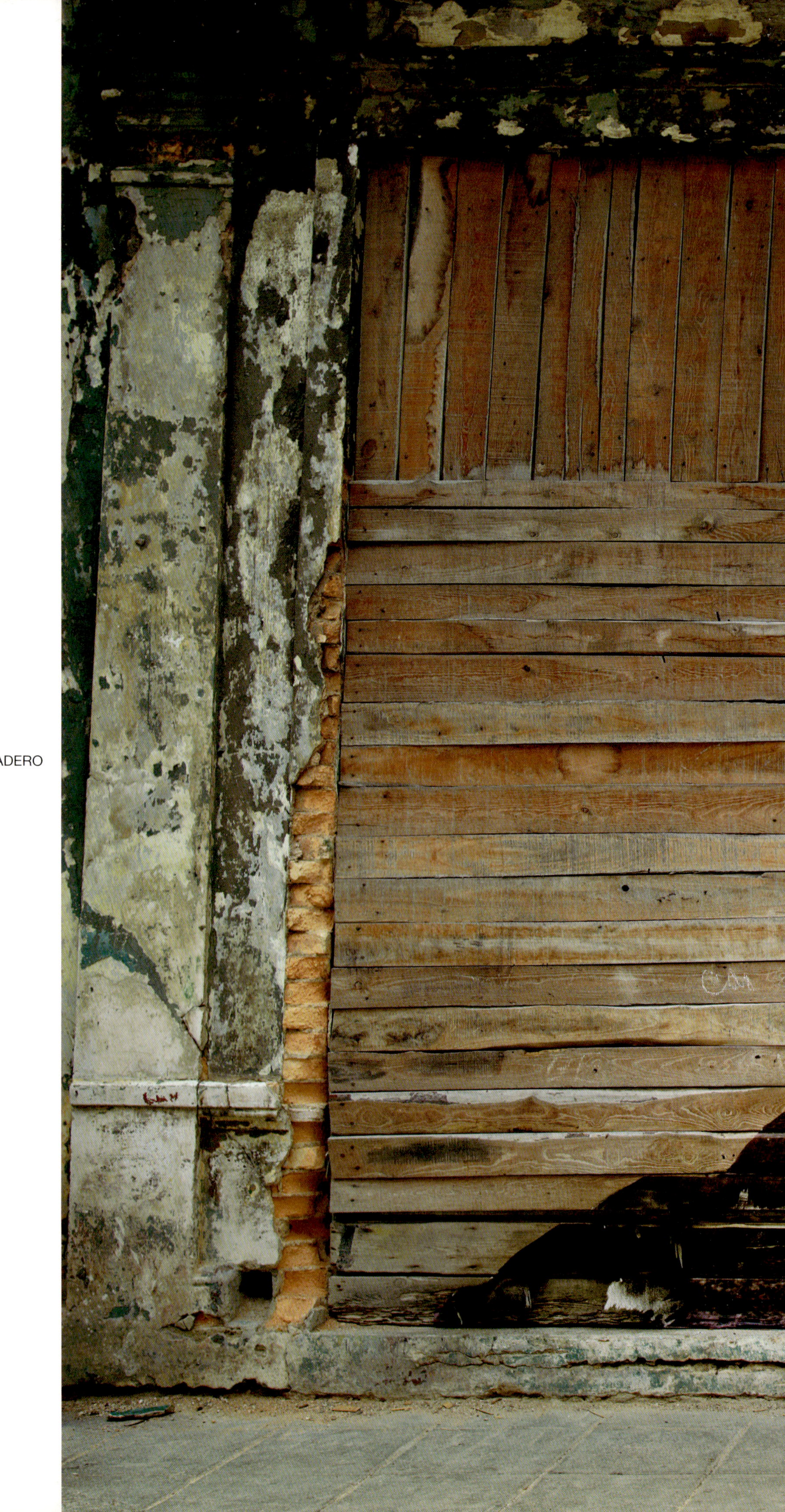

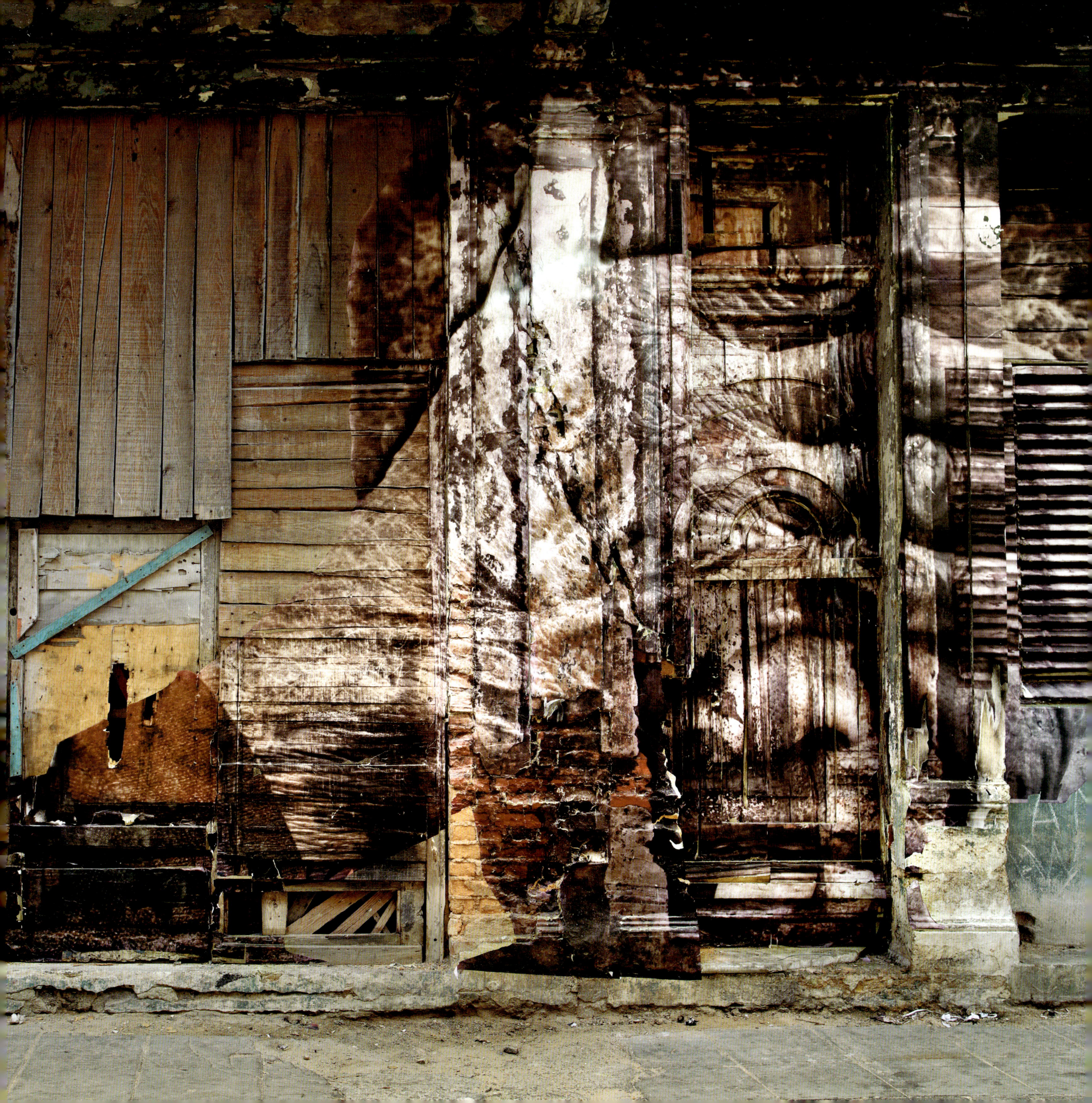

My name is Rolando Víctor Jiménez. I was born on the 26th of February, 1923, in the town of Vuelta in the province of Las Villas. I'm 89 years old. I grew up in Vuelta until I was 8. At that age we went to live in a farm in the village of Encrucijada, a farm called "The Two Sisters" which belonged to the Marta Abreu family. In 1933, when Machado fell, we returned to Vuelta until 1937. In 1937, I came here to Havana and I have never been back there.

I worked in shops, then in a hotel. Then I worked in an aluminum label factory in San José de las Lajas and then I was a truck driver for 10 years.

I used to go to Havana and Pinar del Rio. And now I sell sweets and cigarettes. I have never been outside Cuba. The world is all upside down and that is dangerous; the shit could seriously hit the fan at any moment! And when that happens… perhaps I'll be in Colón cemetery already, but if the world continues as it is, the shit will certainly hit the fan.

I think that art is necessary because people need more education and art can contribute a lot to people's culture.

To sell the sweets I take them, I put them all in a container and then I stand somewhere and wait for people to come and buy them. They come and buy, I take their money and give them the sweet. Adults eat more sweets than children.

ROLANDO VICTOR JIMÉNEZ BRIGANTI

Me llamo Rolando Víctor Jiménez. Nací el 26 de febrero de 1923 en la ciudad de Vuelta en la provincia de Las Villas. Tengo 89 años. Me crié en Vuelta hasta los 8 años. A esa edad nos fuimos a vivir en una granja en el pueblo de Encrucijada, una granja que se llamaba "Las dos hermanas", que pertenecía a la familia de Marta Abreu. En 1933, cuando cayó Machado, volvimos a Vuelta hasta 1937. En 1937 vine aquí a La Habana y nunca he vuelto.

Trabajé en el comercio, luego en un hotel, luego trabajé en una fábrica de etiquetas de aluminio en San José de las Lajas y luego fui conductor de camiones durante 10 años.

Iba a La Habana y a Pinar del Río. Y ahora soy vendedor de caramelos y de cigarrillos. No he salido nunca de Cuba. El mundo no tiene ni pies ni cabeza y eso es peligroso, en cualquier momento ¡se puede formar una mierda del carajo! Y cuando pase… puede que yo esté ya en el cementerio Colón pero si el mundo continúa como ahora, la mierda llegará.

Pienso que el arte es necesario porque la gente necesita más educación y el arte contribuye mucho a la cultura de las personas.

Para vender caramelos, los tomo, los meto en un recipiente y luego me pongo en un sitio y espero a que la gente venga a comprar. Vienen, compran, tomo el dinero y les doy el caramelo. Los adultos comen más caramelos que los niños.

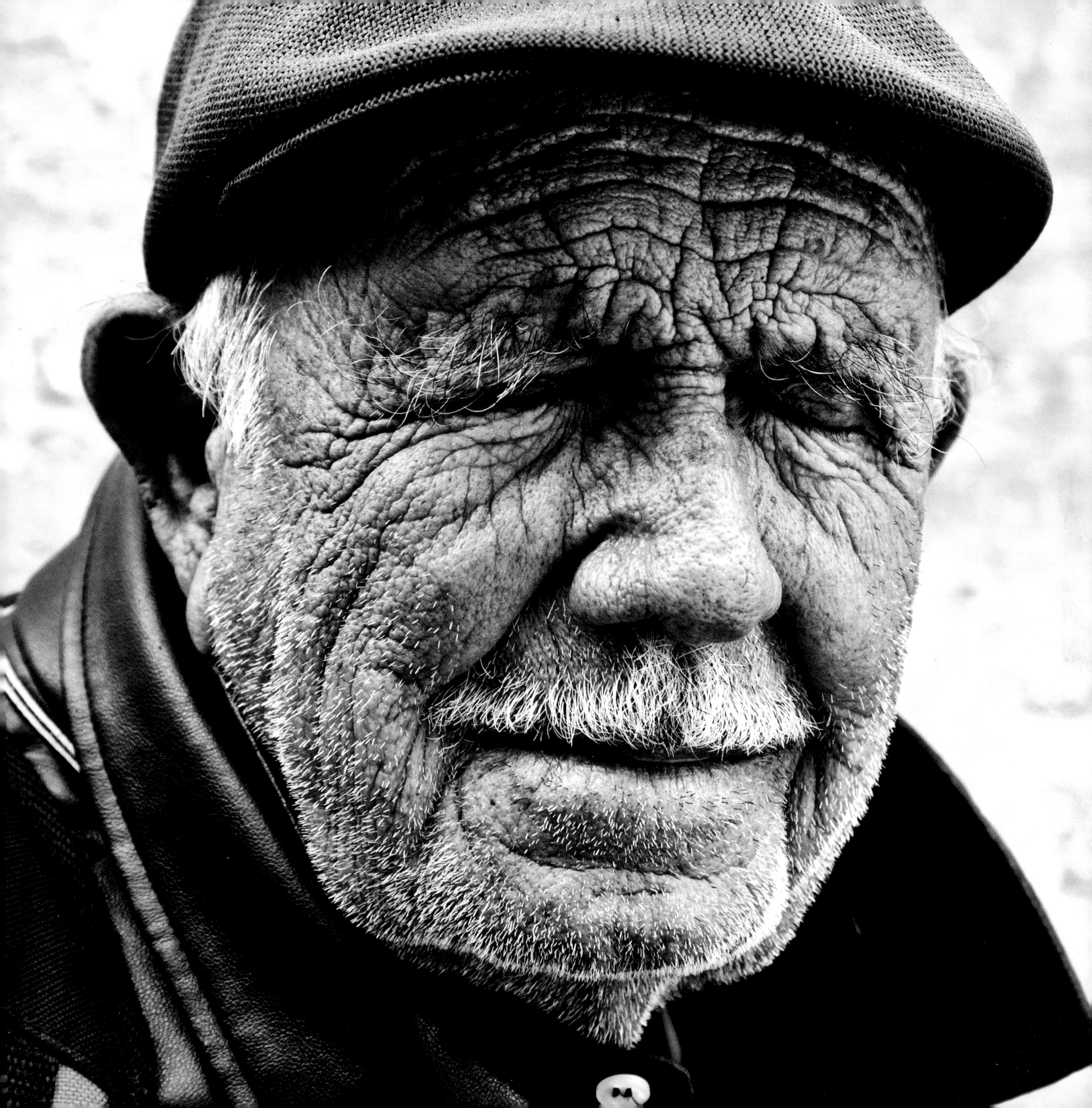

CONDESA Y DIVISIÓN

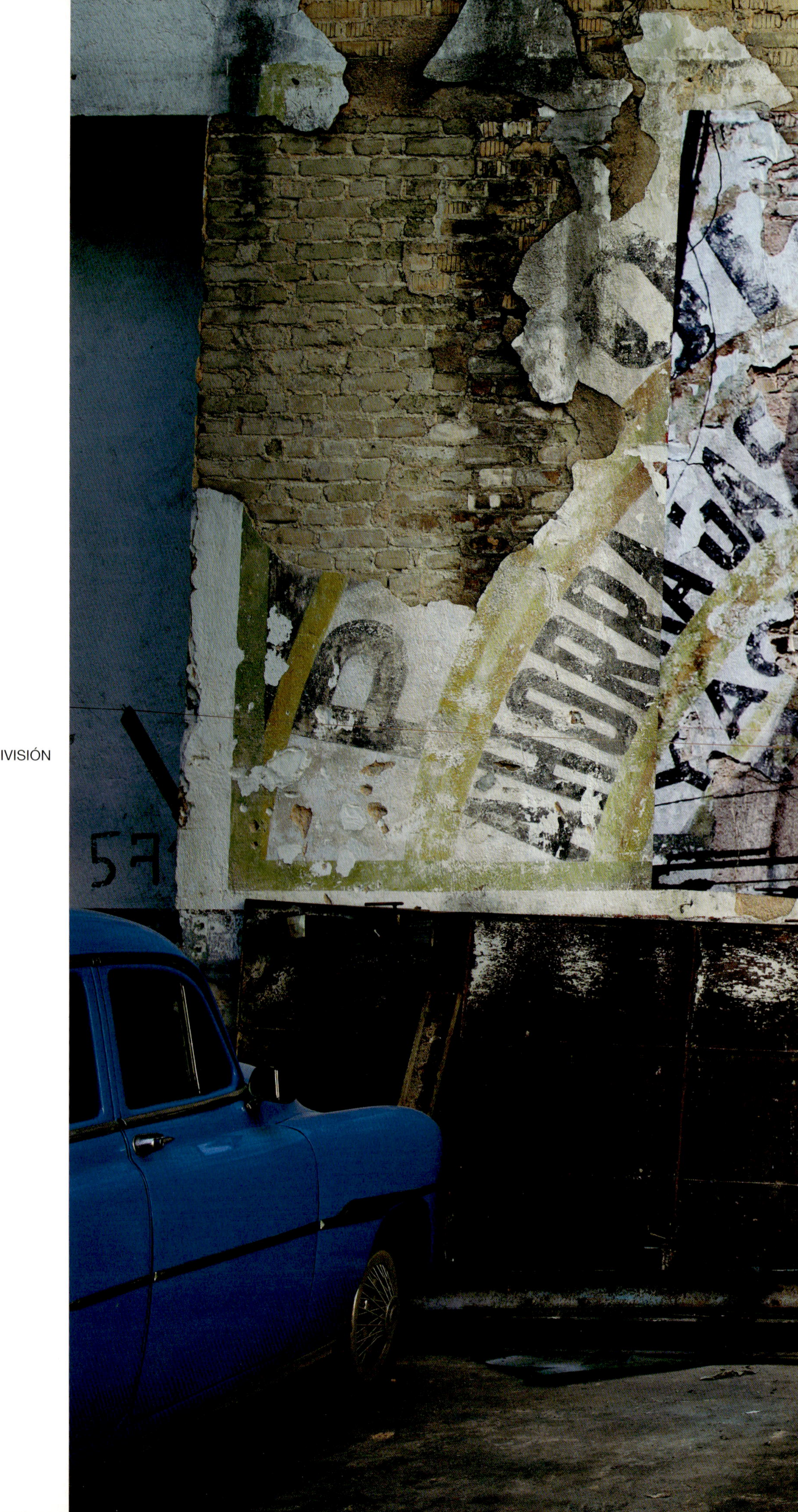

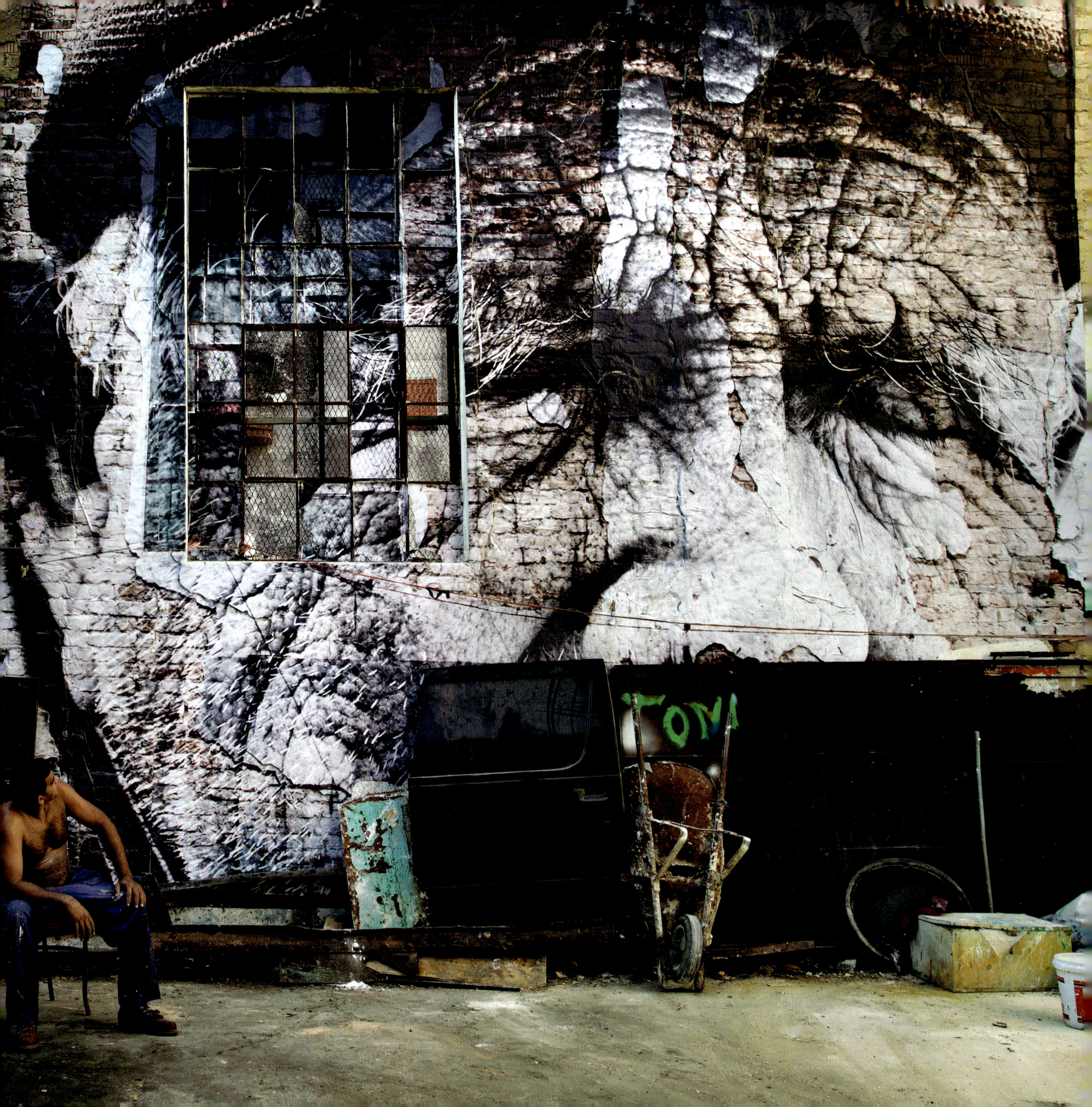
TOMI

My name is Ada Popu. I was born in 1934, in Regla, and now I live here, in old Havana. I've had a good life. My father worked very hard, and my mother was a good mother. At fifteen I got married, and I lived with my husband until he died, when I was 34. I devoted myself to raising my children.

Then the Revolution triumphed and my life got better, because, under the other regime, I didn't live well, we lacked everything. When my husband died, I didn't want a stepfather for my children, because I said I was both their father and their mother, and that I wasn't entitled to impose a father on them. My children would say to me "We always respect you as our mother and as our father". So I'd laugh, and they'd say: "Mom, why are you laughing?" And I'd say: "Oh, kids, because it makes me laugh, what you're saying".

My three children died –my first one, the youngest, was doing his military service, his friend was cleaning a gun, in front of him, and a shot was fired, and got him in the forehead; he was killed. After that I continued to fight and bring up the other two. Then my youngest had a massive heart attack and died on the spot. My last child, who lived with me, also had an attack, and died on the day of Mercedes (religious day), almost three years ago. I've also had a heart attack, but I feel fine.

I've been living in the convent for seven years. All of my friends here are really nice people, to the extent that I consider them my siblings, and that I have the impression that many among them are my children.

So that is my life, what my life has been like. A moment of happiness, another of misfortune, a time of joy.

A collage, that would give me immense happiness, to see myself in town. Because my son, they were going to do a statue for him, but I didn't want it. I refused, he is dead already, what good would it do?

ADA CLAUDINA PUPO MASTRAPA

Me llamo Ada Popu. Nací en 1934 en Regla, y ahora vivo aquí, en la vieja Habana. Mi vida ha estado muy bien. Mi padre era muy trabajador, y mi madre fue una buena madre. A los quince años, me casé, y viví con mi marido hasta que murió cuando tenía yo 34 años. Me dediqué a educar mis hijos.

Luego triunfó la Revolución y mi vida mejoró, porque, bajo el otro régimen, yo no vivía bien, porque faltaba de todo. Cuando murió mi marido, no quise un padrastro para mis hijos porque yo decía que era a la vez la madre y el padre, y que no tenía ninguna razón para imponerles un padre. Mis hijos me decían "Nosotros siempre te respetamos como padre y como madre". Entonces yo empezaba a reírme, y ellos me decían: "Mamá, ¿por qué te ríes?". Yo les decía: "ay, hijos, porque me hace reír, lo que me decís".

Mis tres hijos están muertos –el primero, el más joven, estaba haciendo el servicio militar, su amigo estaba limpiando un arma enfrente suya, y se disparó y le dio en la frente; me lo mató. Luego continué luchando con los otros dos. Luego mi hija tuvo un infarto masivo y se murió al instante. El último, que vivía conmigo, tuvo también un ataque, y se murió el día de las Mercedes, hace casi tres años. Yo también tuve un infarto, pero yo me siento bien.

Vivo en el convento desde hace siete años: todos mis compañeros de aquí son muy buena gente, hasta el punto de que les considero hermanos, y que tengo la impresión que muchos de ellos son como mis amigos.

Y eso es mi vida, cómo ha sido mi vida. Un momento de felicidad, un momento de desgracia, un tiempo de alegría.

Un collage me daría mucha felicidad, que se me vea en la ciudad a mí también. Porque a mi hijo le iban a hacer una estatua, y yo no quise. Yo me negué, porque ya está muerto, ¿de qué sirve?

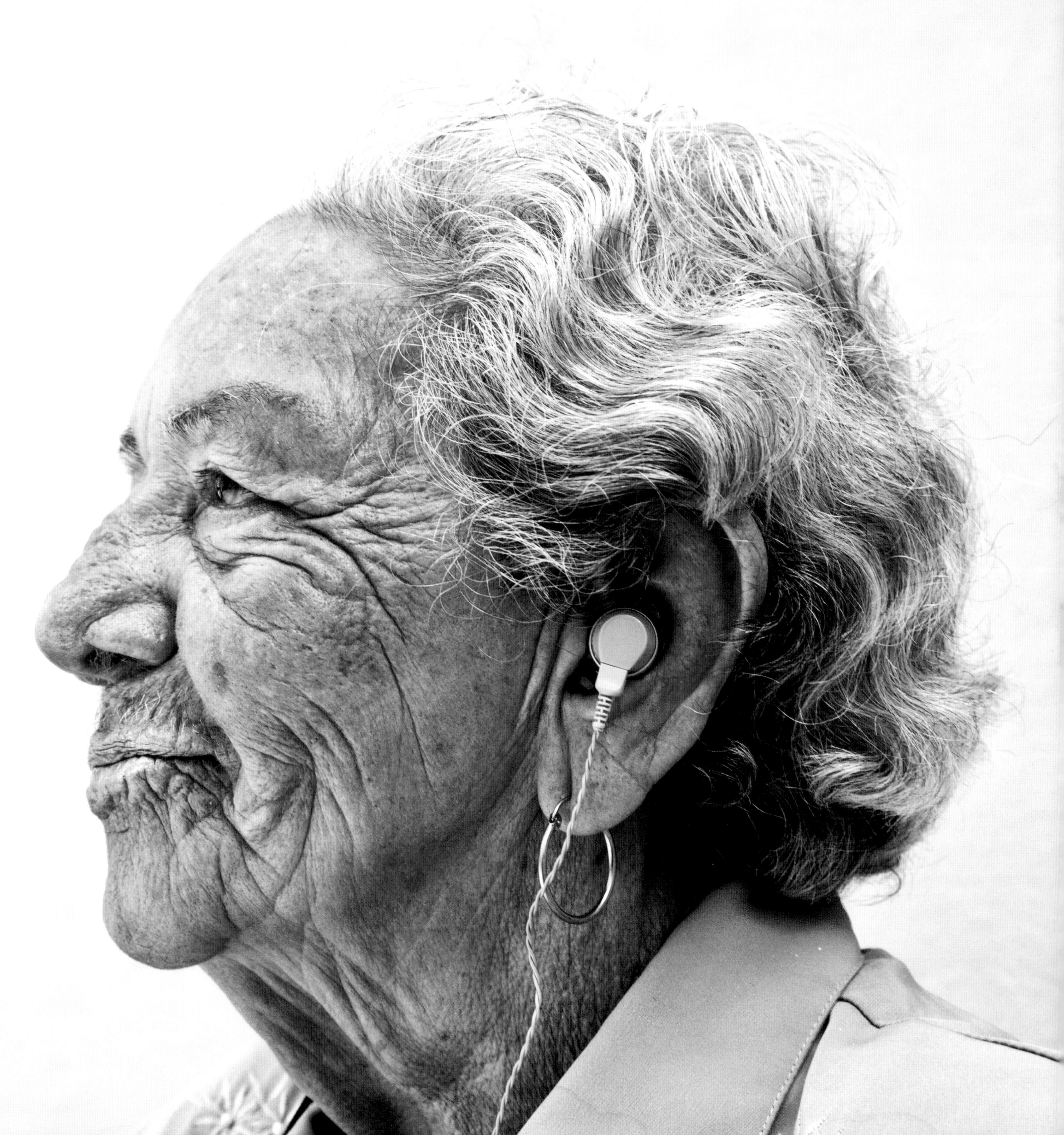

CALLE BENIUMEDA Y CALLE SAN CARLOS

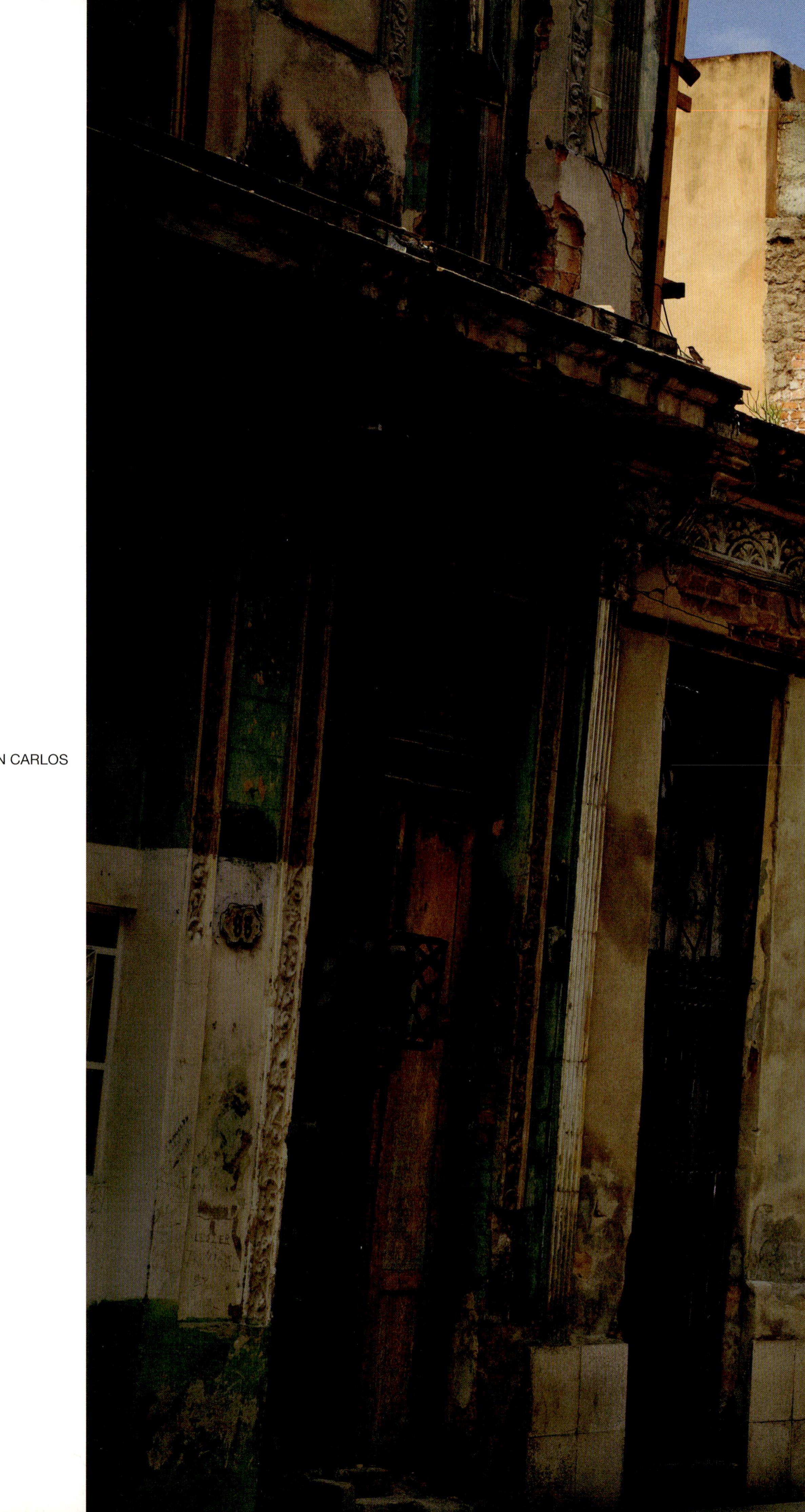

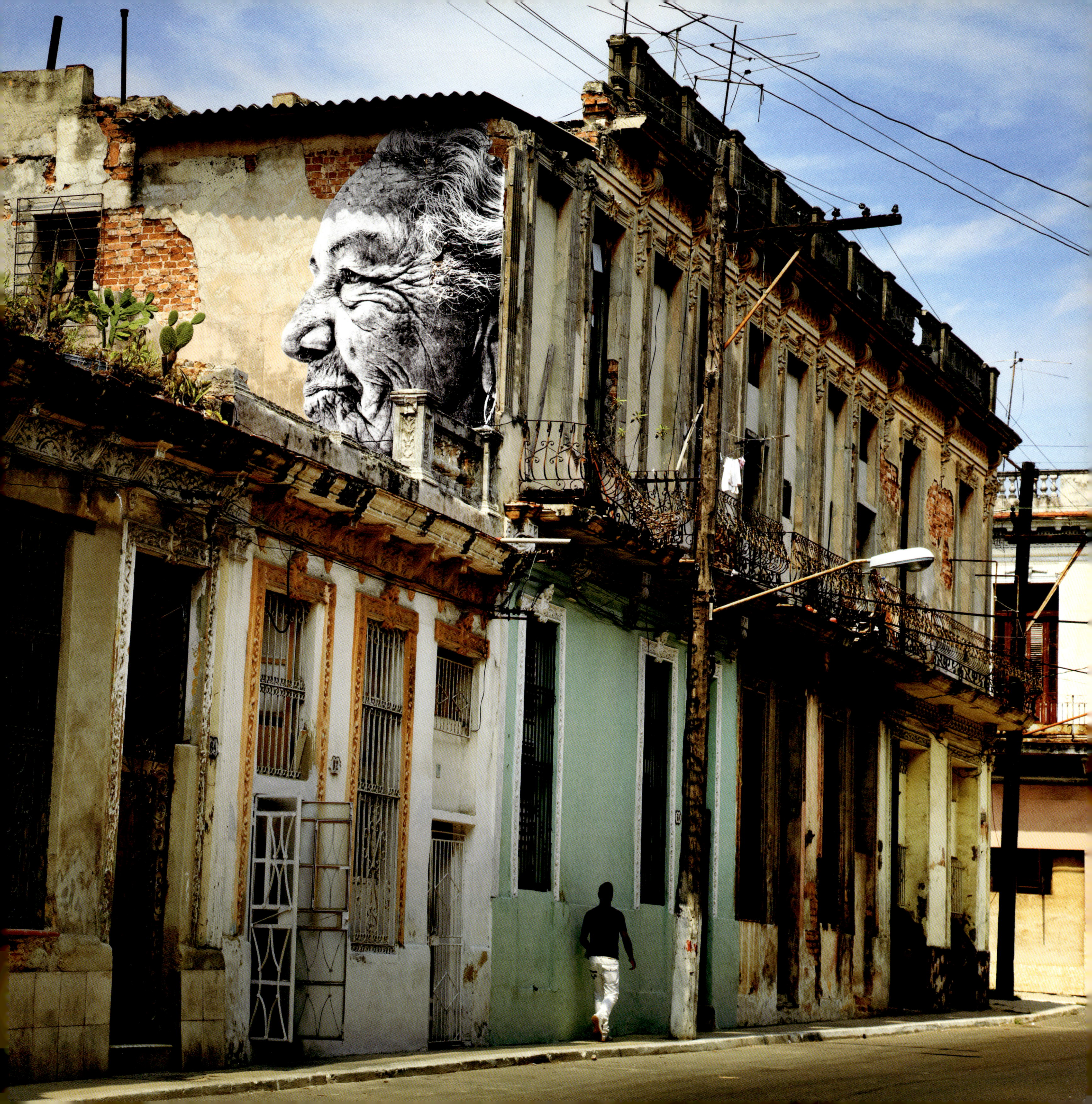

My name is Santiago Leonardo Martínez Contreras. I was born on the 6th of November, 1927, in Havana, between Concordia and Escobal streets. I was a car rental driver for 60 years, from Pinar del Río up to the East of the country. I got up at 6 a.m. I prepared my car, I went to the taxi headquarters and I provided my services to people. I did that for 60 years, until I retired 20 years ago.

I've never been interested in leaving Cuba. I am content. Happy and content. I have my retirement, I don't have any material problems. I have a son abroad, who came to get me, but I didn't want to leave. Now, I sit and read my newspaper, watching the world go by in the street. After, I watch television, and I am very happy. I don't need anything else, I have everything I need. I am very happy to be Cuban.

Cubans really like art. As you say, here, if someone doesn't listen to the radio, they watch television or go to the cinema; art is everywhere.

SANTIAGO LEONARDO M. CONTRERAS

Me llamo Santiago Leonardo Martínez Contreras. Nací el 6 de noviembre de 1927 en La Habana, entre las calles Concordia y Escobal. Fui chófer de alquiler durante 60 años, desde Pinar del Rio hasta el Este del país. Me levantaba a las 6. Preparaba mi auto, iba a la central de taxis y ofrecía mis servicios a la gente. Así durante 60 años, hasta que me jubilé hace 20 años.

Nunca me ha interesado salir de Cuba. Estoy contento. Feliz y contento. Tengo mi jubilación, no tengo problemas materiales. Tengo un hijo en el extranjero, que vino a buscarme, pero yo no quise irme. Hoy, me siento a leer mi periódico, viendo pasar la vida de la calle. Después miro la televisión, y estoy muy contento. No me hace falta nada, tengo todo lo que necesito. Estoy muy contento de ser cubano.

A los cubanos les gusta mucho el arte. Dice usted bien que aquí, el que no escucha la radio, mira la televisión o va al cine; el arte está en todos sitios.

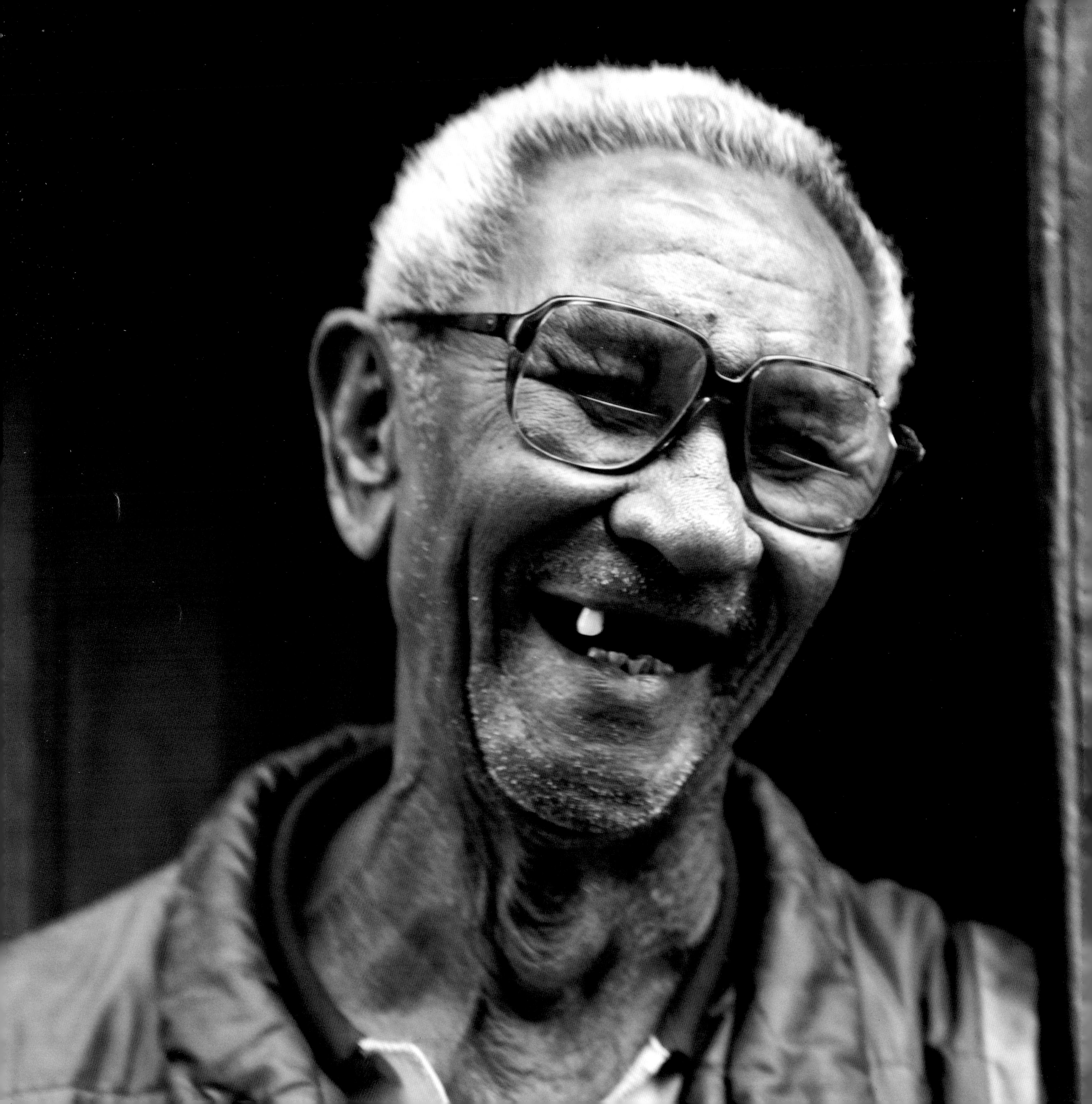

TROCADERO Y SAN NICOLAS

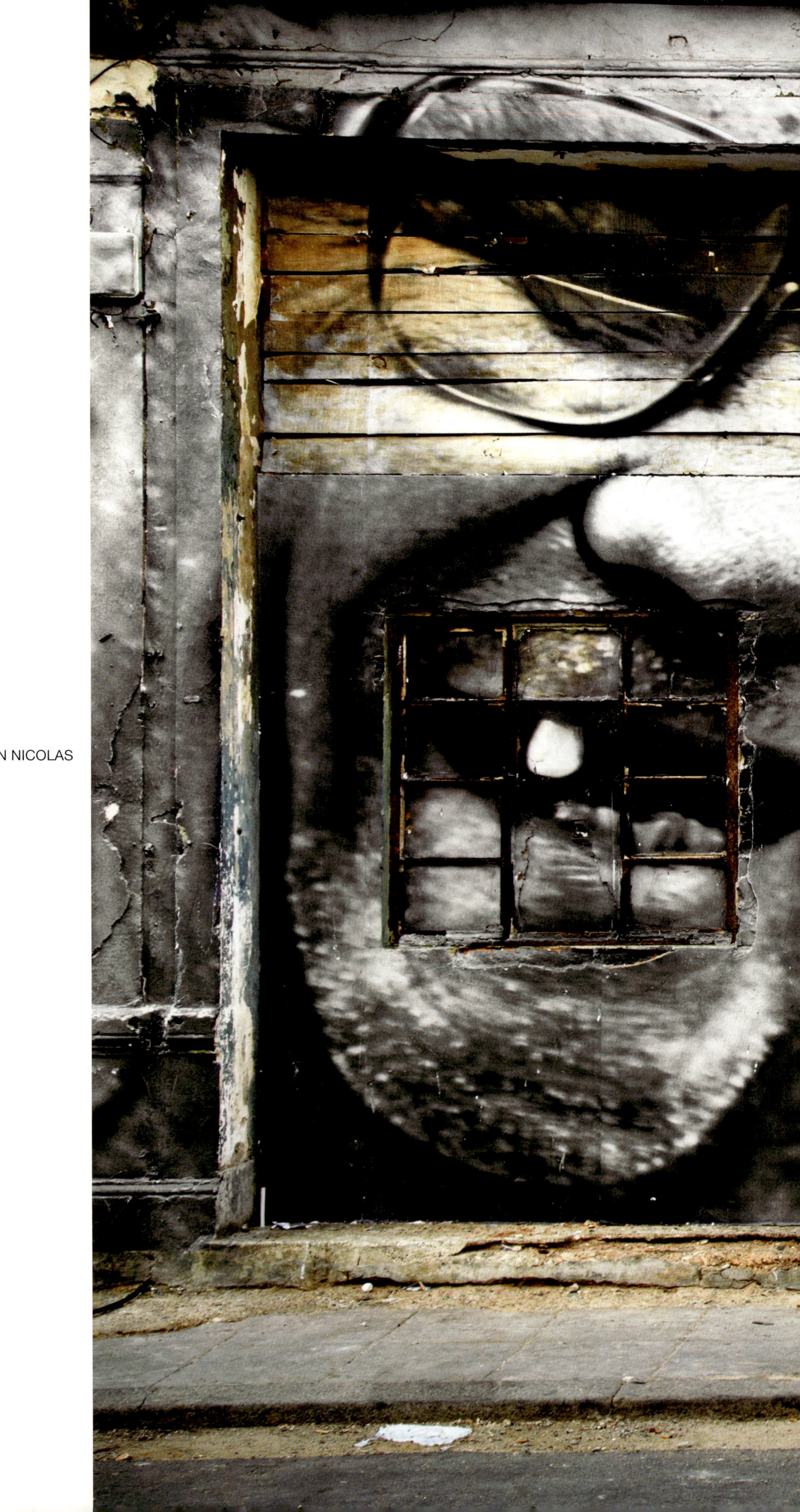

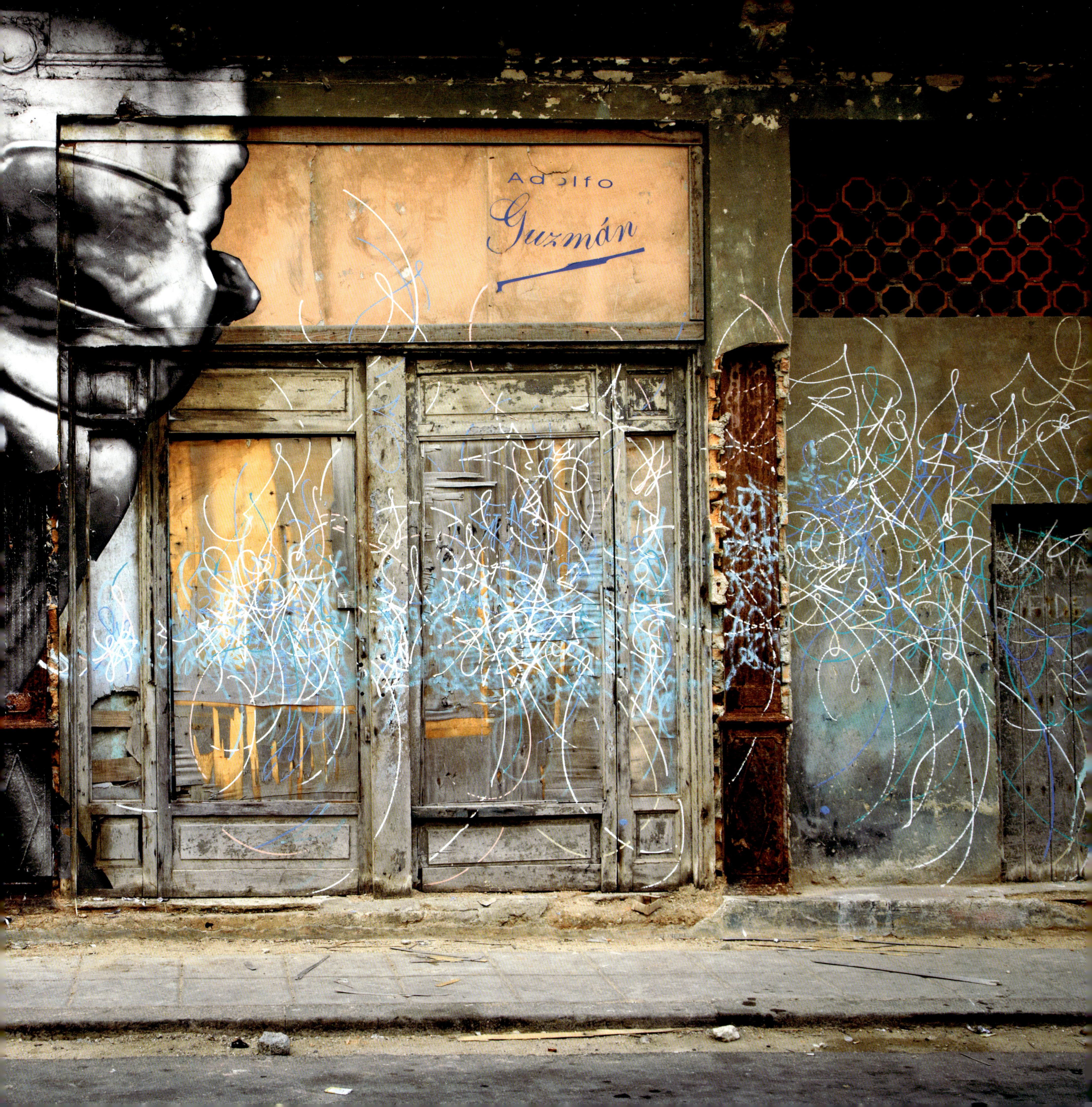
Ad lfo
Guzmán

My name is Jesús León Taño, I was born in Cabaiguán in the province of Sancti Spíritus on the 3rd of November, 1943. I arrived in Havana in 1964, to do the mandatory military service. I am the son of a farmer, the only boy. I didn't have to come to do the military service, I came voluntarily. Because if you are the only son in a family you are exempted from doing the military service. The service completely changed my life. I was able to study.

I have been retired since 1990. I devote my time to raising chickens and selling their eggs.

Art creates miracles, it is marvelous in all its manifestations. My father was something of an artist, he was a 'decimista' (recited 'décimas', poems composed of several stanzas of 10 rhymed verses, each accompanied by music, a sort of country slam).

One day I found an egg in the street, I was going along the road on a motorbike, and the egg crossed the road right in front of me. I said to it "Get out of the way!" He answered "Take me to the sea!" So I said, "Ok, hop on!" And I took it to the sea. The egg was used for cleansing (in Afro-Cuban religion, there are cleansing ceremonies to ward away evil spirits, bad luck etc.) in San Agustín.

I once went to Angola. It's very poor there. I was in Luanda but I visited very large areas, with many forests. I spent some very pleasant days there. In Cuba, I've been to all the provinces.

I am not an artist, but I think that everyone has something of an artist in them, or a comedian, or a singer, everyone has that little spirit inside them. Art is vast, and manifests itself in different ways, universally. Beauty for the soul, for life, for the family, that's what we need.

The most important message to give today concerns peace. We have enough with tsunamis, atomic bombs, landslides, flooding. There is a great need for peace, for all countries to be brothers. Cuba is a small country but it has some virtues that it develops quite well in the sectors of education and health.

JESÚS LEÓN TAÑO

Me llamo Jesús León Taño, nací en Cabaiguán en la provincia de Sancti Spíritus el 3 de noviembre de 1943. Llegué a La Habana en 1964, para hacer el servicio militar obligatorio. Soy hijo de agricultor, el único varón. No tenía obligación de venir para hacer el servicio militar, vine voluntariamente. Porque cuando eres el único varón de la familia te eximen de hacer el servicio militar. El servicio cambió mi vida por completo. Pude estudiar.

Estoy jubilado desde 1990. Dedico mi tiempo a criar gallinas y a vender sus huevos.

El arte hace milagros, es maravilloso en todas sus manifestaciones. Mi padre era un poco artista, era decimista (recitaba "décimas", poemas compuestas de varias estrofas de 10 versos en rima, cada una acompañada de música, una especie de "slam" de campo).

Un día me encontré un huevo por la calle, venía en moto y el huevo cruzó enfrente mía. Le dije "¡Quítate de enmedio!" Me respondió "¡Llévame a la mar!" Entonces le dije "Bueno, ¡pues súbete!" Y le llevé a la mar. El huevo se utilizaba para hacer limpiezas (en la religión afrocubana tienen lugar ceremonias de limpieza de malos espíritus, mala suerte, etc.) en San Agustín.

Una vez fui a Angola. Allá es muy pobre. Estuve en Luanda pero también visité lugares muy extensos, con muchos bosques. Pasé unos días muy agradables allí. En Cuba, he estado en todas las provincias.

Yo no soy artista, pero creo que todo el mundo tiene algo de artista, o de humorista, o de cantante, todo el mundo tiene ese pequeño animal en su interior. El arte es muy vasto, y se manifiesta de diferentes maneras, universalmente. Belleza para el alma, para la vida, para la familia, eso es lo que nos hace falta.

El mensaje más importante de hacer llegar hoy es el de la paz. Ya tenemos suficiente con los tsunamis, las bombas atómicas, los deslizamientos, las inundaciones. Tenemos una gran necesidad de paz, que todos los países puedan ser hermanos. Cuba es un país pequeño, pero tiene algunas virtudes que desarrolla bastante bien en el sector de la educación, de la sanidad.

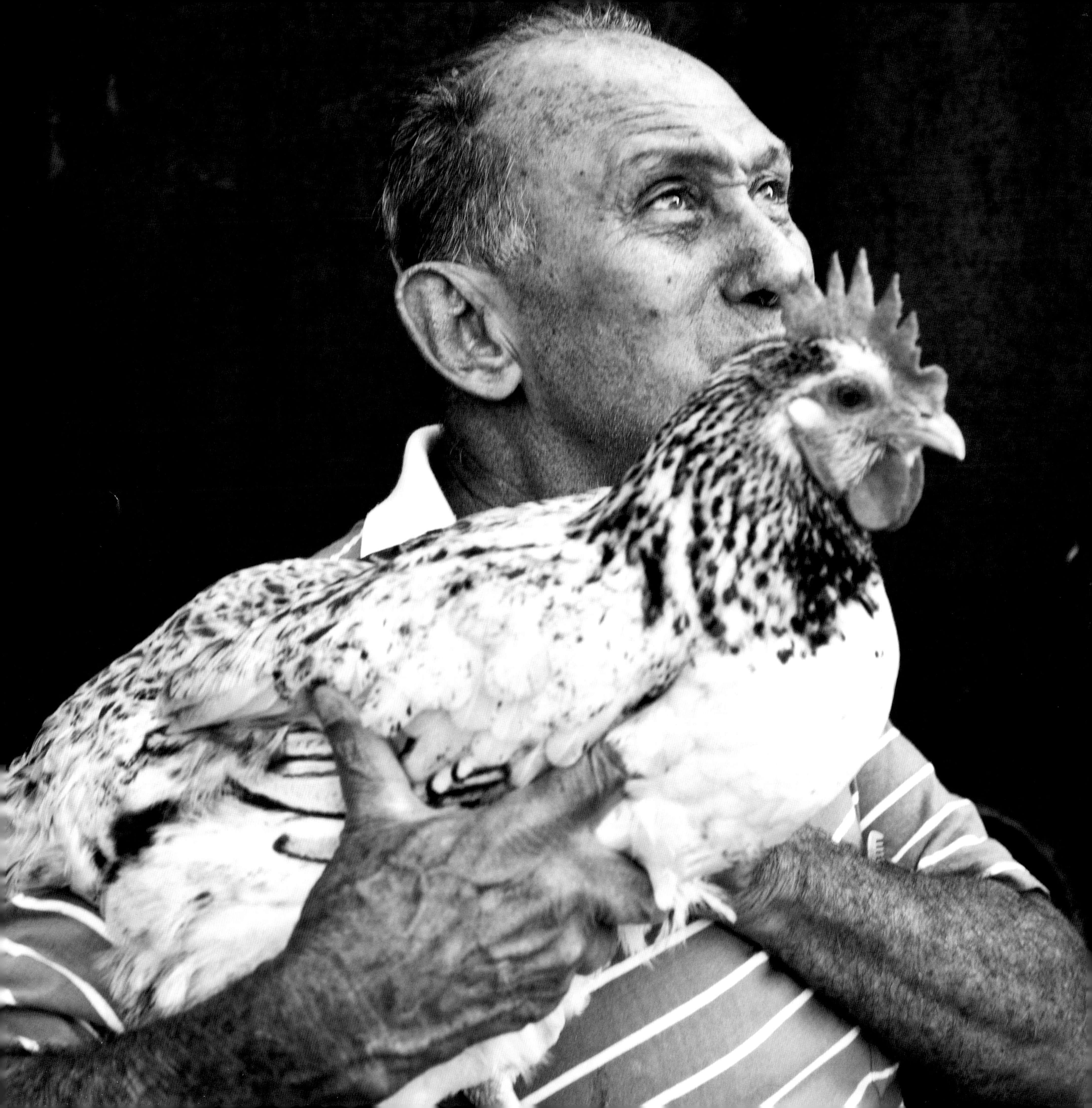

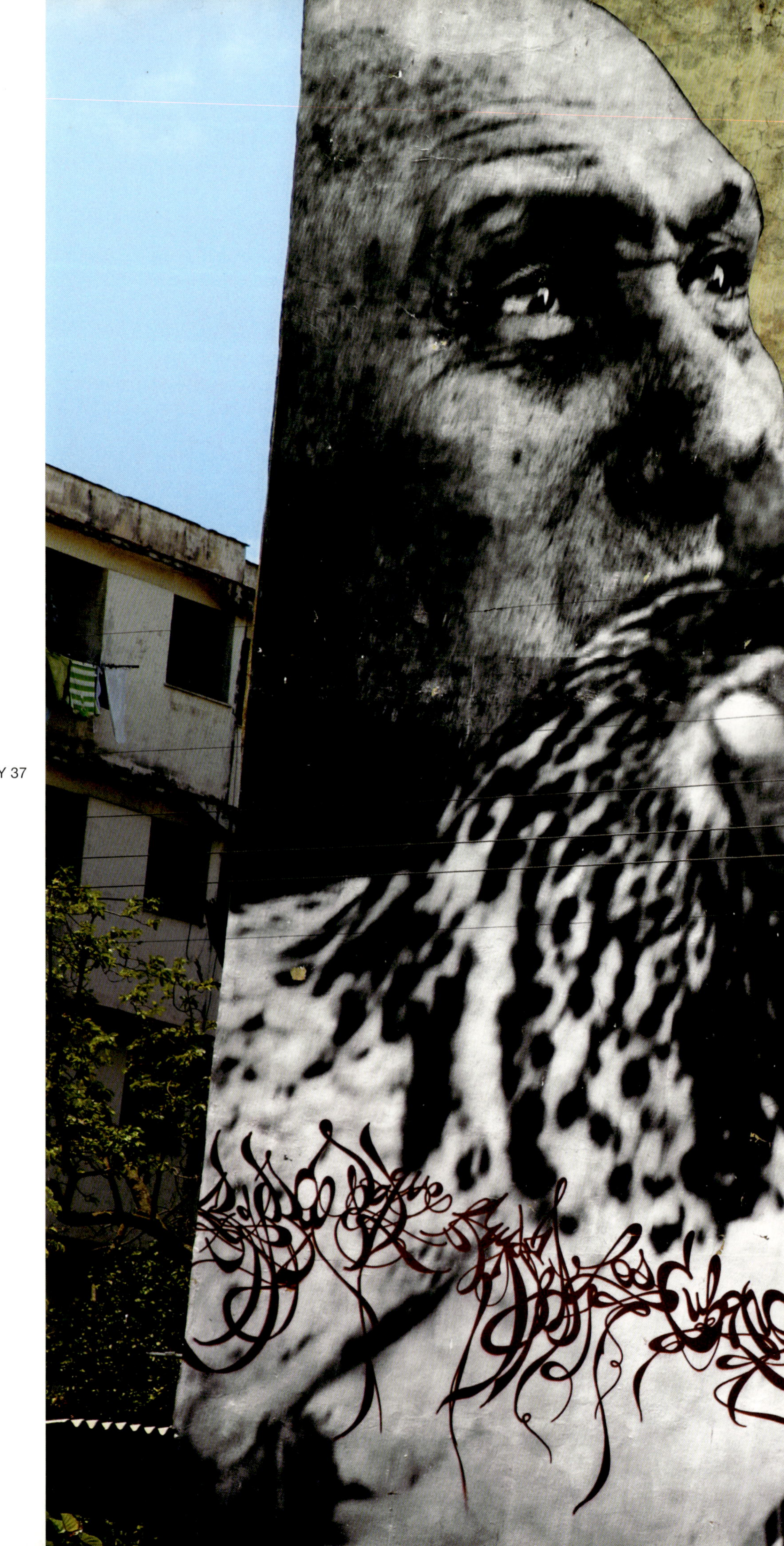

SAN AGUSTIN 254 Y 37

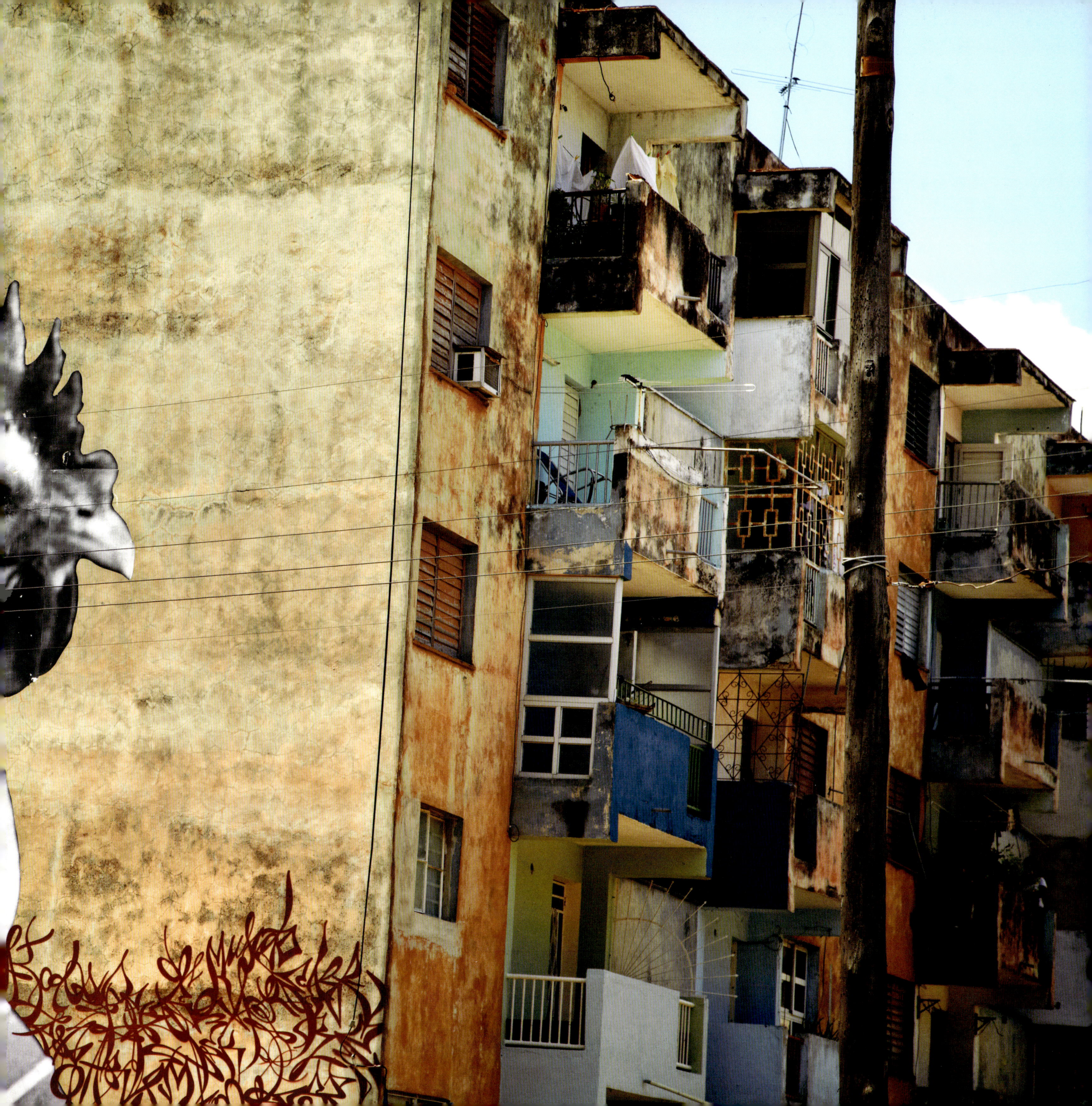

My name is Nidia Mulet Rojas. I was born in Holguín on 27 June 1939. We were 8 brothers and sisters and we lived very happily down in Holguín. I came to Havana in 1959 because of health problems. I fell in love, got married, and have been living here in this quarter for the past 50 years.

Here everything is more developed. Very different from what one sees in the countryside. Because although Holguín is a provincial capital, it doesn't have the same level of development or the same possibilities as what you get here. It's completely different. In everything.

I love cooking. I love soups, but at home it is different because my husband likes 'dry' dishes, so I make lots of rice and black beans, as well as Chinese dishes, because my husband used to work at a Chinese restaurant.

The mural paintings are really beautiful. I really like going to museums, as well as looking at mural paintings. I like the Firefighters Museum. In old Havana there are many very beautiful museums.

NIDIA MULET ROJAS

Me llamo Nidia Mulet Rojas. Nací en Holguín el 27 de junio de 1939. Éramos 8 hermanos y hermanas y vivíamos muy felices allá en Holguín. Vine a La Habana en 1959 por problemas de salud. Me enamoré, me casé y hace ya 50 años que vivo en este barrio.

Aquí todo está más desarrollado. Muy diferente de lo que se ve en el campo. Porque aunque Holguín sea una capital de provincia, no hay el mismo nivel de desarrollo ni las mismas posibilidades que las que hay aquí. Es completamente diferente. En todo.

Me encanta cocinar. Me encantan las sopas, pero en mi casa es diferente porque a mi marido le gustan los platos secos así que hago mucho arroz con frijoles, y también platos chinos, porque mi marido trabajaba en un restaurante chino.

Los murales son muy bellos. Me gusta mucho ir a los museos y también ir a mirar los murales. También me gusta mucho el museo de los bomberos. En la vieja Habana hay muchos museos muy bellos.

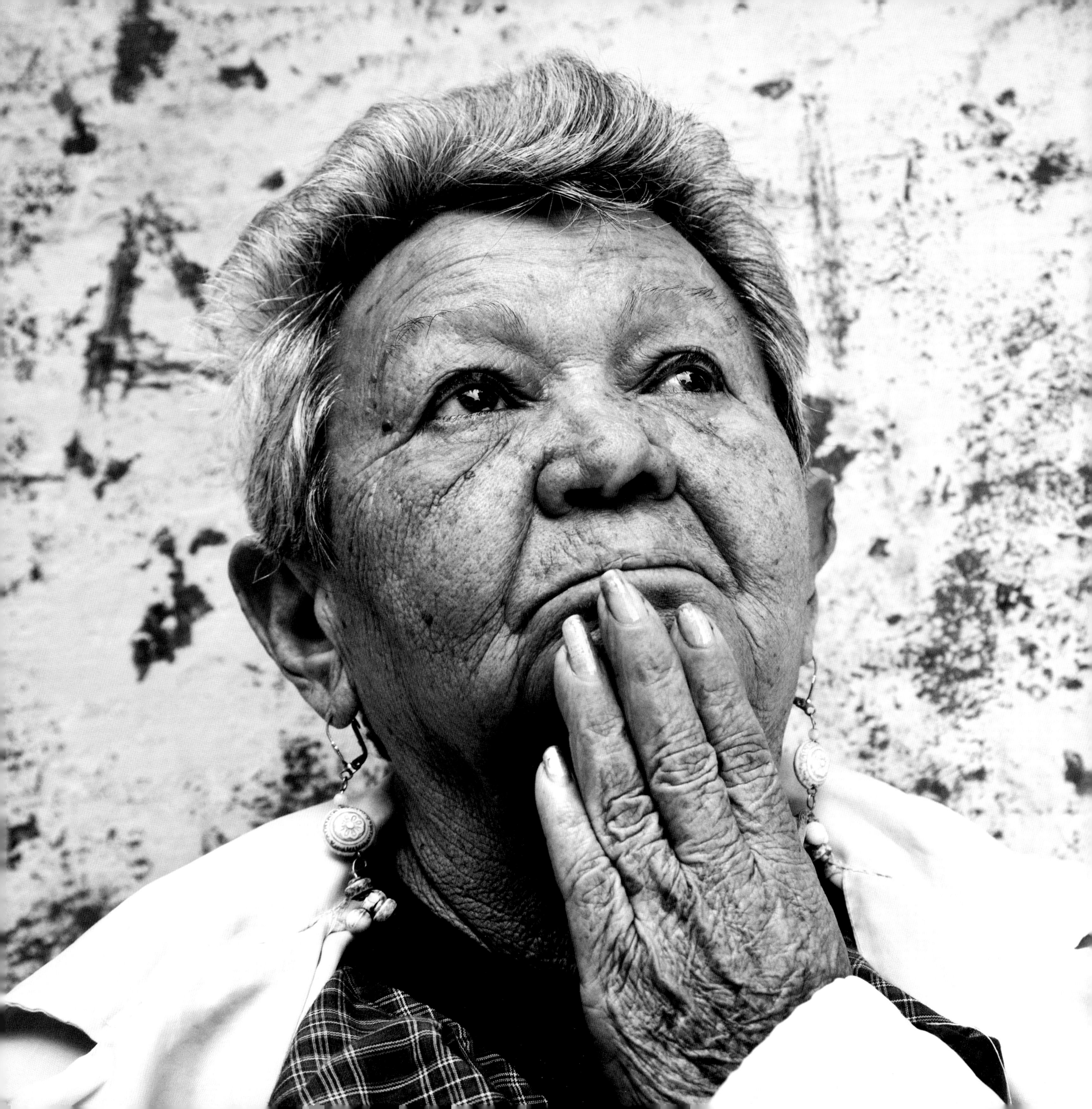

CALLE DIVISION Y CONCEPTION DE LA VALLA

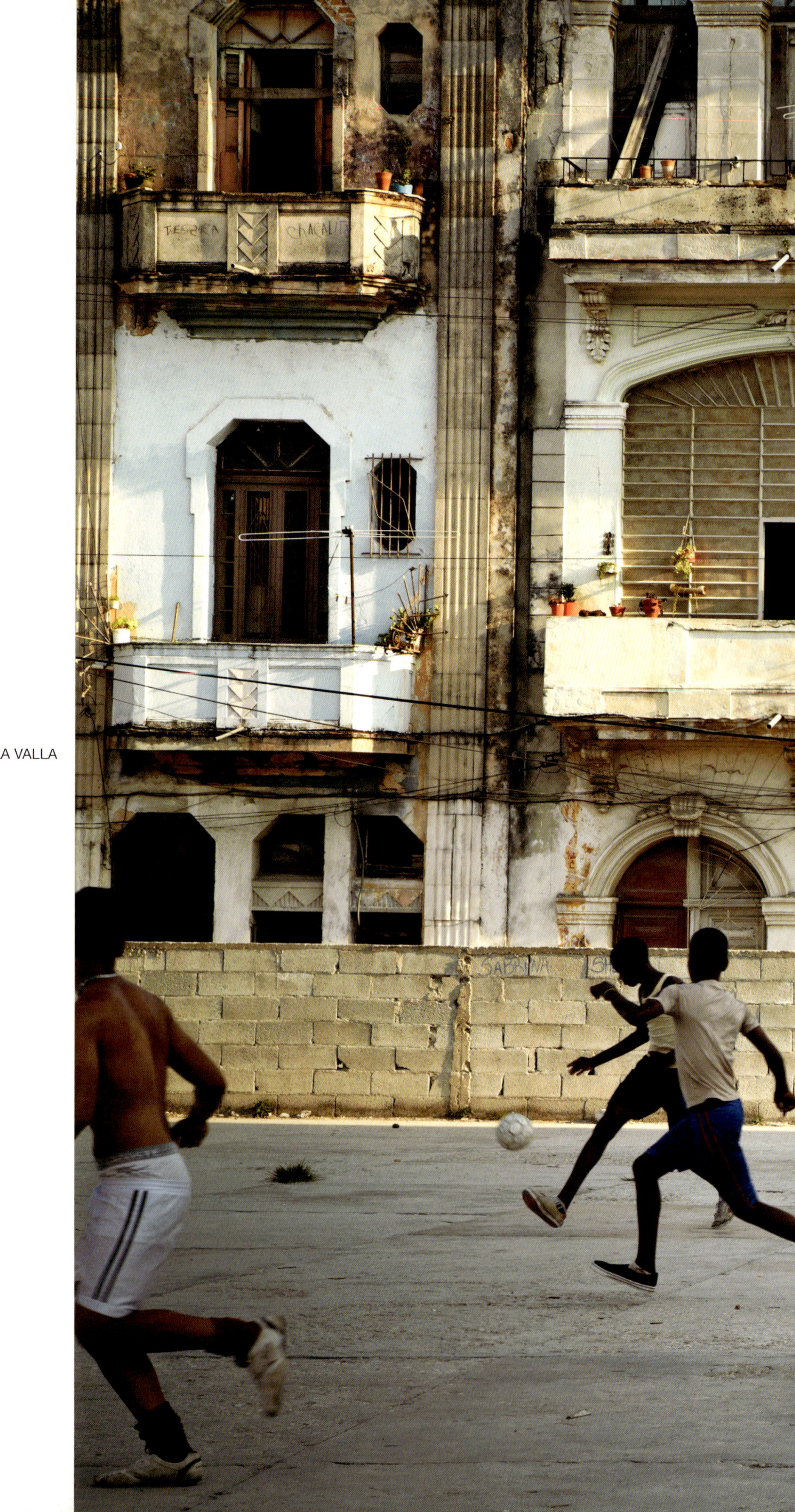

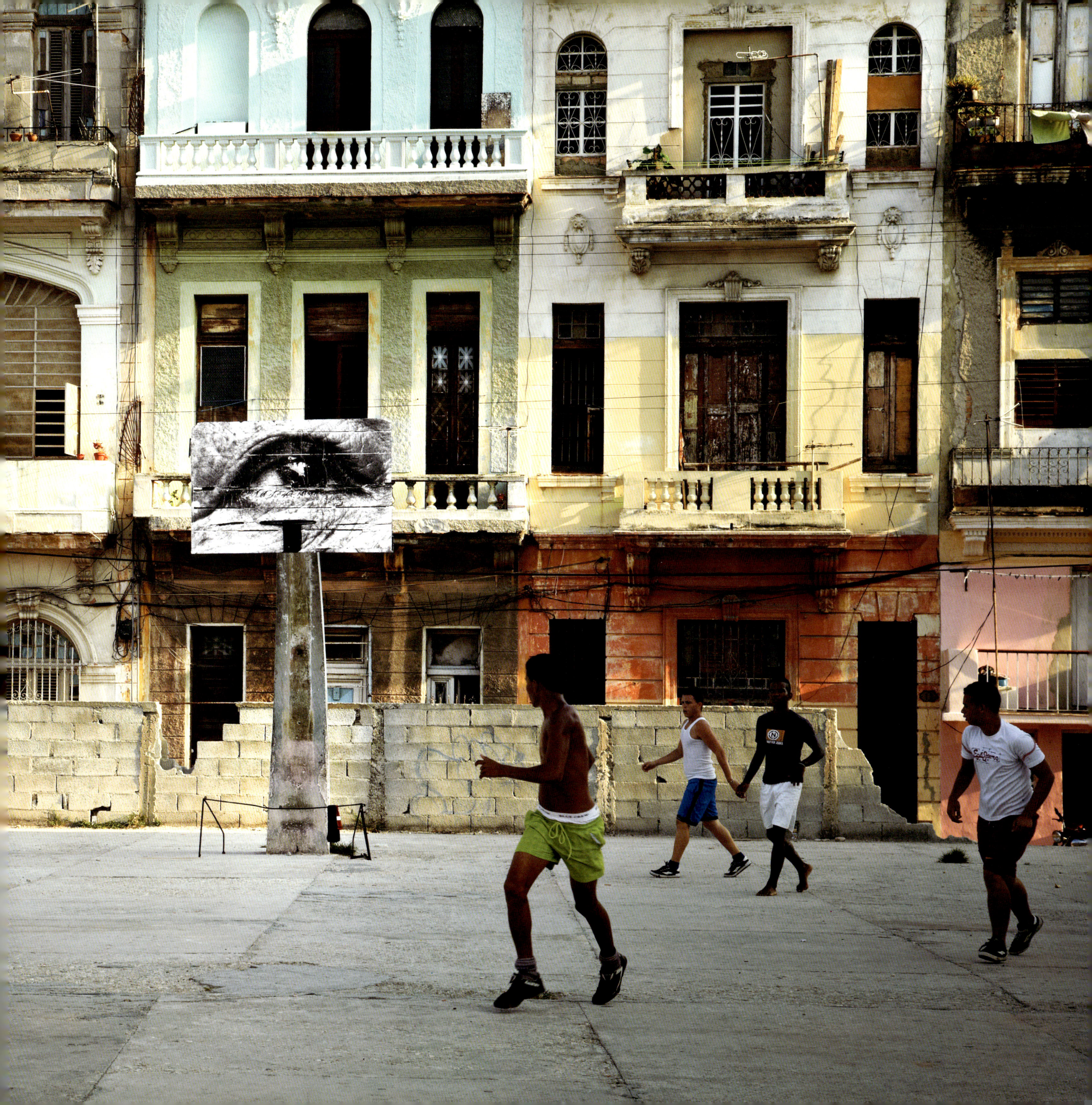

My name is Antonio Cruz y Gordillo. I was born on the 20th of April, 1943. My whole life, I have worked in the fields. I was born in Caimito, El Guayabal. Where lots of guavas grow, not far from Salado beach.

I have been living in San Agustín for 35 years, with my wife, who died, and my beautiful children.

The furthest I have been to is Pinar del Río. I have spent my entire life working here in this area, with my cart, lugging around my little gas cylinder, clearing the undergrowth, and well, I am calm and happy.

I like planting trees. I have planted banana trees for eating. I get up at 5.30 a.m., every day. I've never stolen anything from anyone because you don't need to steal anything to live. You can get by with hard work and sweat, and everyone can like you and appreciate you. There is always trouble but, well, if you steer clear of it, then there is none!

I'm a good worker, that's why people always call me. When I do gardening, they know that the work will be done well.

My life has been nothing but sacrifice, lots of work, I've had two accidents and here I am, a bit damaged, three fractured ribs here, the clavicle, and two other ribs on this side, a long time ago, but I'm still here, in one piece!

Art is very nice. The thing is, I am a country bumpkin who can't read or write, so I don't understand it.

ANTONIO CRUZ GORDILLO

Me llamo Antonio Cruz y Gordillo. Nací el 20 de abril de 1943. Toda mi vida, he trabajado en los campos. Nací en Caimito, El Guayabal. Allá donde crecen muchas guayabas, cerca de la playa de Salado.

Hace 35 años que vivo en San Agustín, con mi mujer, que murió y mis hijos bellos.

Lo más lejos que he estado es en Pinar del Río. He pasado toda mi vida trabajando en esta zona, con mi carreta, cargando mi bombonita de gas, desbrozando el camino, y bueno, soy tranquilo y feliz.

Me gusta plantar árboles: he plantado bananeros para comer. Me levanto a las 5:30 de la mañana, todas las mañanas. Nunca le he robado nada a nadie, porque para vivir no hace falta robar. Con el sudor se puede vivir, y todo el mundo puede quererte y apreciarte. Problemas siempre hay, pero bueno, si se evitan, ¡ya no hay!

Trabajo bien, por eso todo el mundo me llama: cuando trabajo en los jardines, tienen la garantía de un trabajo bien hecho.

Mi vida no ha sido más que sacrificio, mucho trabajo, he tenido dos accidentes y aquí estoy, un poco estropeado, tres costillas rotas por aquí, la clavícula, y dos otras en este costado, hace mucho, pero aquí me tiene, ¡entero!

El arte es muy lindo. La cosa es que, como soy guajiro, no sé ni leer ni escribir, y no lo comprendo.

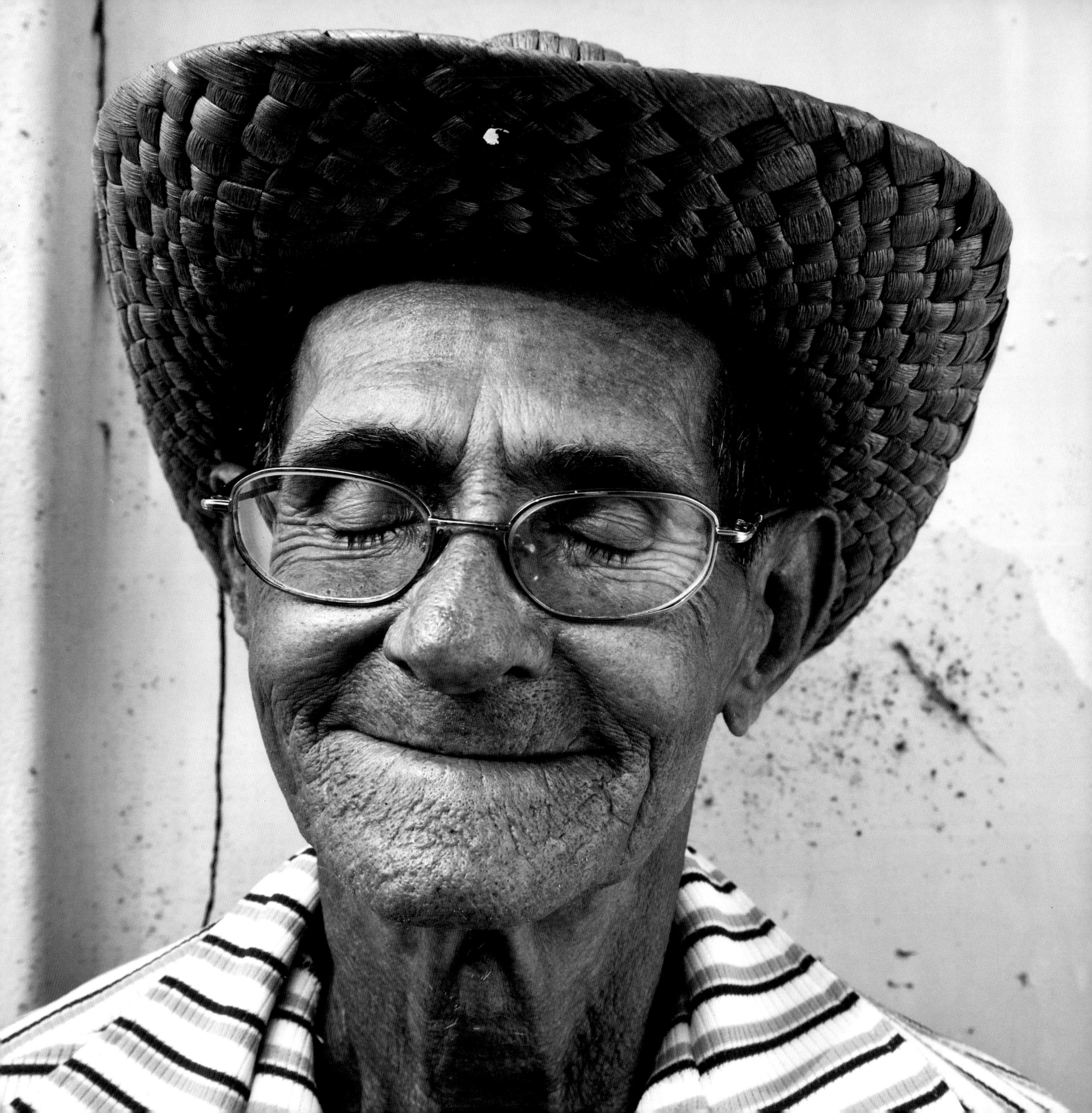

SAN AGUSTIN SCHOOL EN PEDRO VELIX (240)

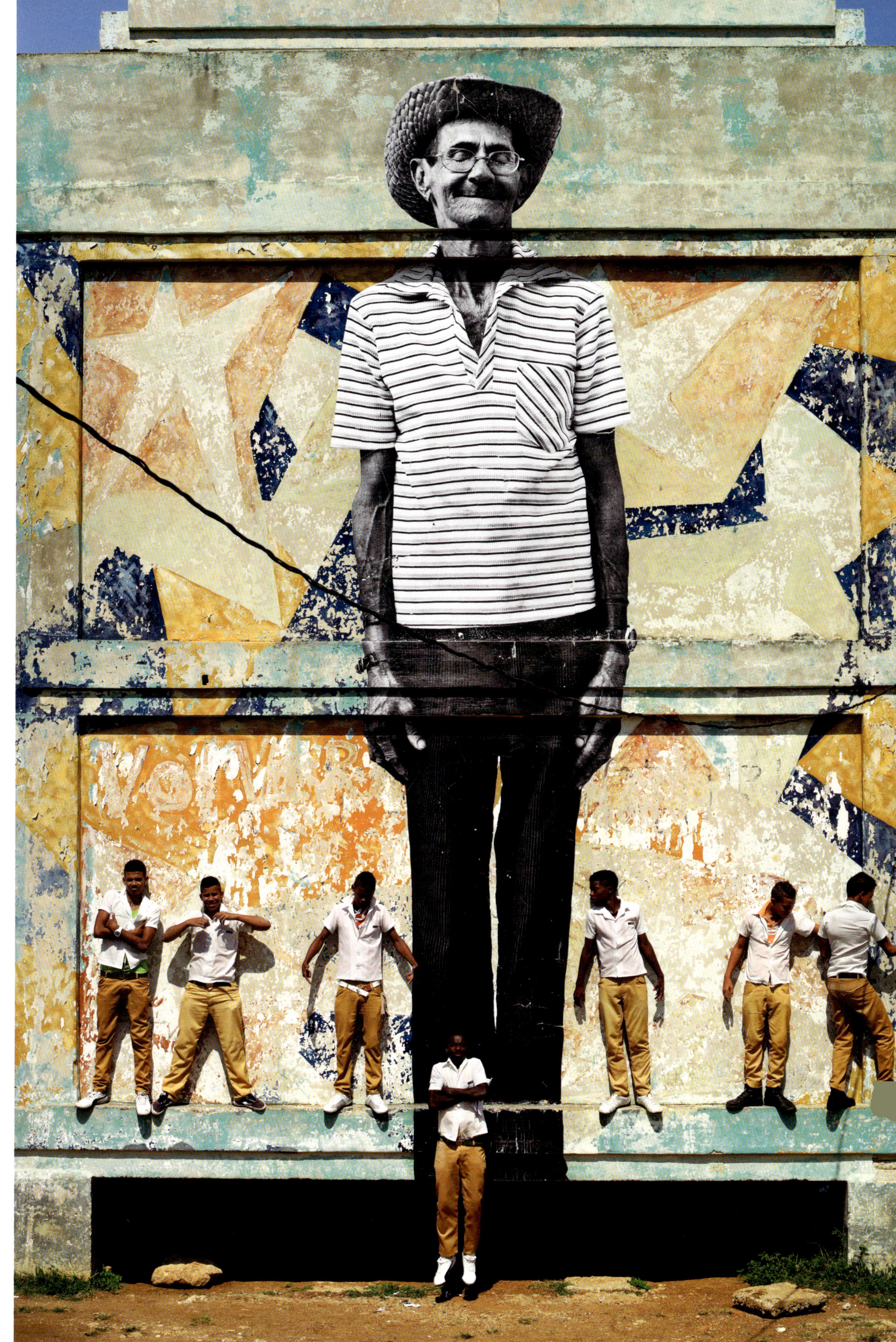

My name is Raul Cabrera Cárdenas. I was born in Havana, opposite the telephone company, on the 11th of July, 1926, one month and a bit before Fidel. When Machado fell I was 7 years old and I was already working. I cleaned stairs, I was a delivery boy, I sold ice here in Havana. All my life, from the age of 14, I have worked as a sewing machine mechanic. I've worked for the company Singer for 51 years. I had never left Havana when I went to join the army in 1957.

I was in Sierra Maestra and 63 days in Playa Girón (Bay of Pigs). When the war finished, the arms needed collecting and stocking: I was appointed. My boss was friends with Che Guevara so they wrote a letter to get me off the task. In Girón, no one was called up but as it was a matter of fighting, everyone went. There were 15,000 men in the 5th district. I was appointed food supervisor. I had to taste the food before giving it to the soldiers. If it was poisoned, then only I would have to die, and the others would be safe and sound. It may seem unbelievable, but it was like that.

I was made a sergeant, given an R-52 rifle with 60 bullets each and we were on our way. We didn't know where we were going. When we arrived in the early morning, there was gunfire going off everywhere. I am proud to have fought for this country and to continue to fight, as I am one of the founders of the rebel army and the militia.

The city is a bit abandoned, but, well, it can be improved. Here in Cuba we have always lived very well, but we need to work, and anyone who says otherwise is lying. There will always be poor people and rich people in this world, that won't stop. Because the poor are what make the rich, rich.

I want people to see me as another fighter. I was the general secretary for propaganda of Fidel in the Chávez quarter. I'd like to be able to talk to Fidel again someday; it has been years since I last saw him, to see whether he would remember me. I remember him.

RAUL CABRERA CÁRDENAS

Me llamo Raúl Cabrera Cárdenas. Nací en La Habana, enfrente de la compañía telefónica, el 11 de julio de 1926, un mes y pico antes que Fidel. Cuando Machado cayó yo tenía 7 años y yo ya trabajaba. Limpiaba escaleras, era repartidor, vendía hielo aquí en La Habana. Toda mi vida desde los 14 años he sido mecánico de máquinas de coser. He trabajado para la compañía Singer durante 51 años. Nunca había salido de La Habana cuando me uní al ejército en 1957.

Estuve en Sierra Maestra y 63 días en Playa Girón (La Bahía de los Cerdos). Cuando acabó la guerra, hacía falta recoger y reabastecer las armas: me escogieron. Mi jefe era amigo de Che Guevara así que me escribieron una carta para librarme de la tarea. En Girón, no llamaron a nadie, pero como era cuestión de combate, entonces fue todo el mundo. Éramos 15.000 hombres en el distrito 5. Me nombraron responsable de cocina. Tenía que probar la comida antes de dársela a los soldados. Si estaba envenenada, sólo me habría muerto yo, y los otros habrían estado sanos y salvos. Parece increíble, pero así era.

Me nombraron sargento, me dieron un fusil R-52 con 60 balas cada uno y partimos. No sabíamos a dónde íbamos. Cuando llegamos de madrugada, el tiroteo estaba en pleno apogeo. Estoy orgulloso de haber luchado por este país y de continuar luchando, porque soy uno de los fundadores del ejército rebelde y de la milicia.

La ciudad está un poco abandonada, pero bueno, se puede mejorar. Aquí en Cuba siempre se ha vivido muy bien, pero hay que trabajar, y quien diga lo contrario miente. En este mundo siempre ha habido gente rica y gente pobre, eso no va a cambiar. Porque el pobre es el que hace que los otros sean ricos.

Yo quiero que la gente me vea como un luchador más. Fui secretario general de propaganda de Fidel en el barrio de Chávez. Yo querría poder un día hablar de nuevo con Fidel, hace años que no le veo, para ver si se acuerda de mí. Yo me acuerdo de él.

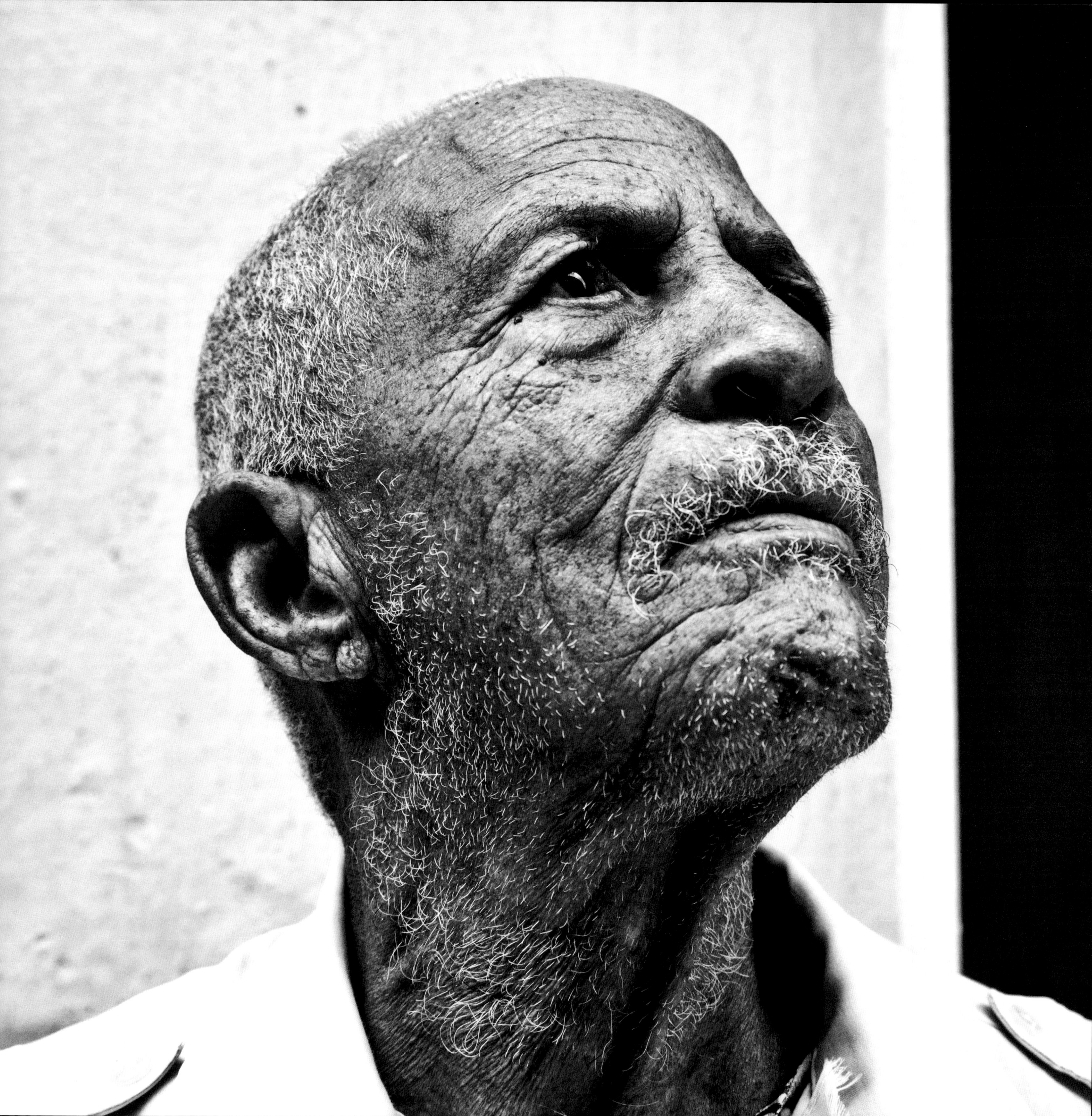

BELASQUAIN Y ENRIQUE BARNET

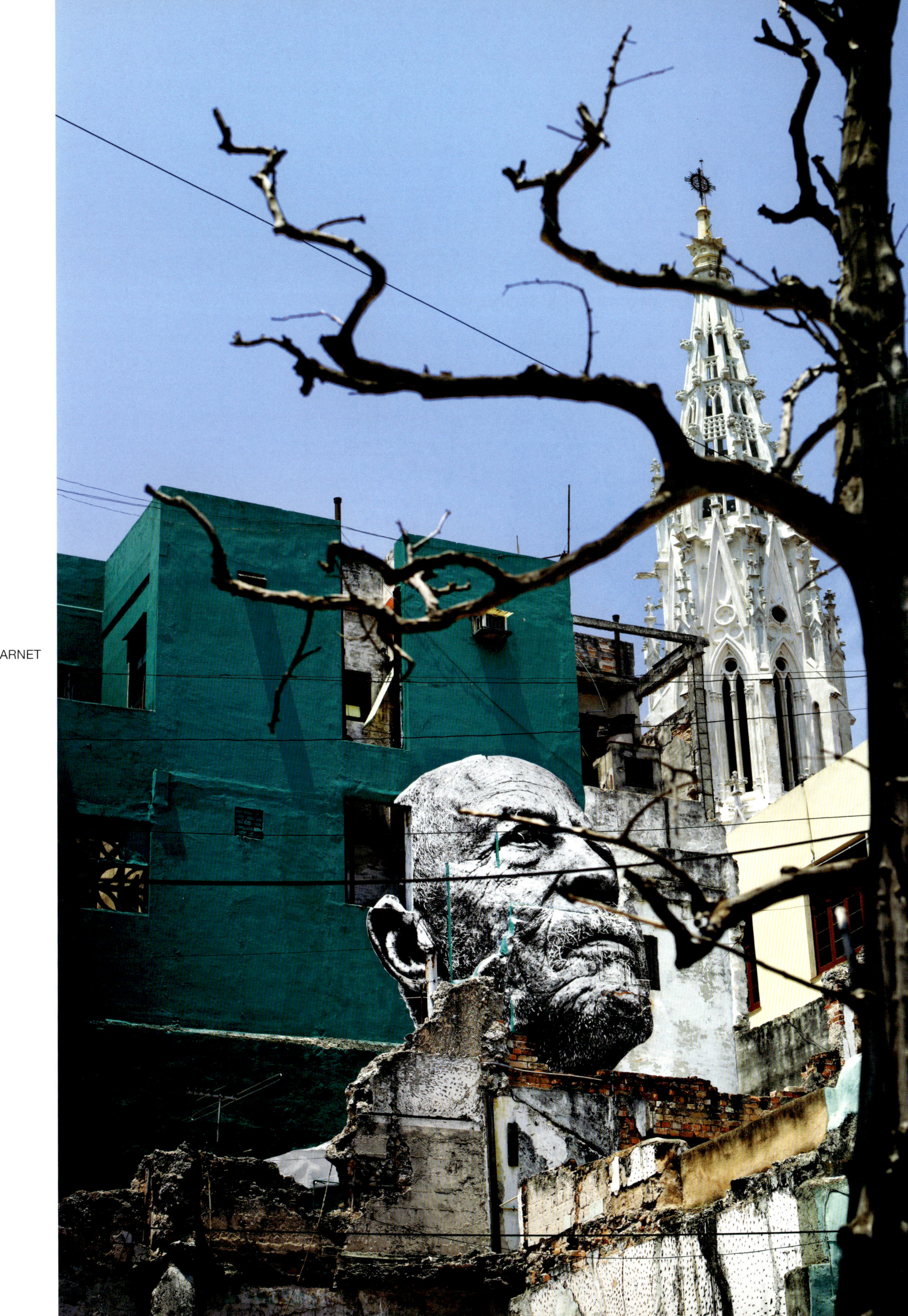

SCOUTING / DETRÁS DE LAS ESCENAS

SCOUTING / BEHIND THE SCENES

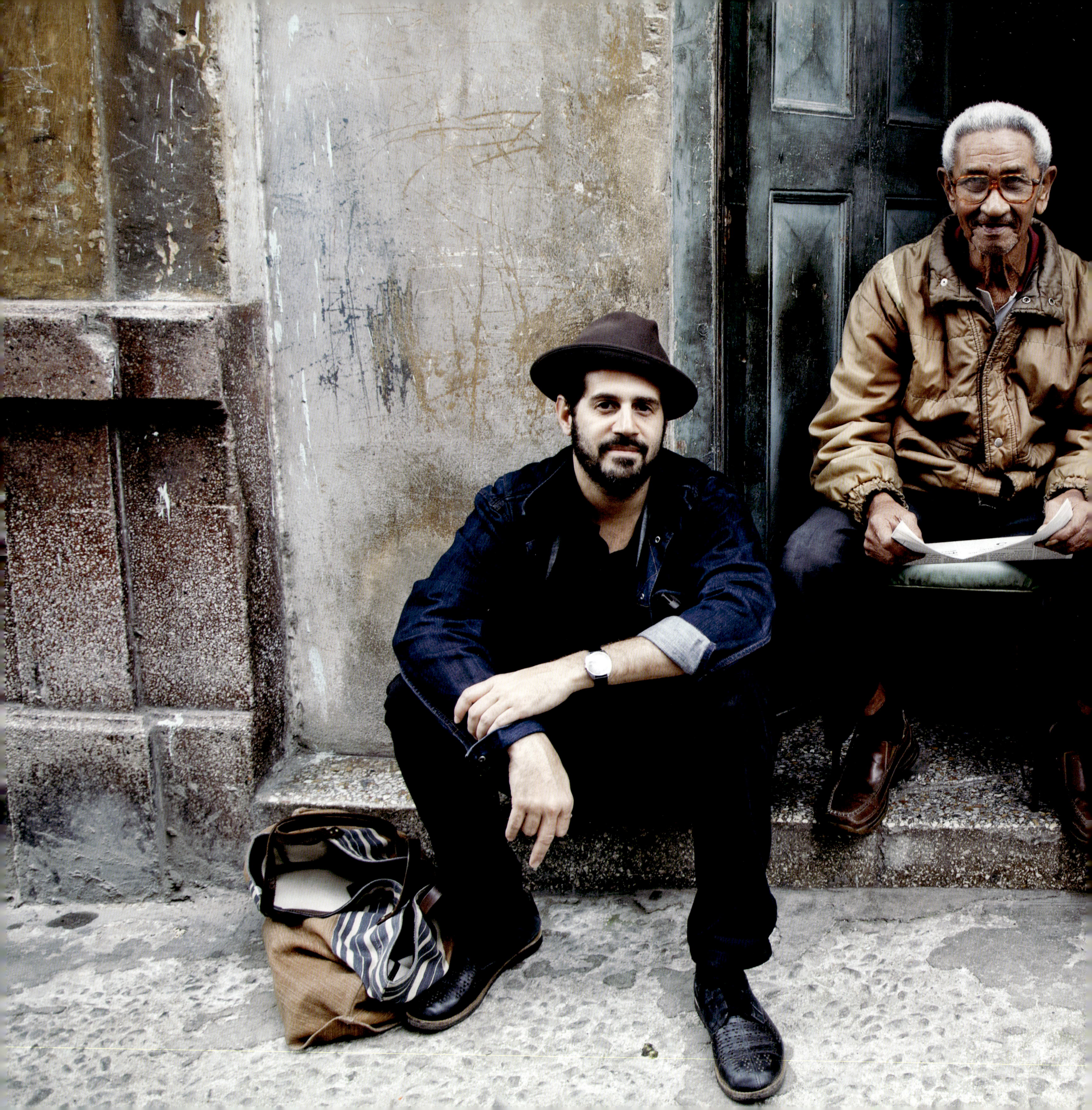

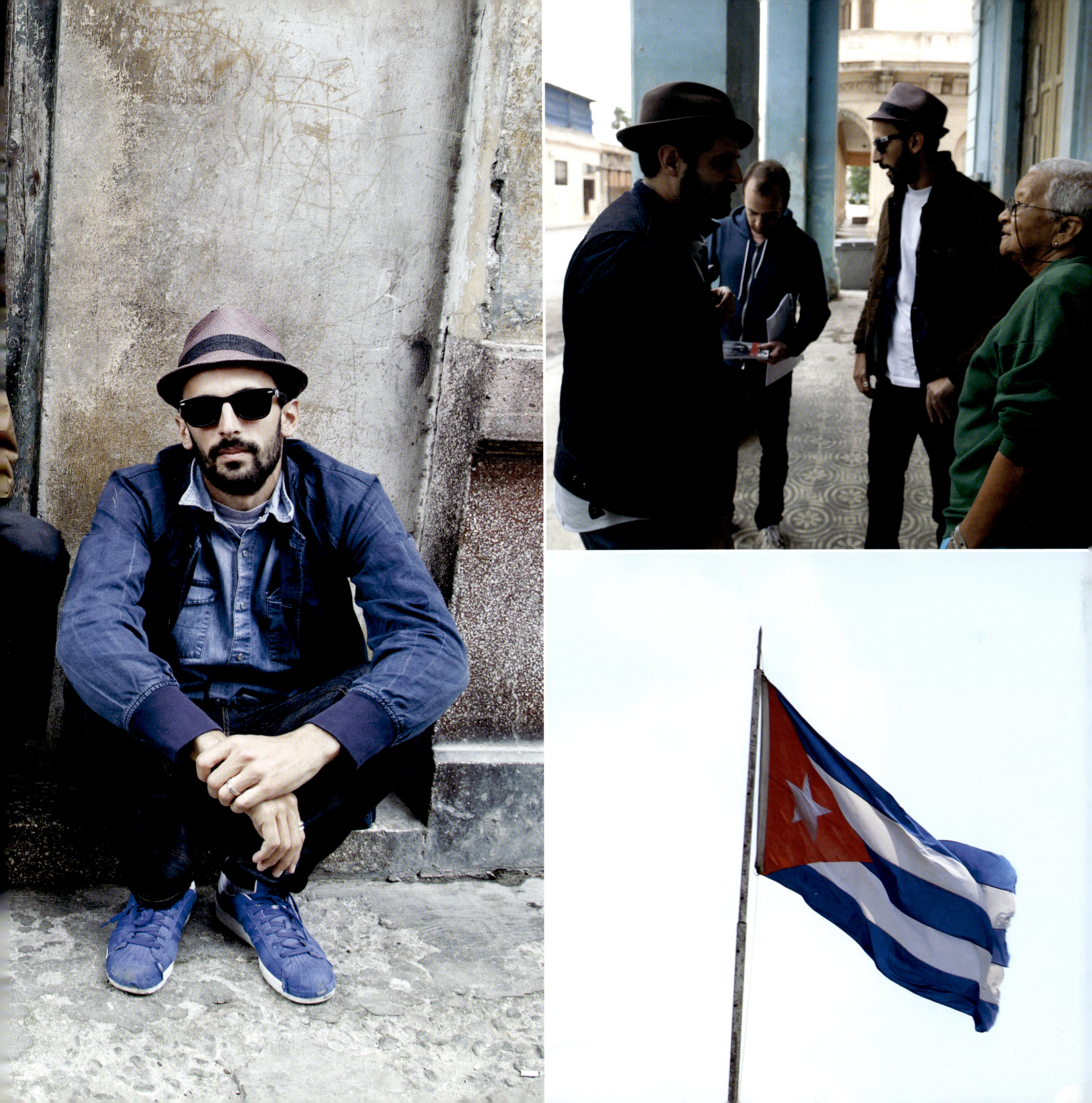

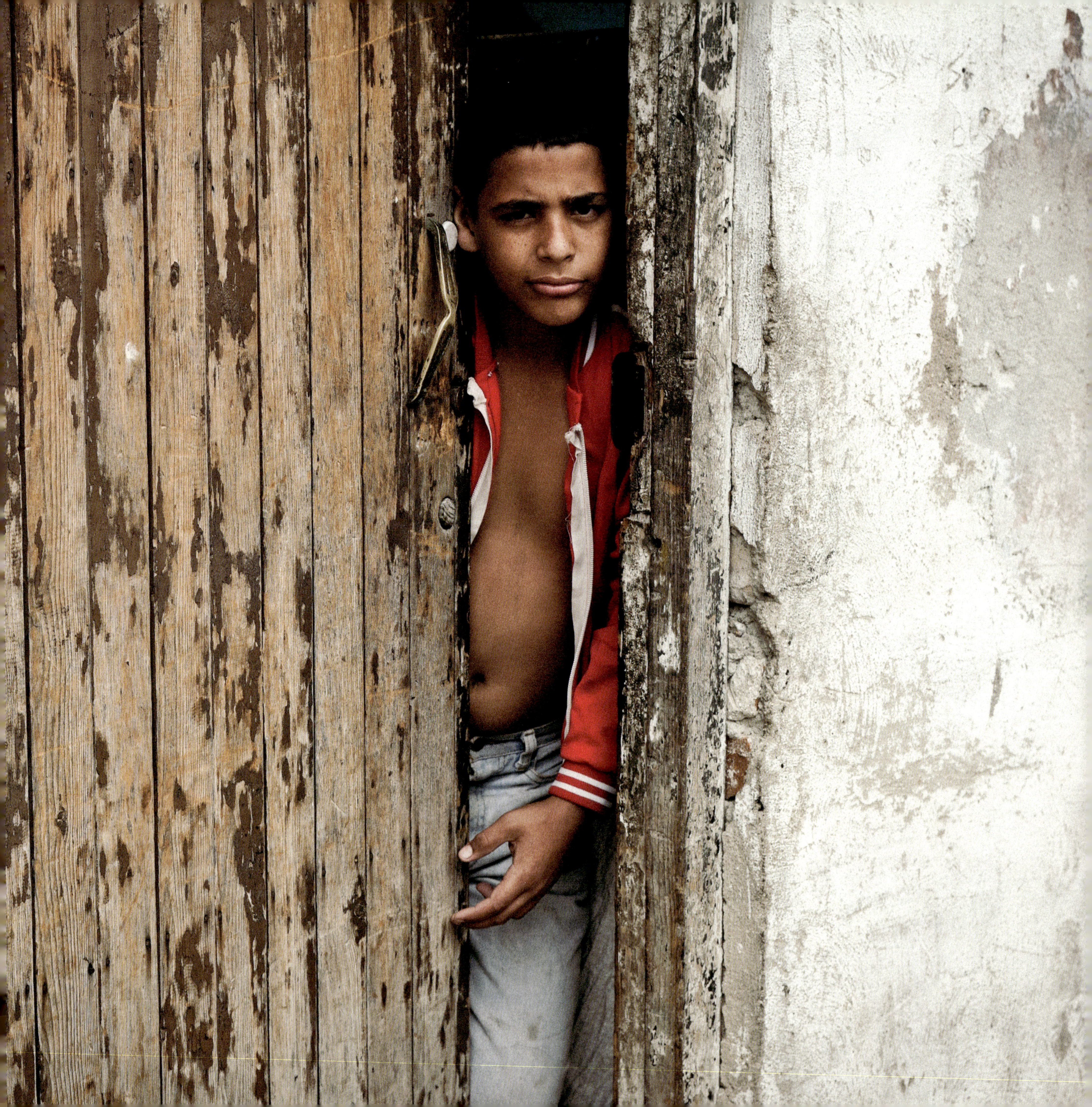

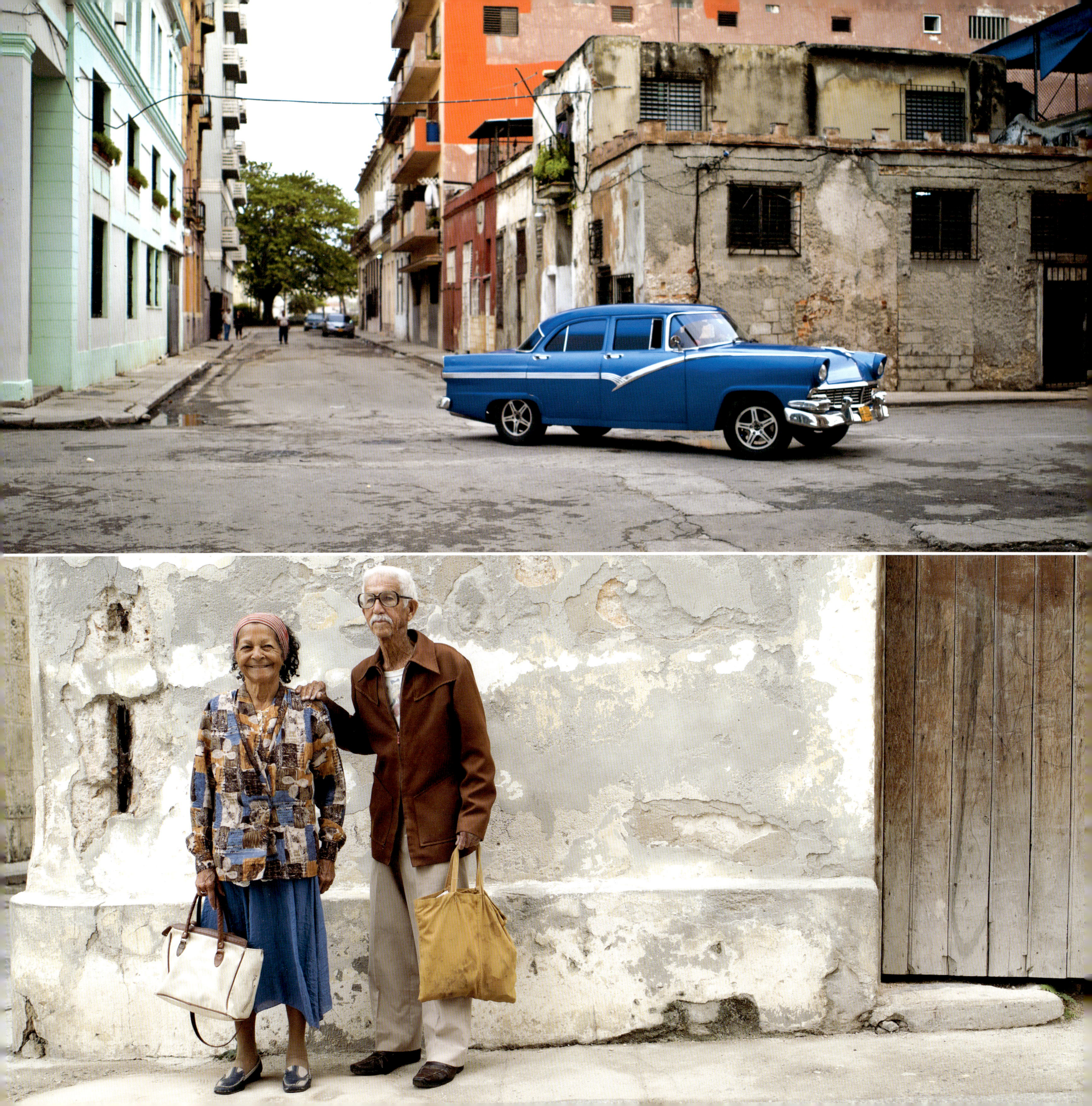

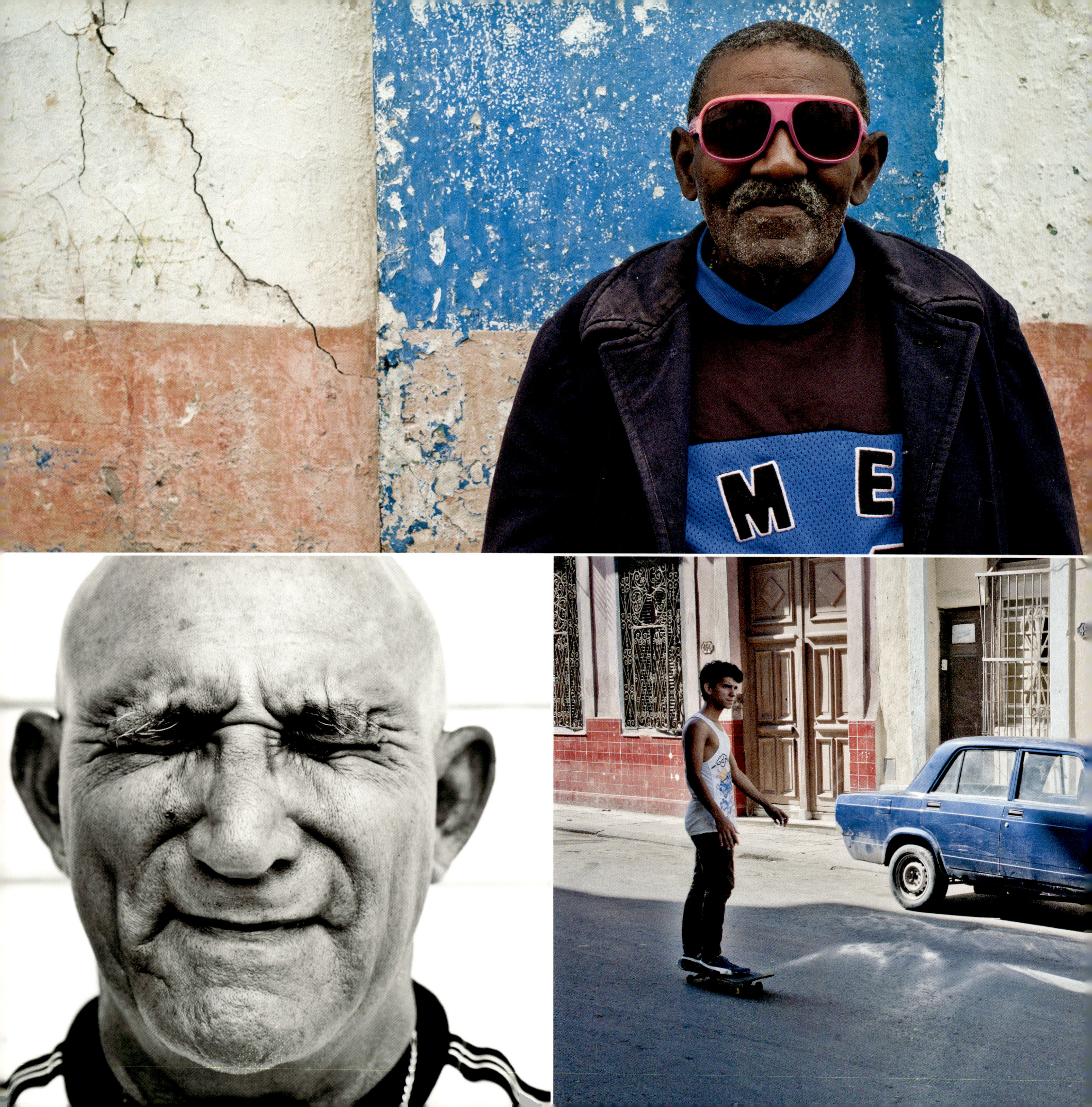
ME

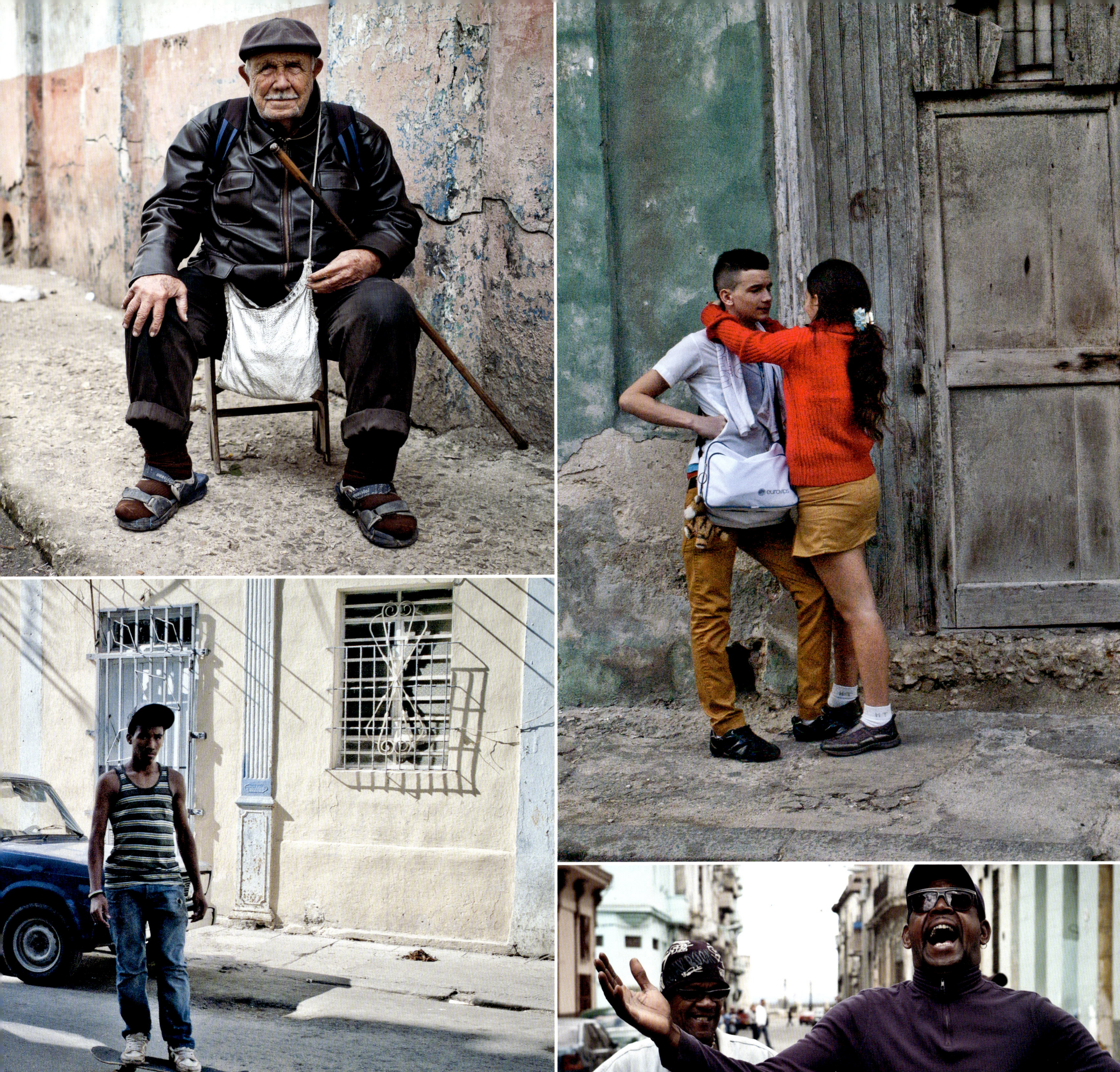

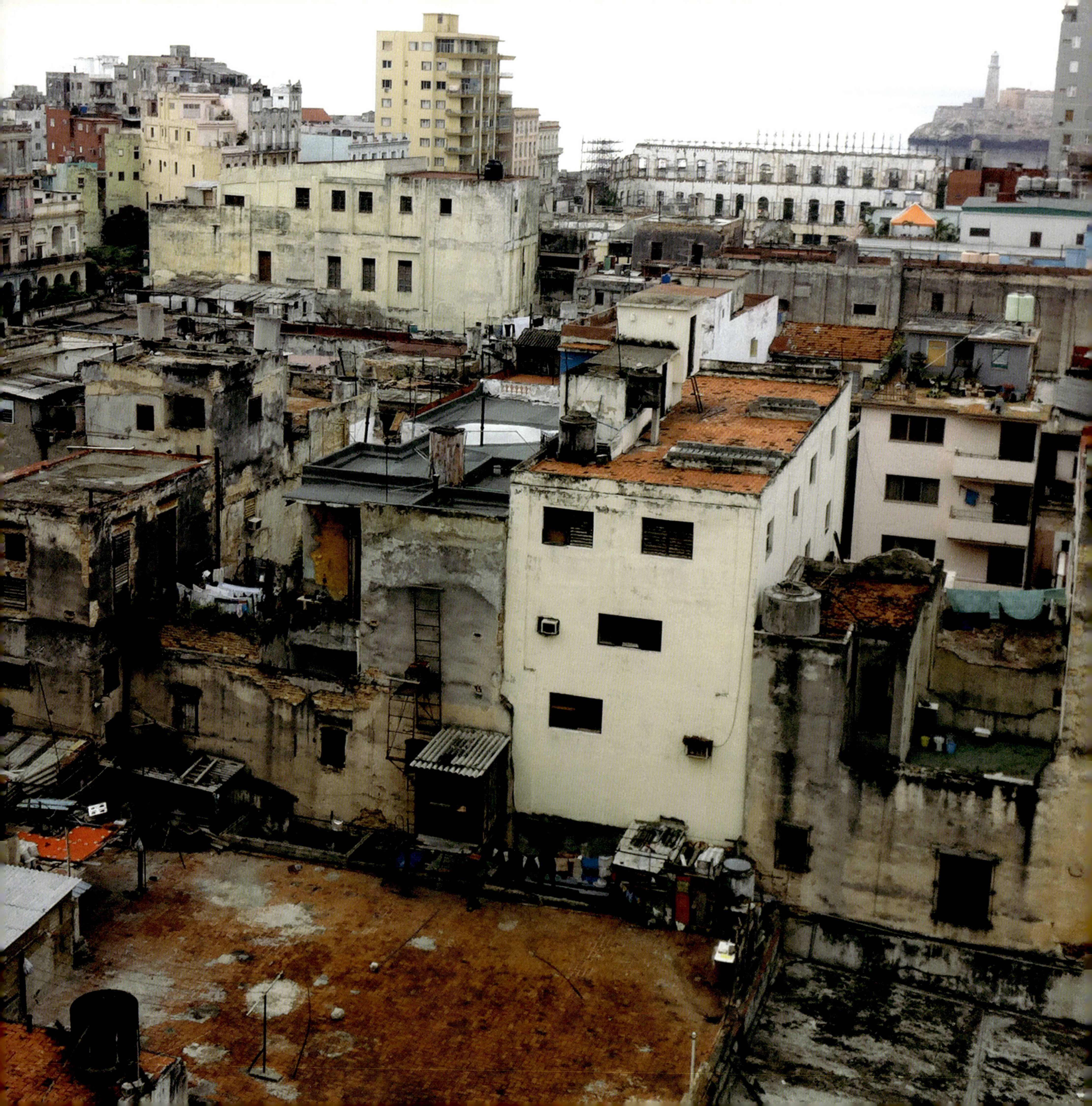

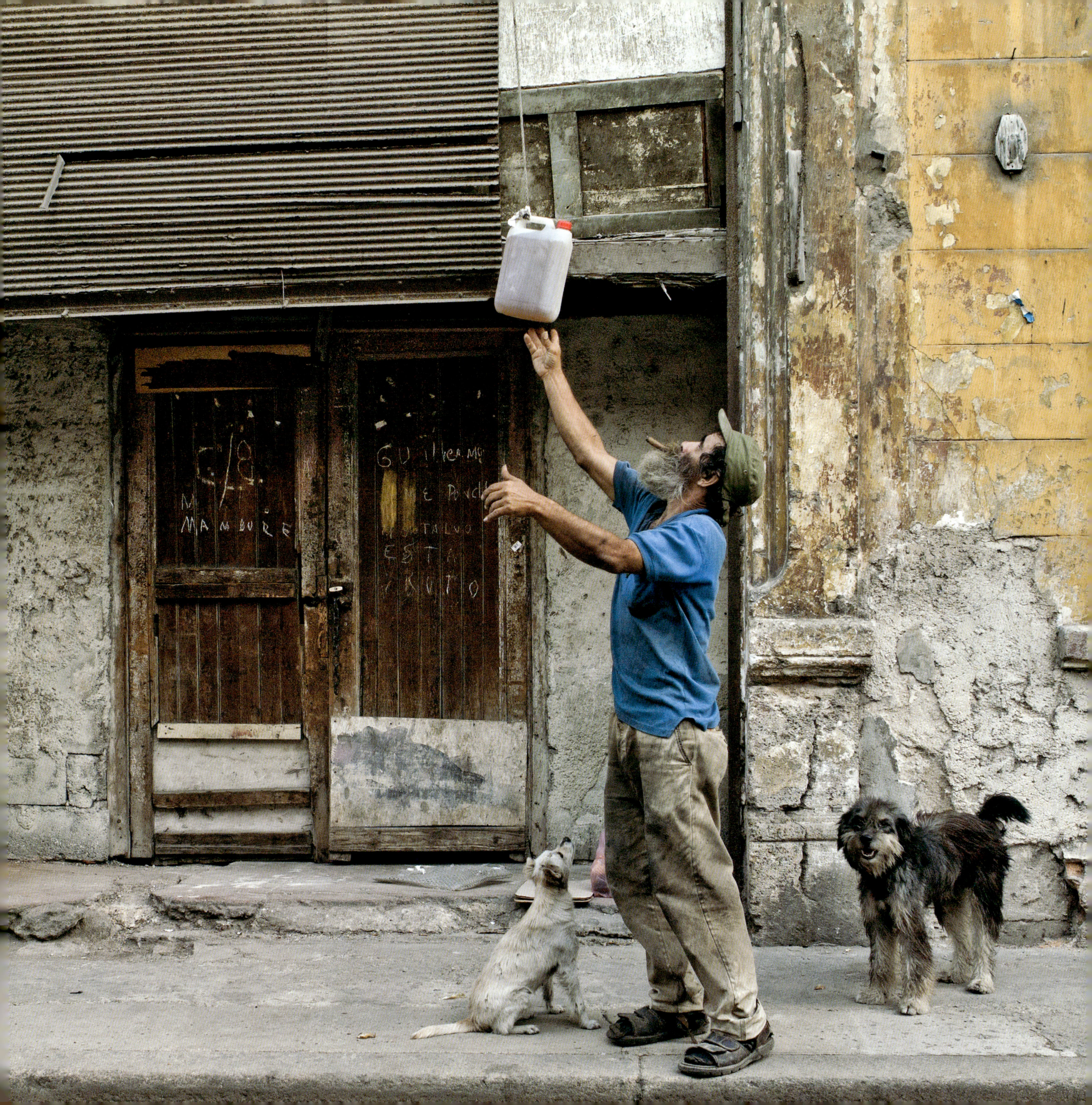
MAMBURE
Guilherme

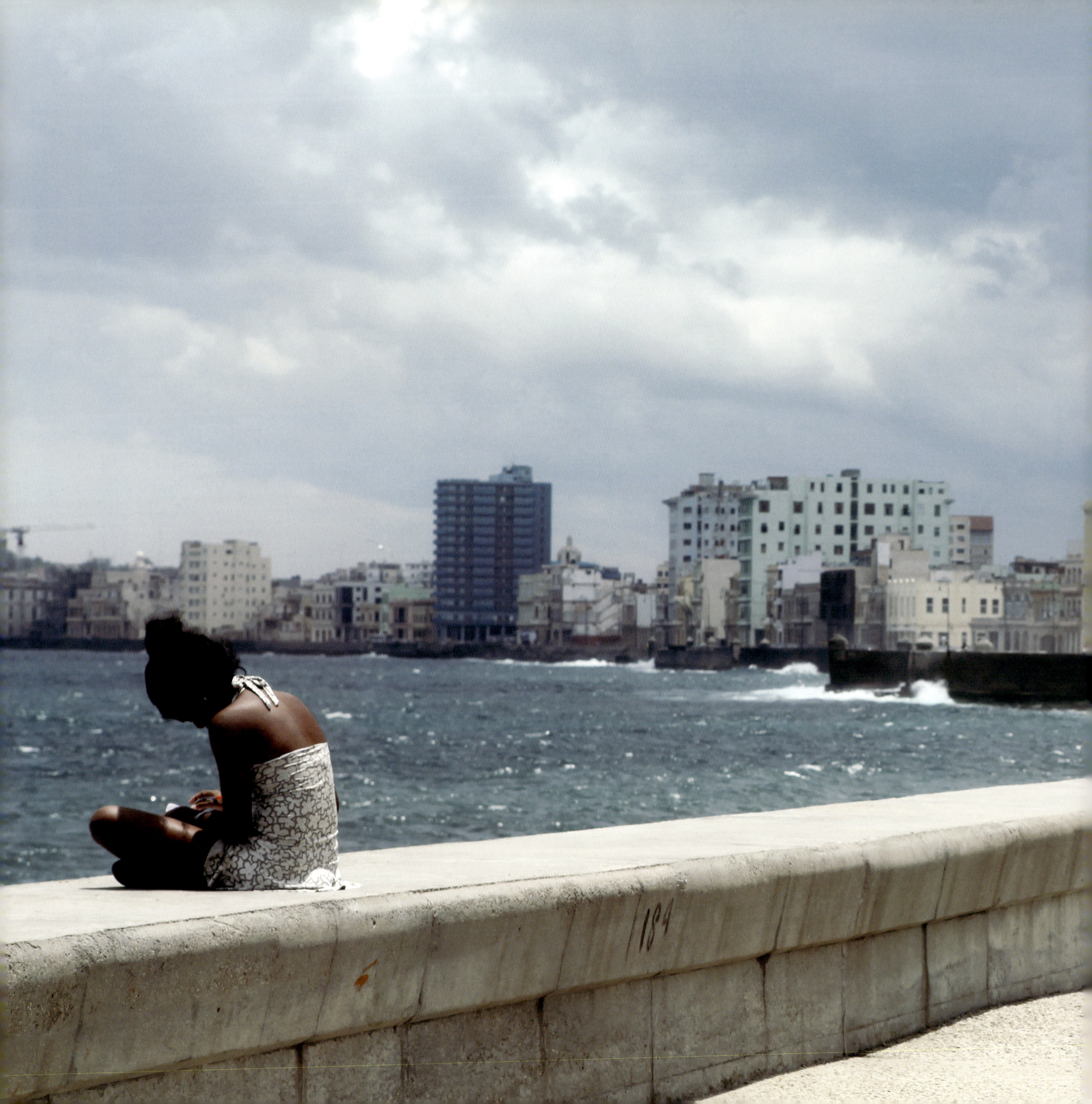
184

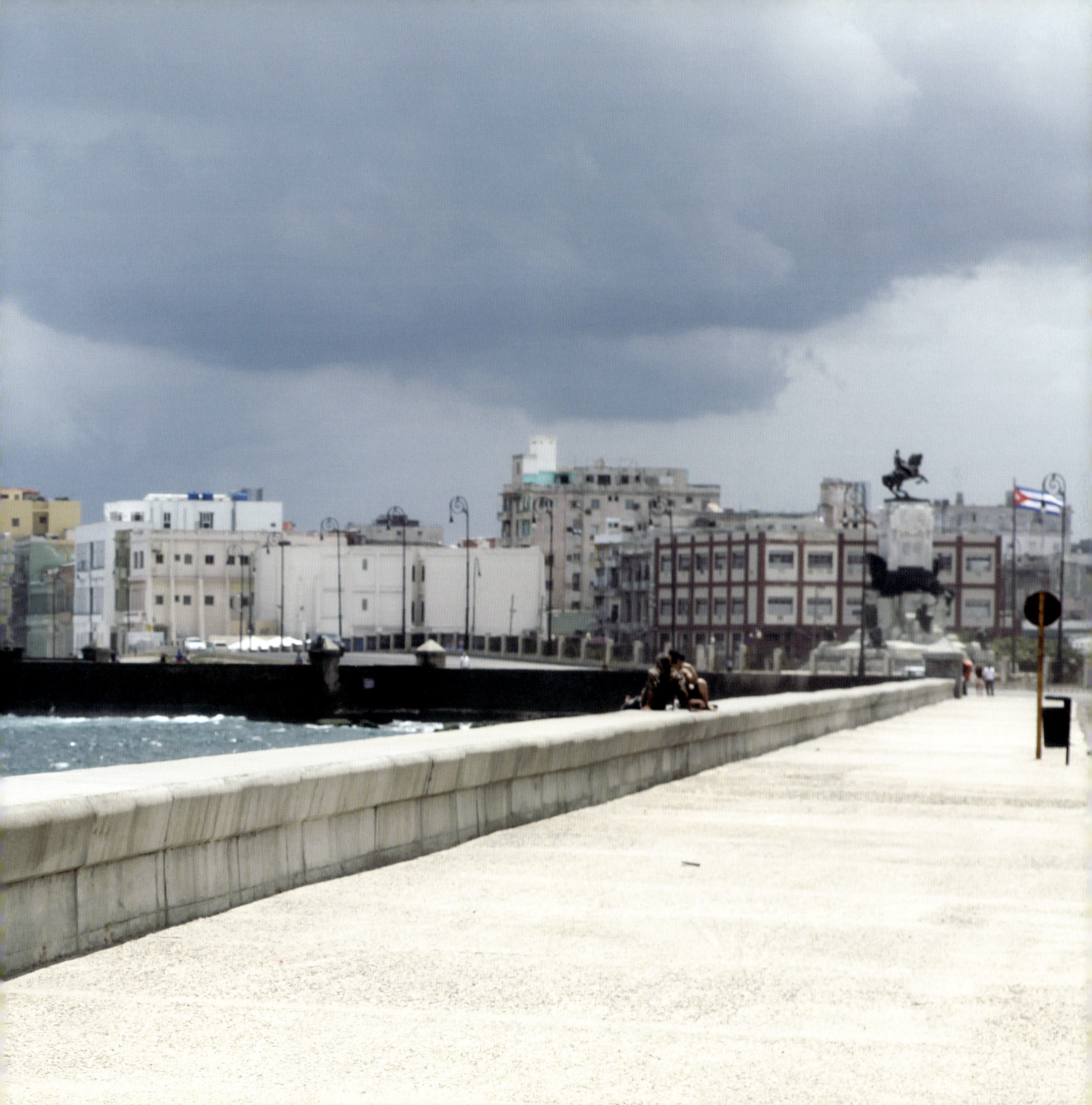

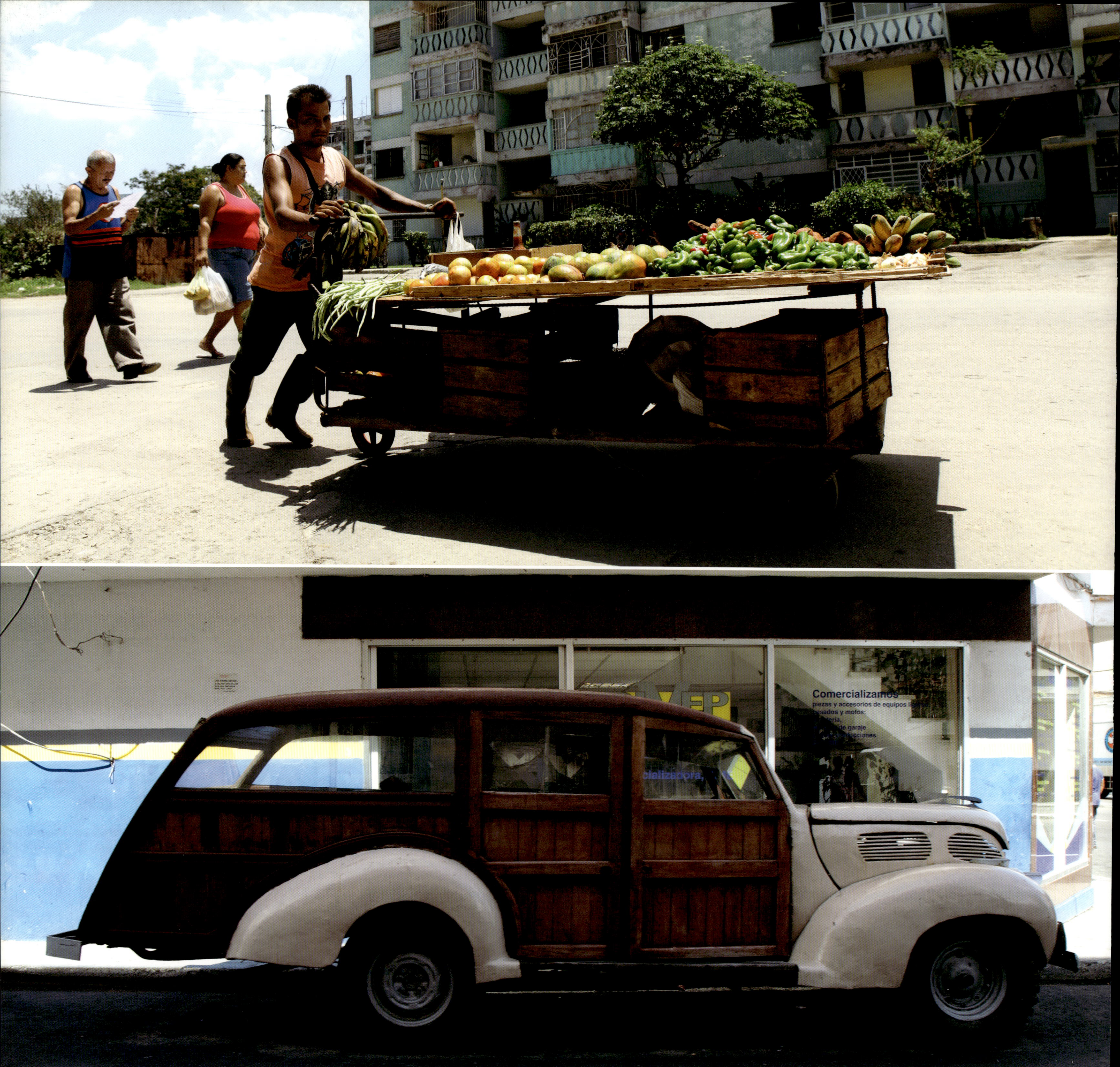
Comercializamos
piezas y accesorios de equipos
y motos;
de garaje

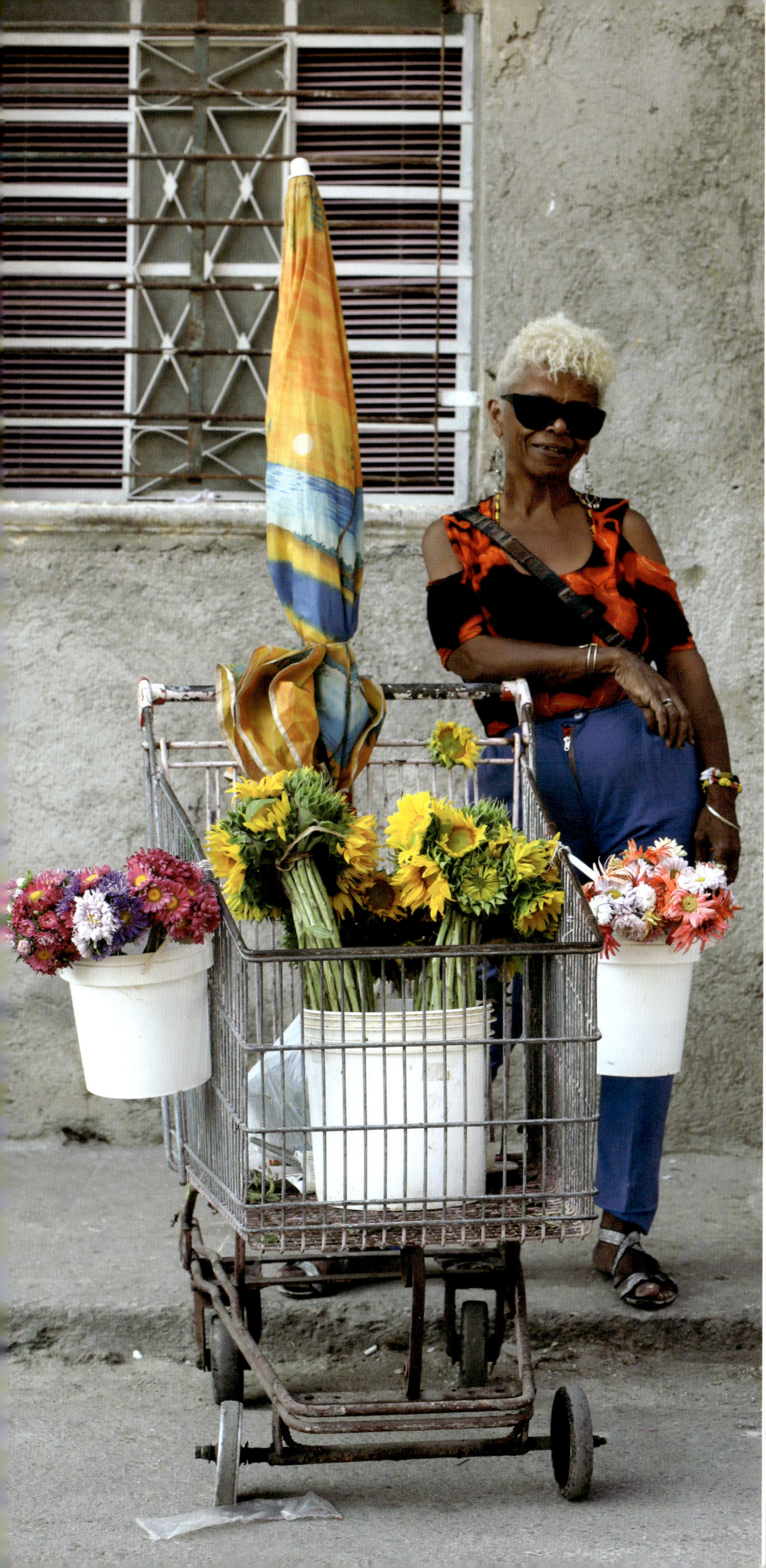

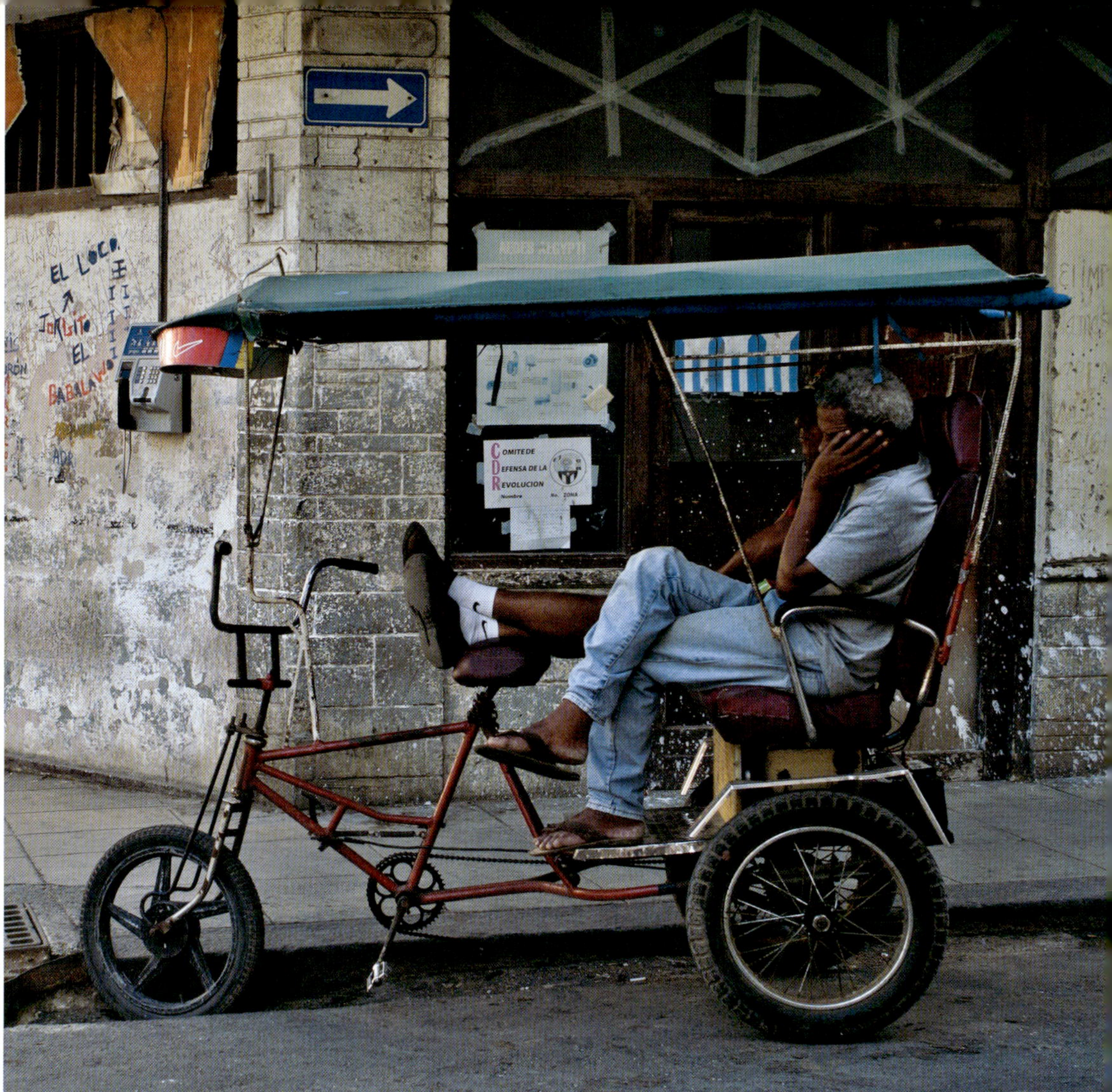
COMITE DE
DEFENSA DE LA
REVOLUCION
Nombre No. ZONA

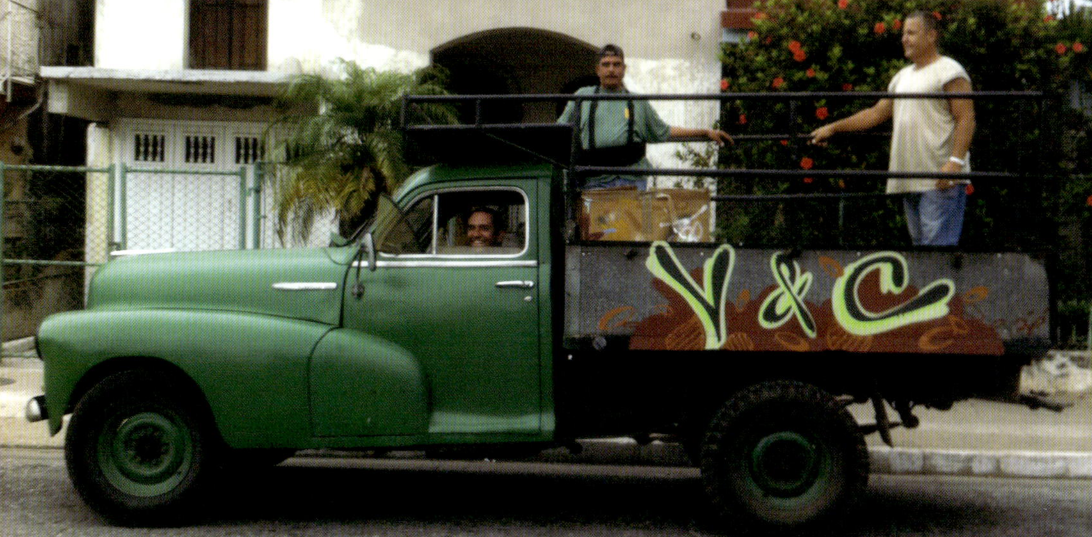
V&C

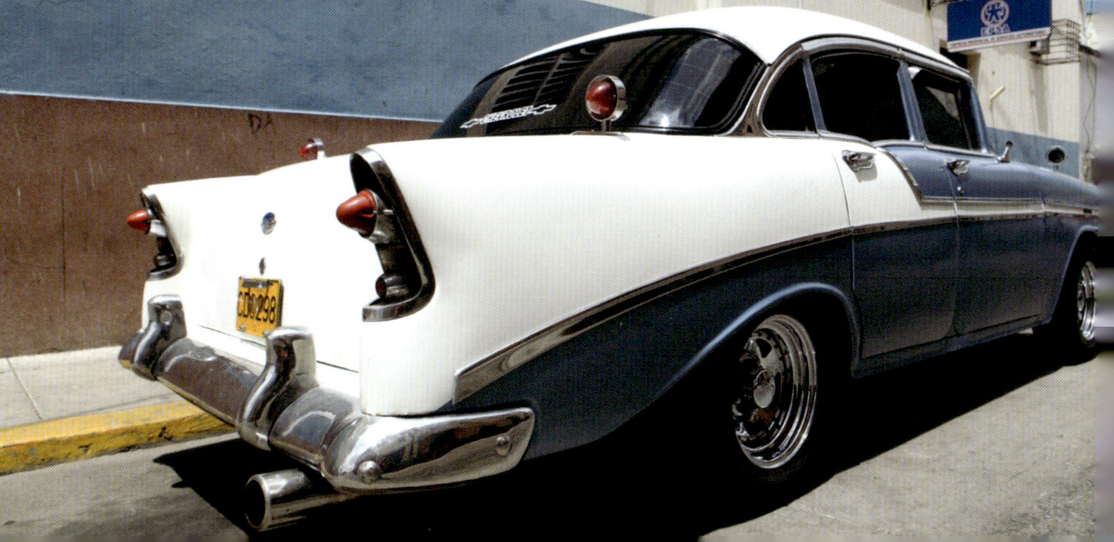

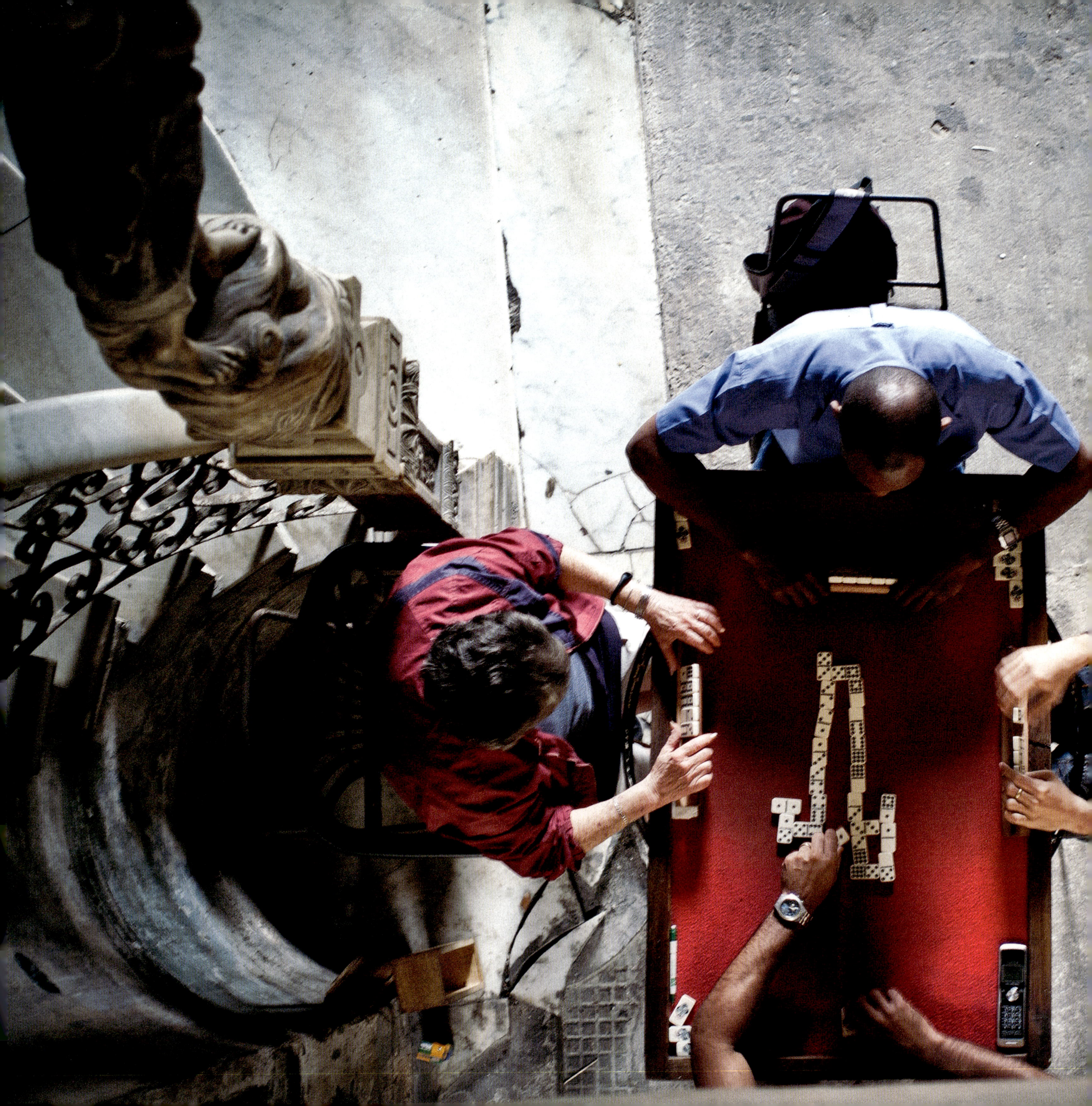

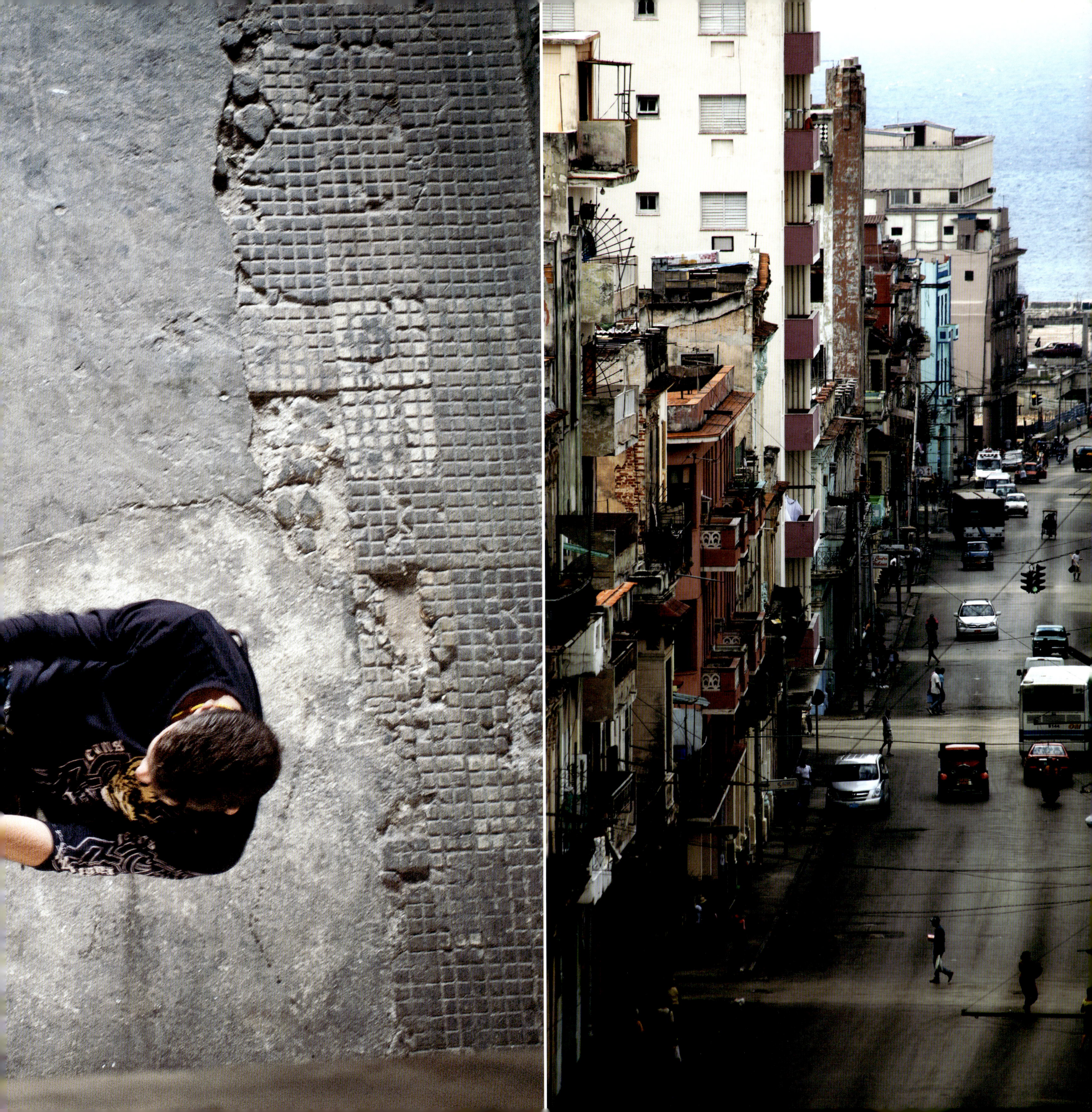

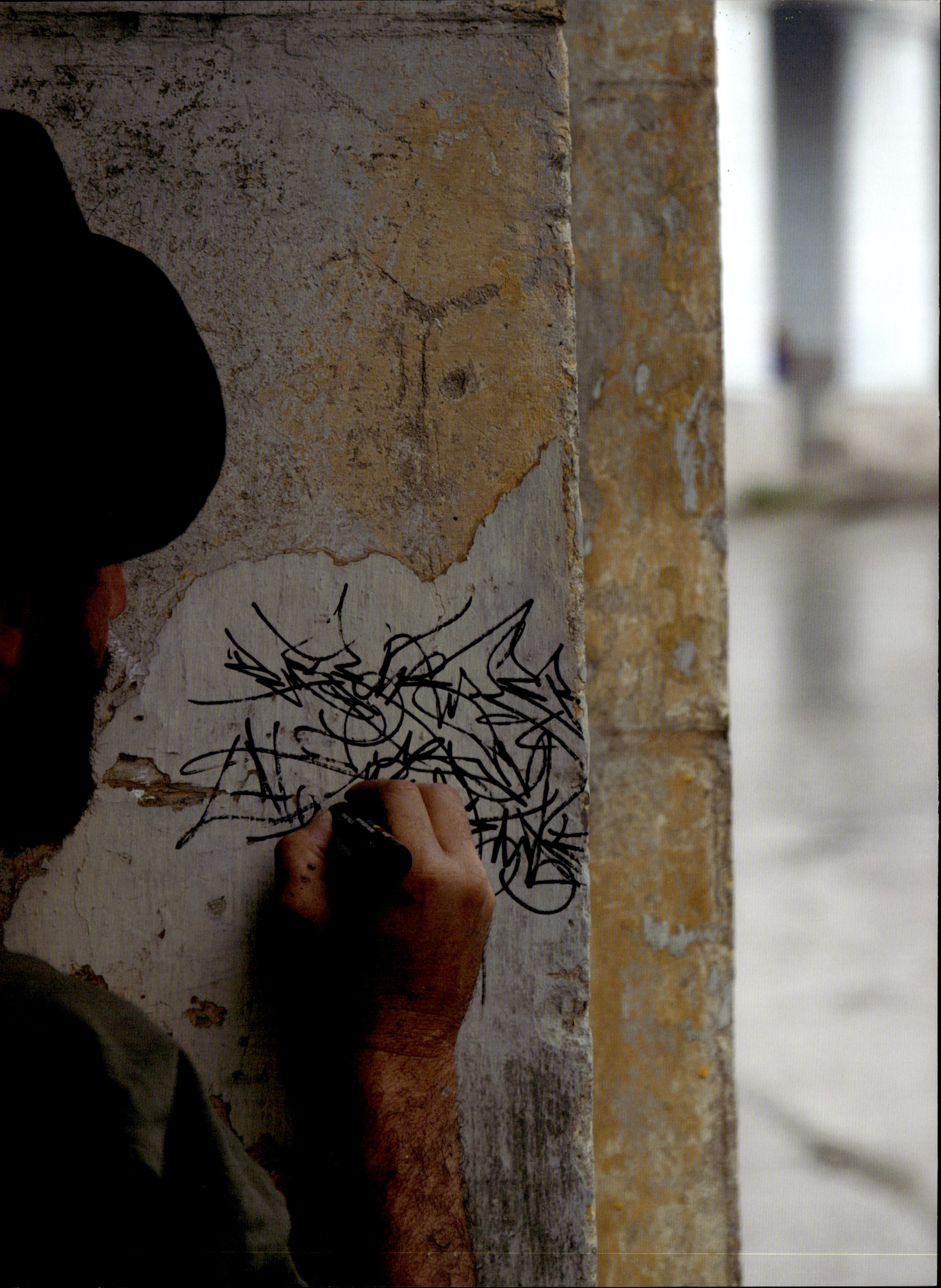

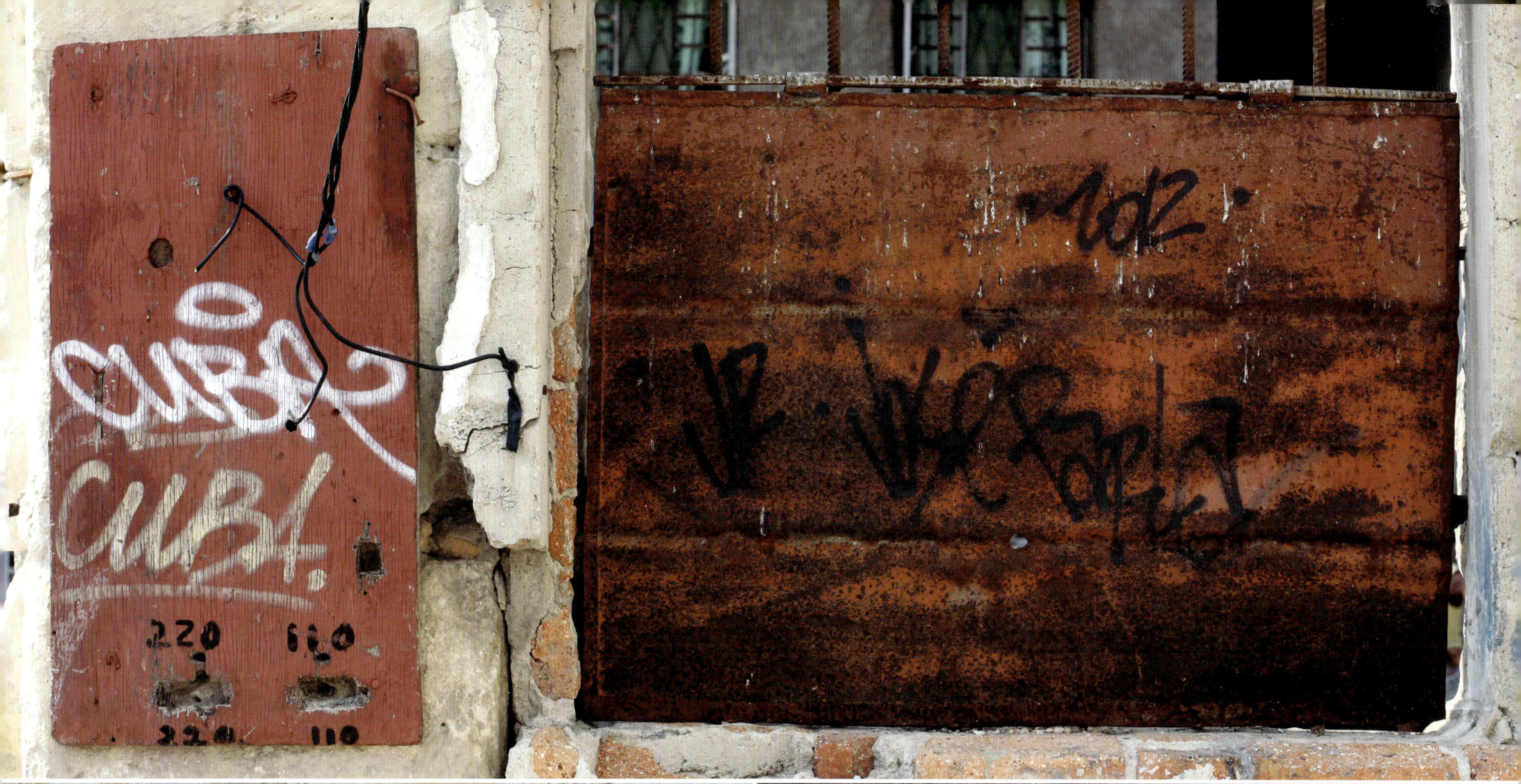

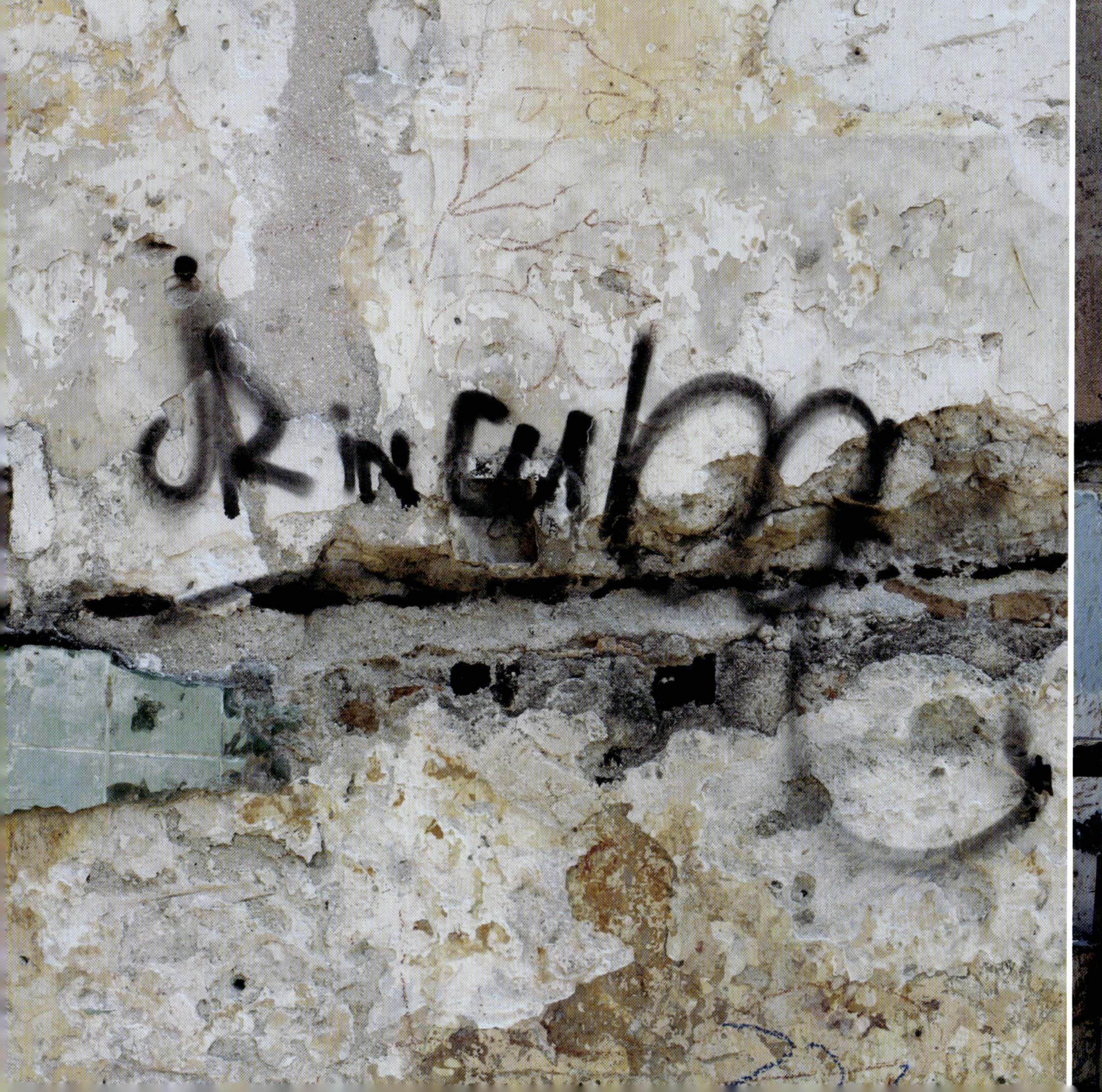

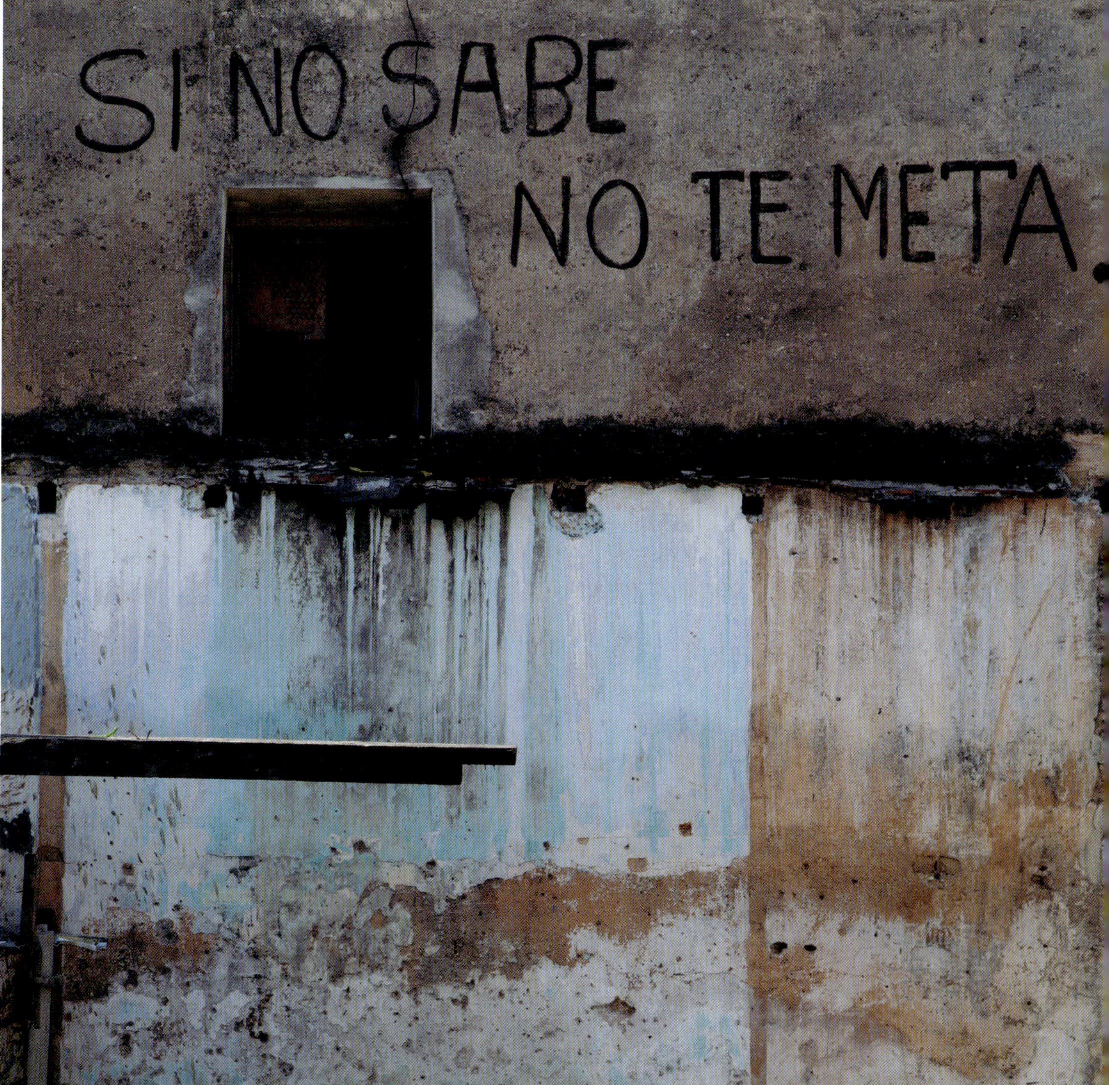
SI NO SABE
NO TE META.

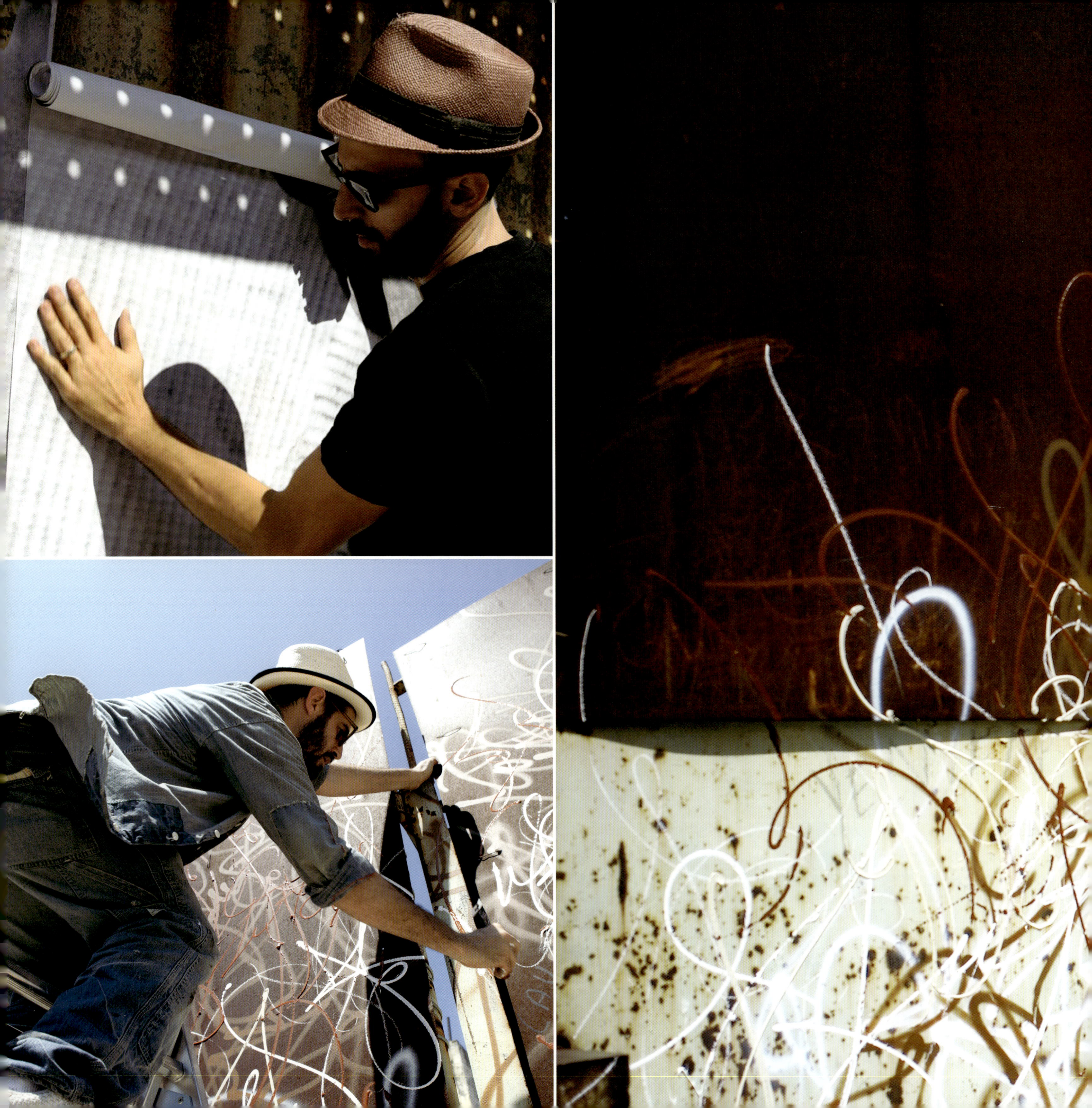

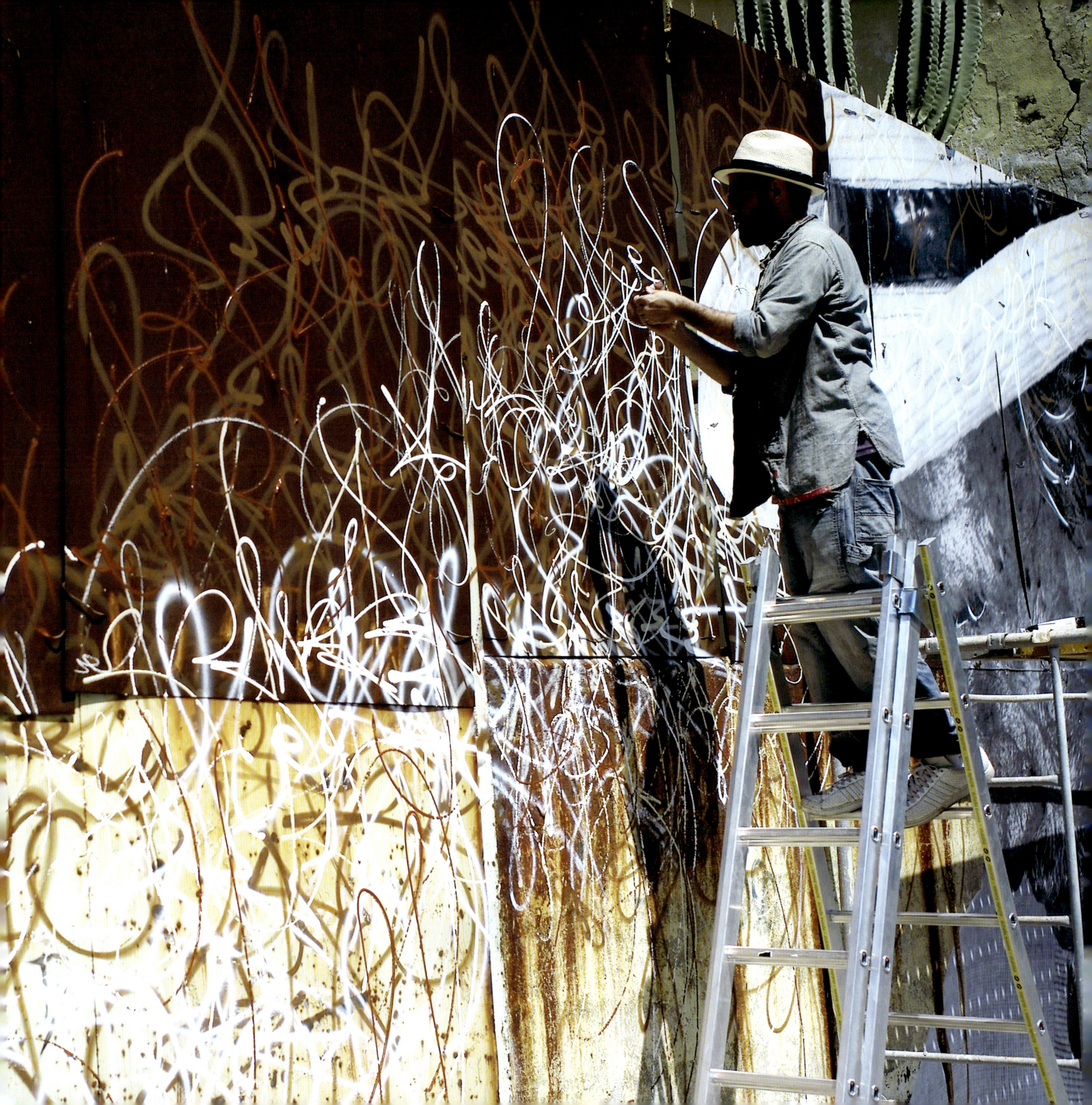

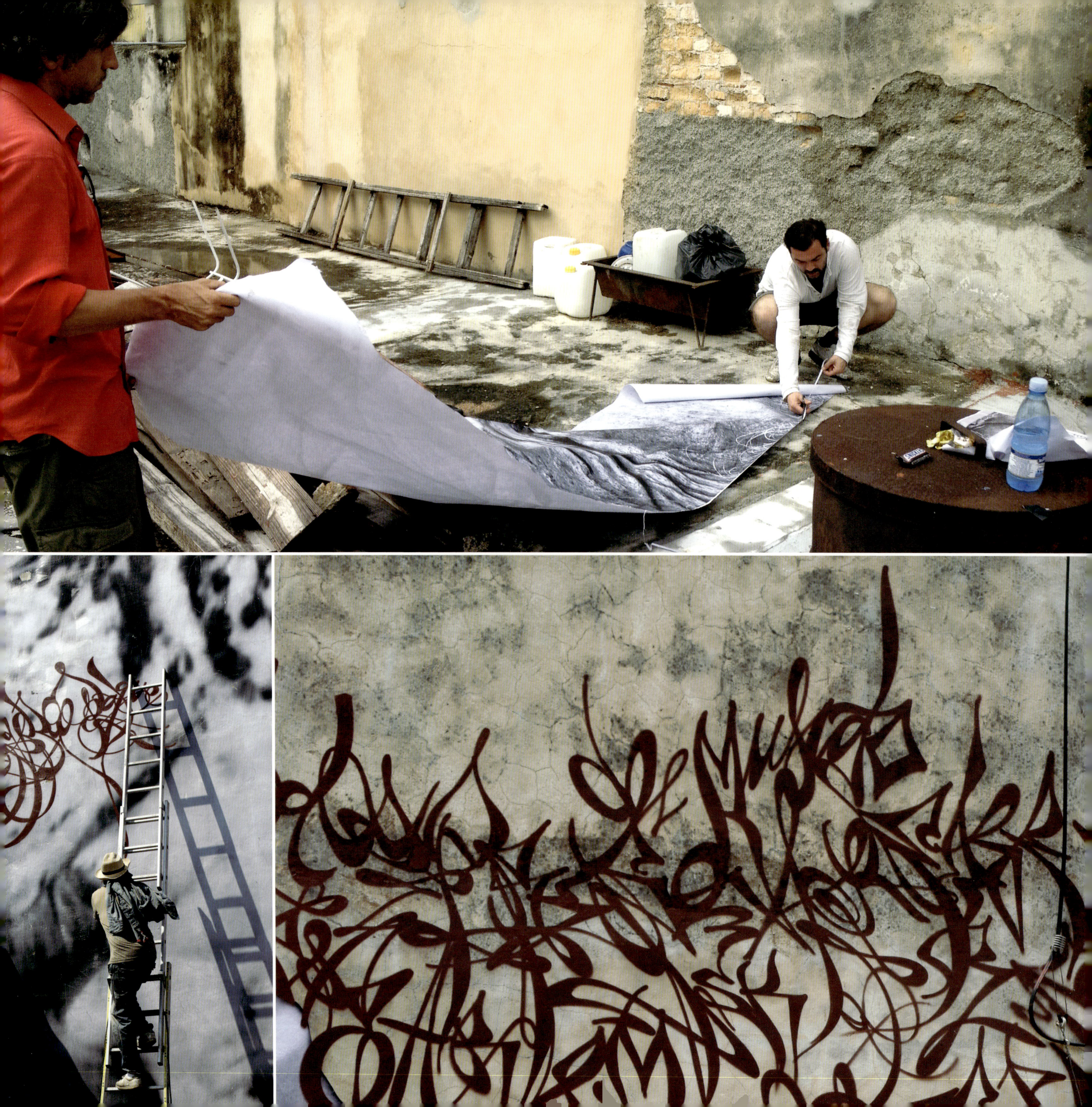

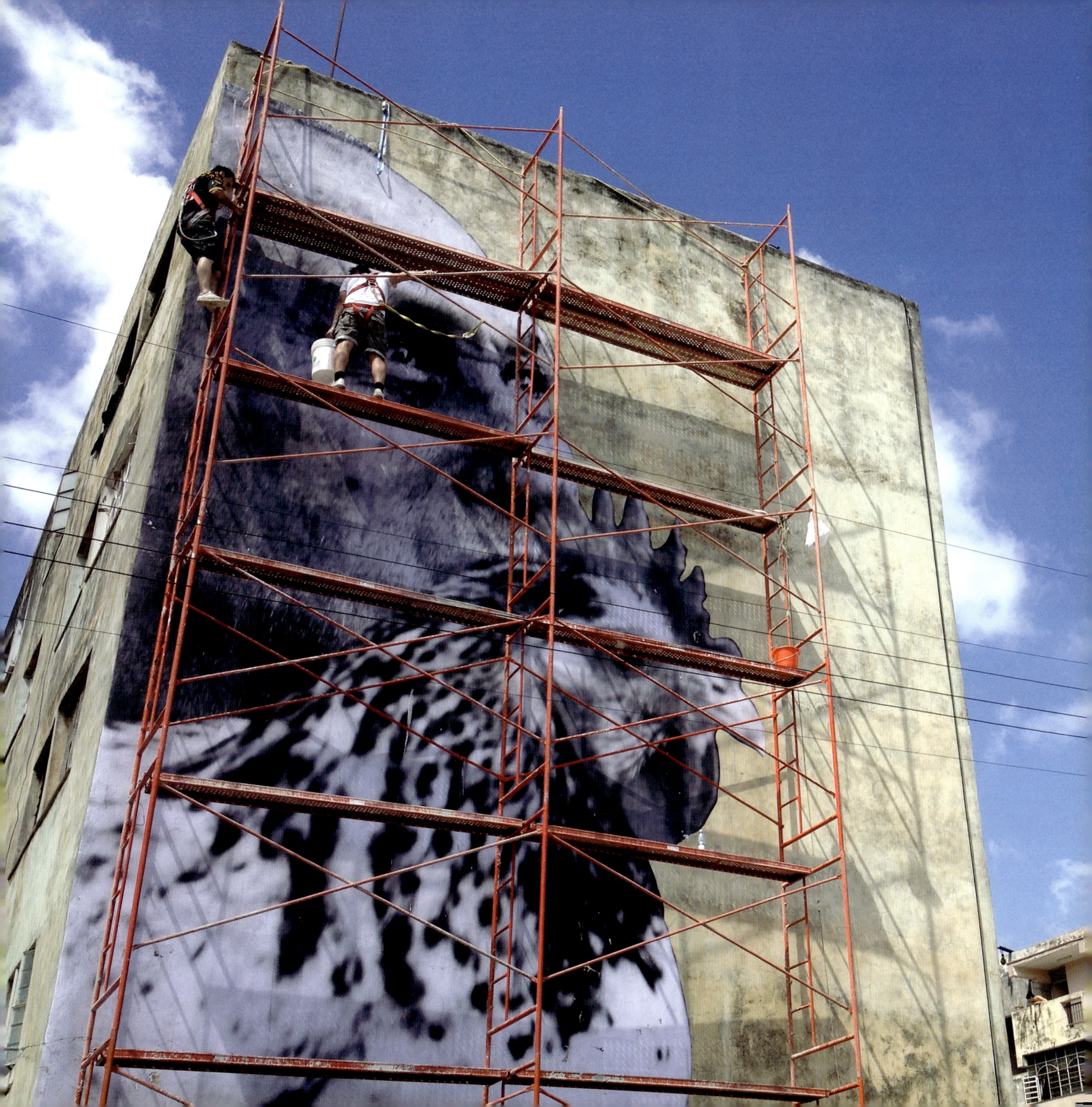

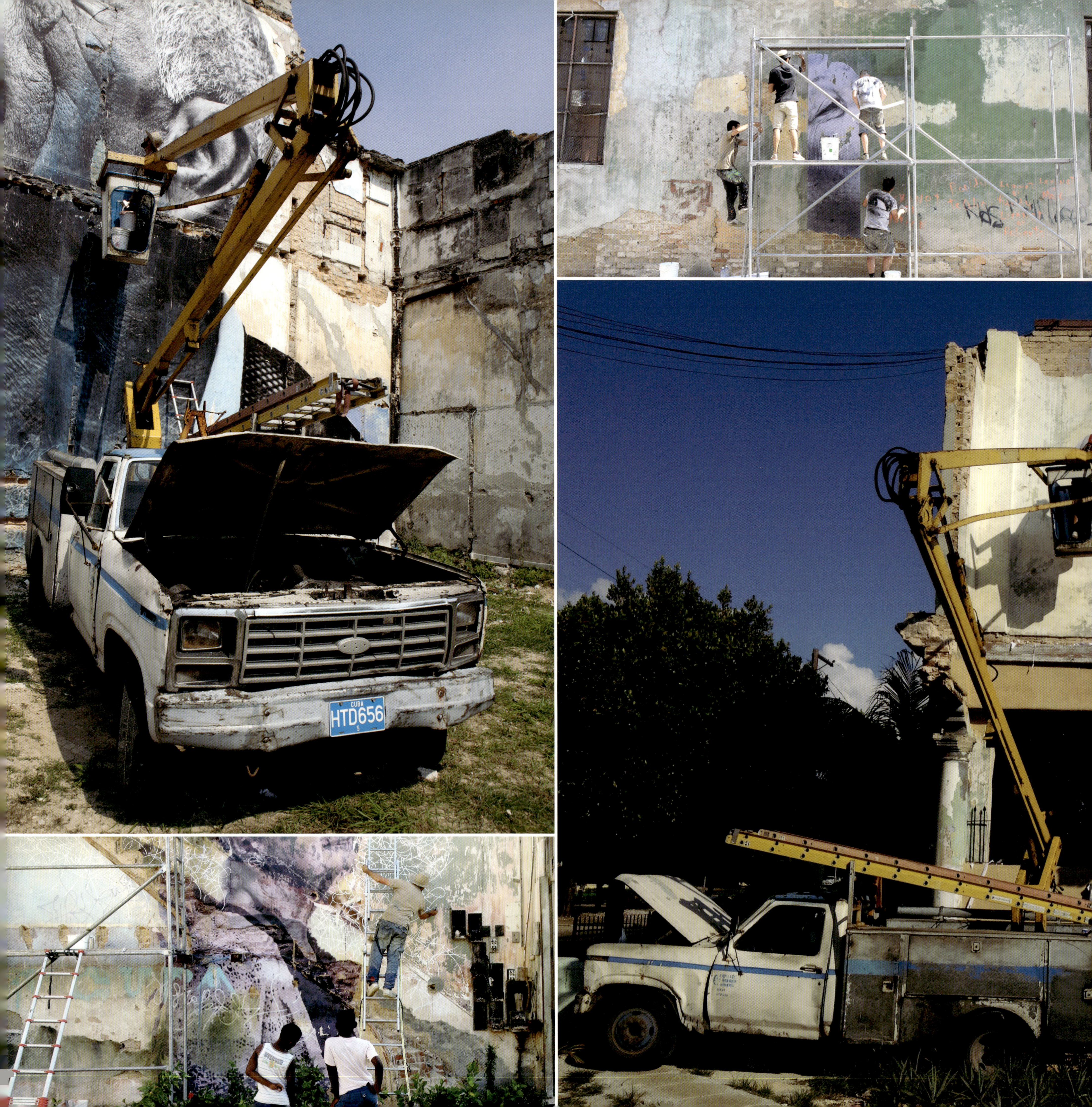
CUBA
HTD656
5

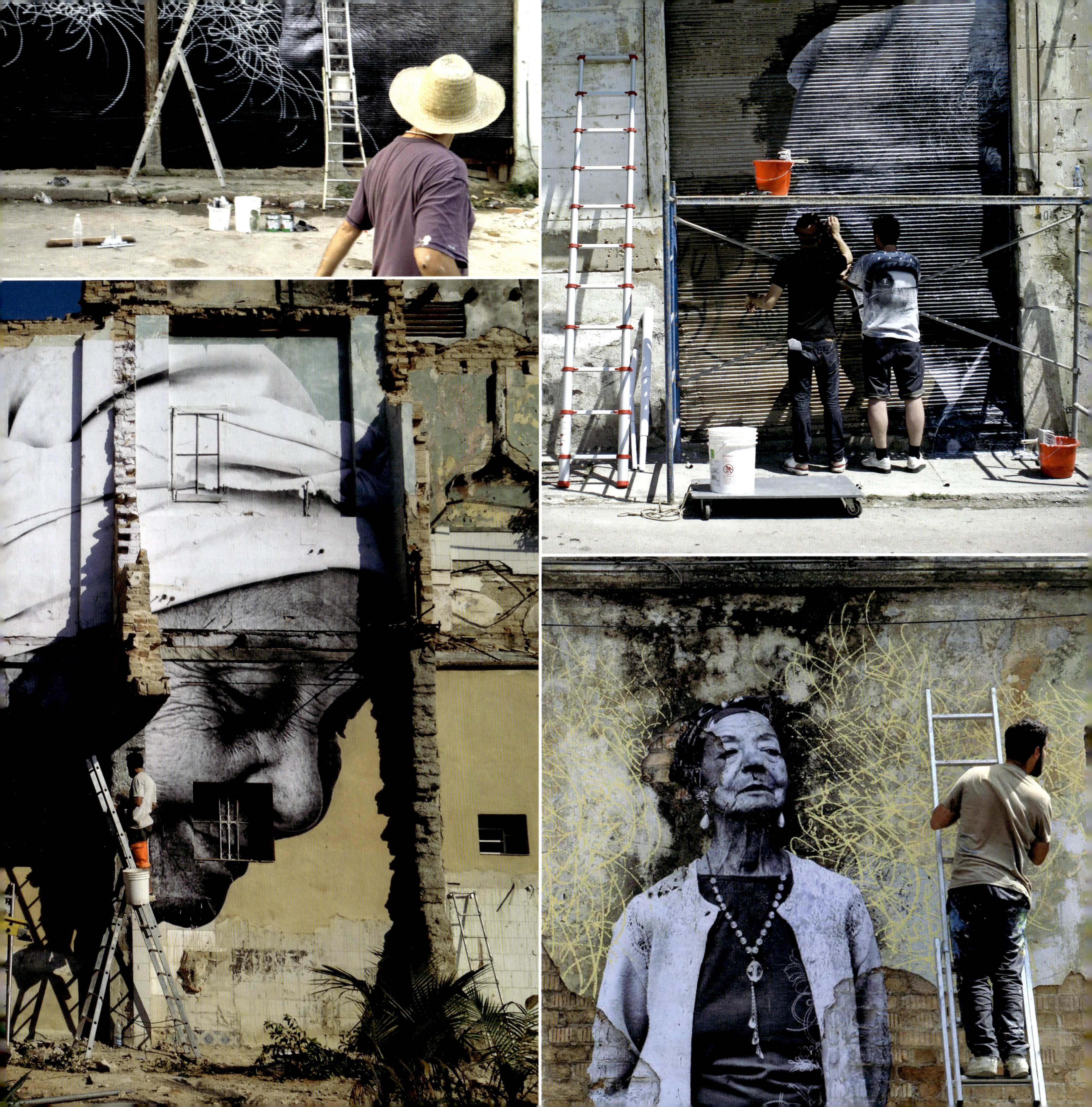

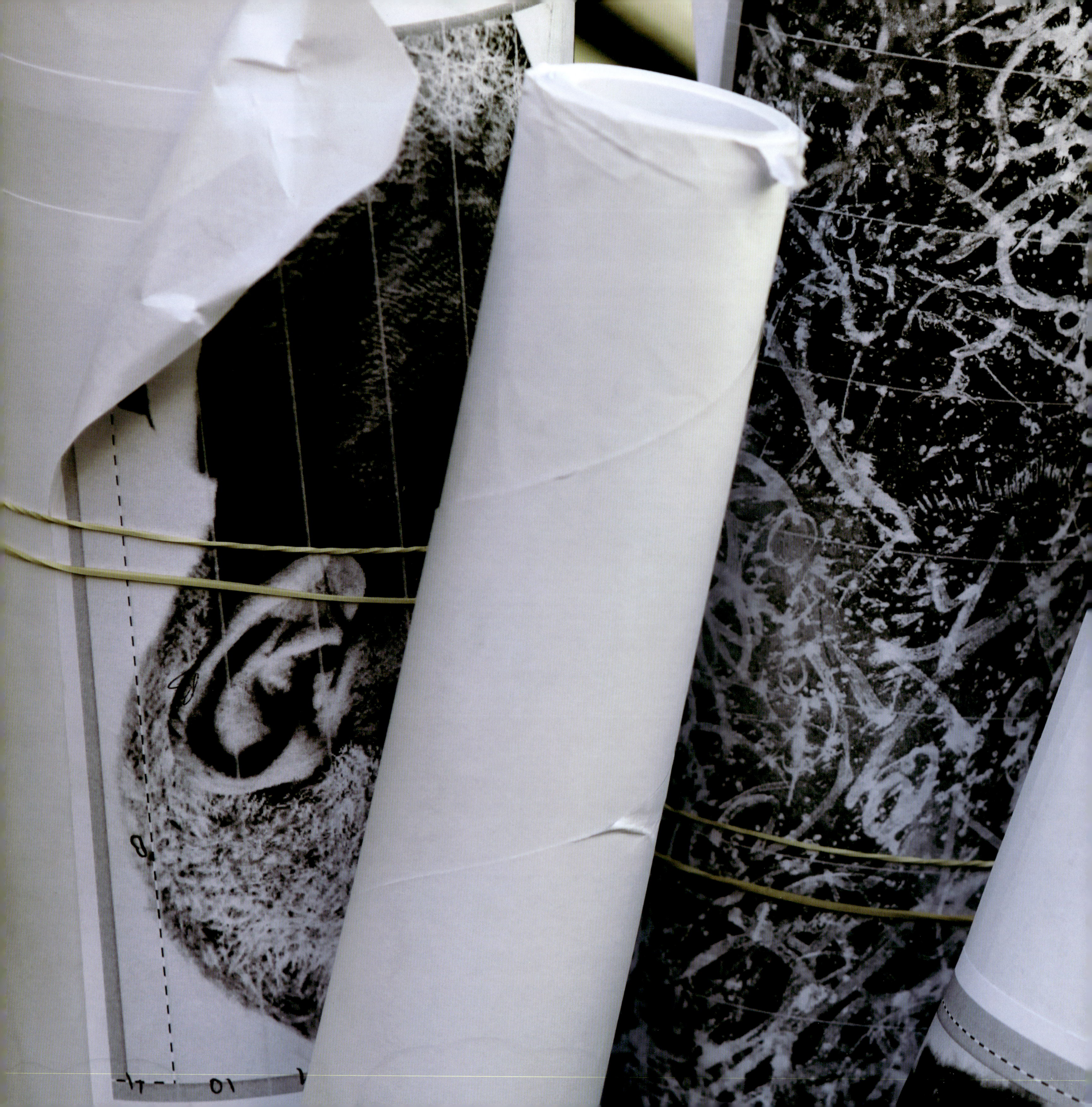

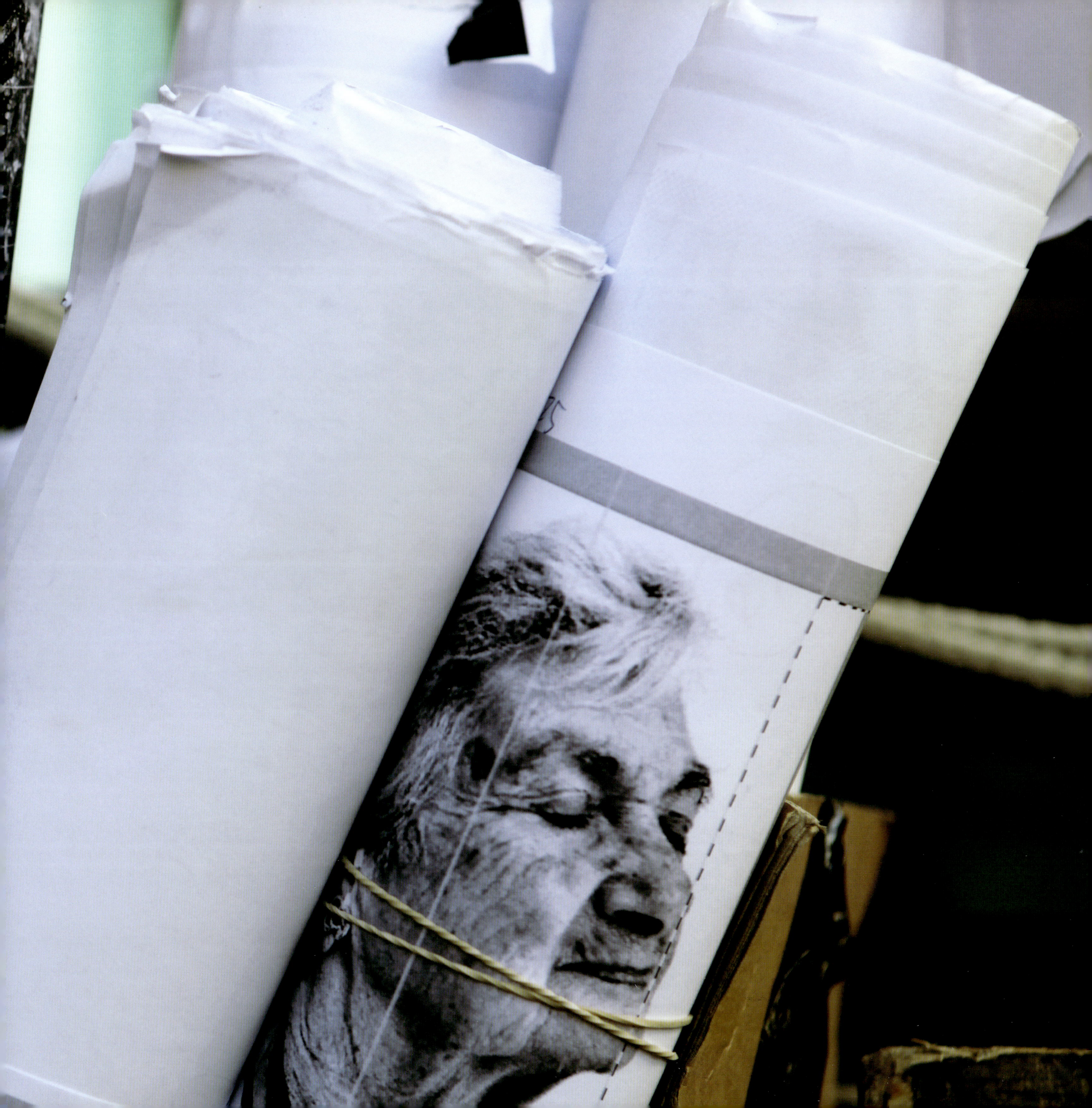

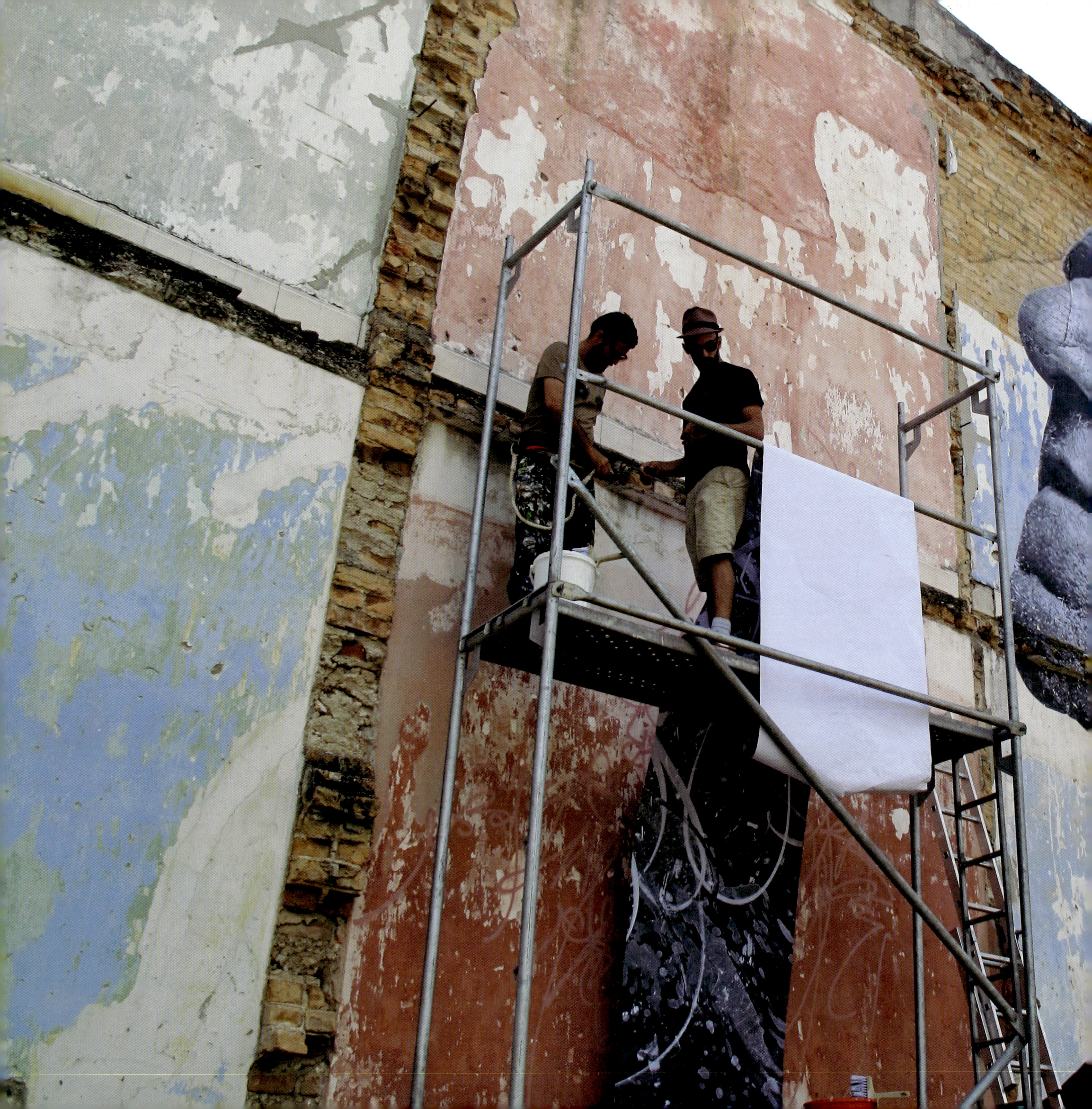

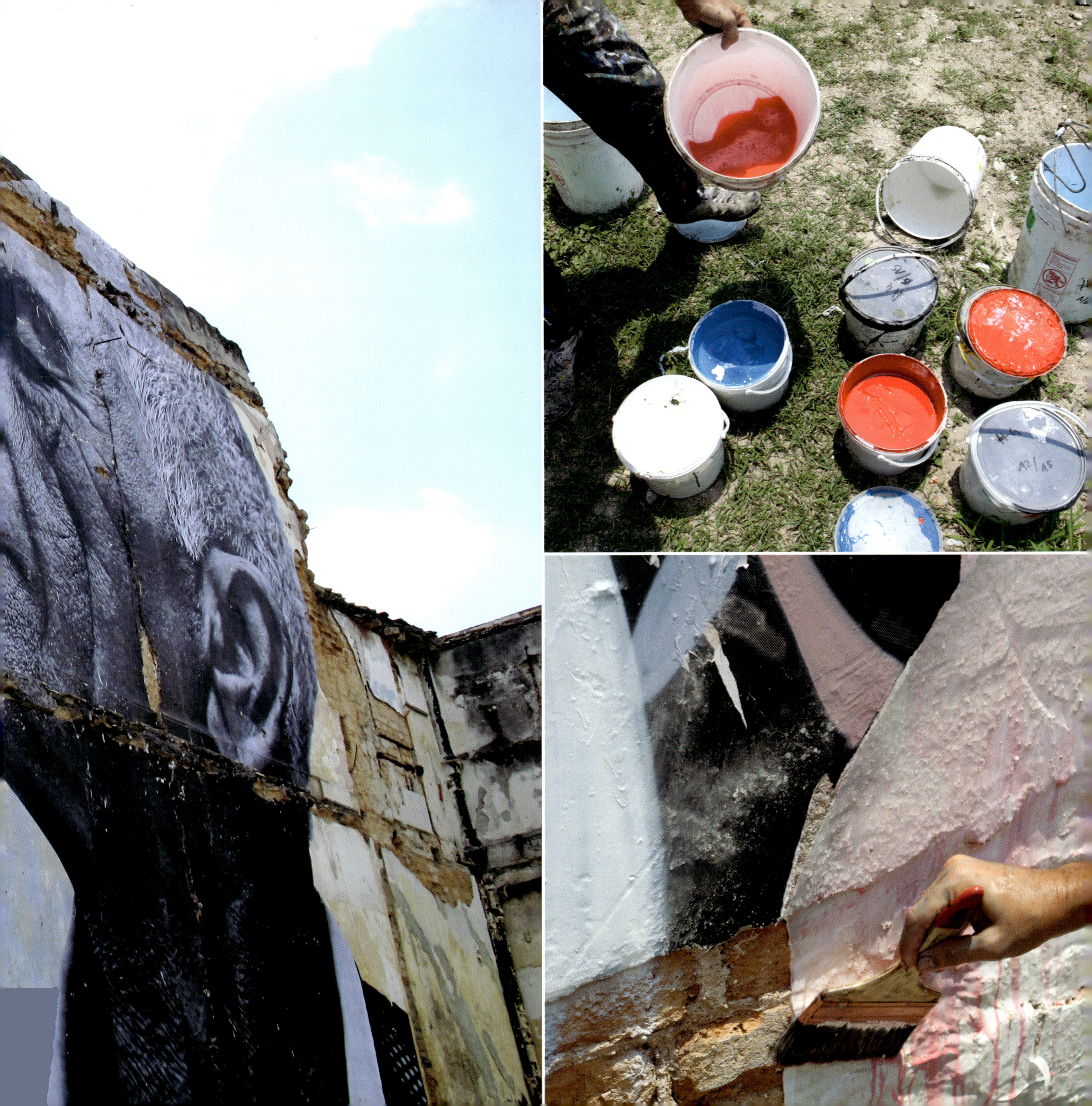

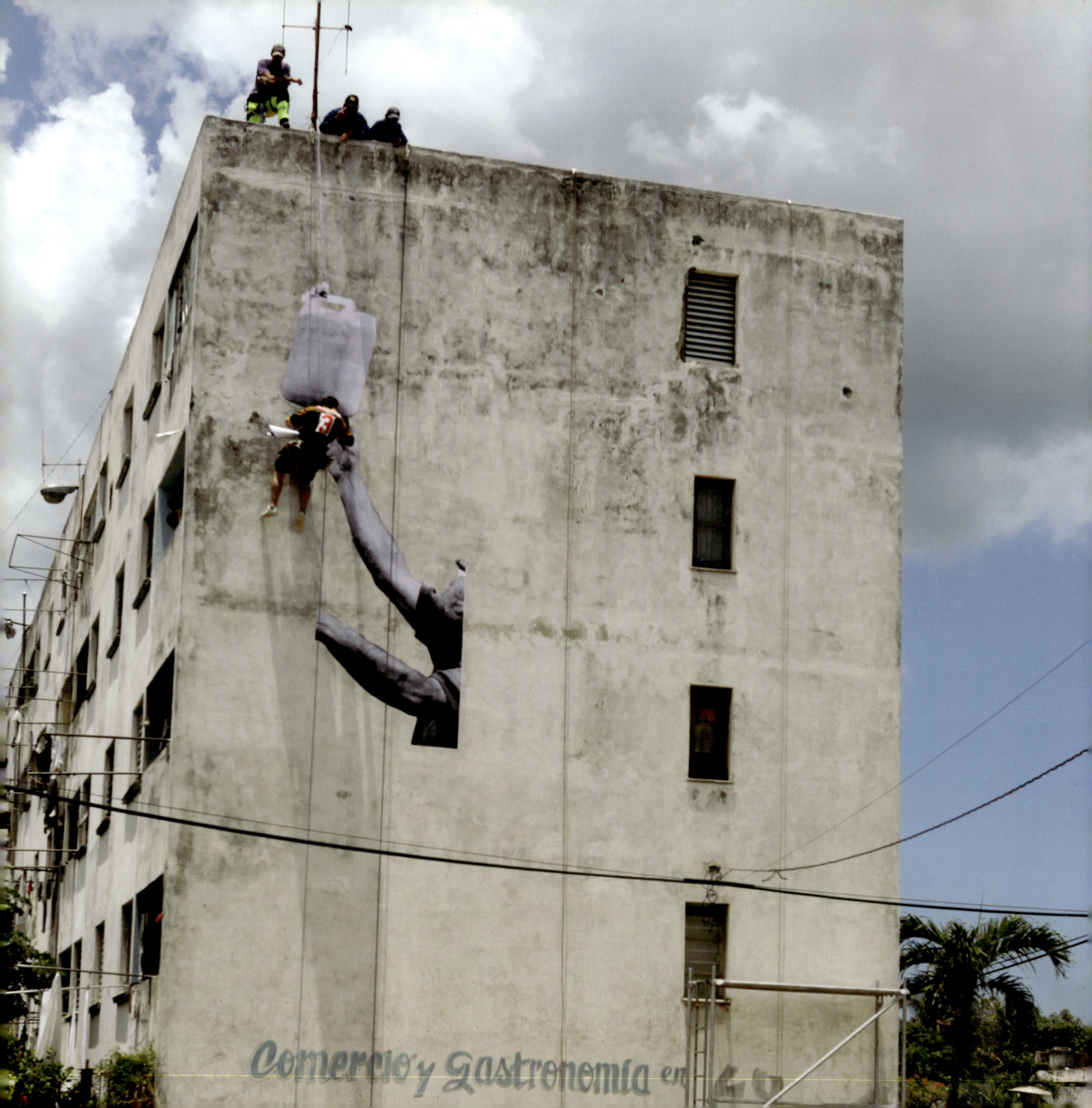
Comercio y Gastronomia en

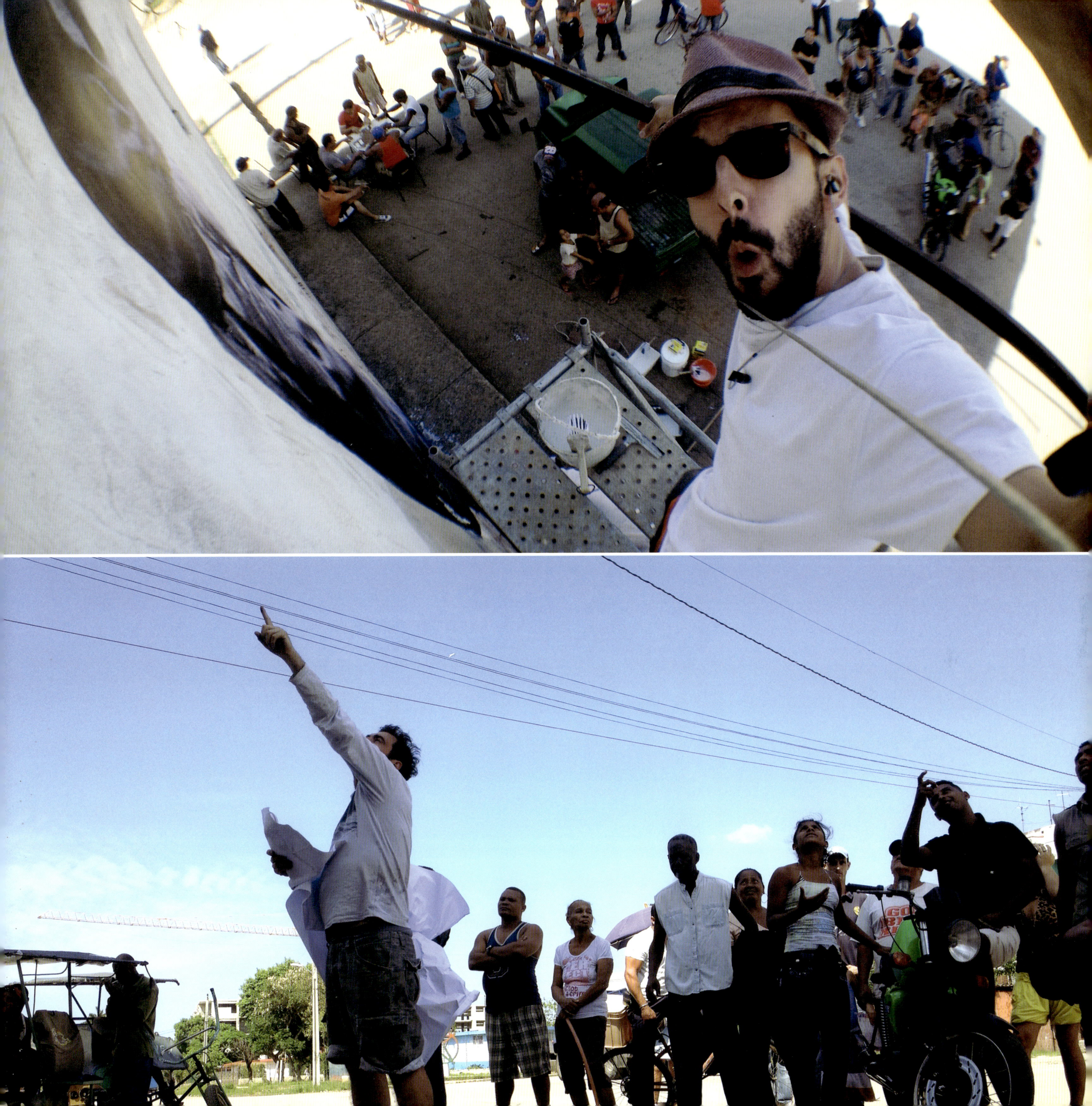

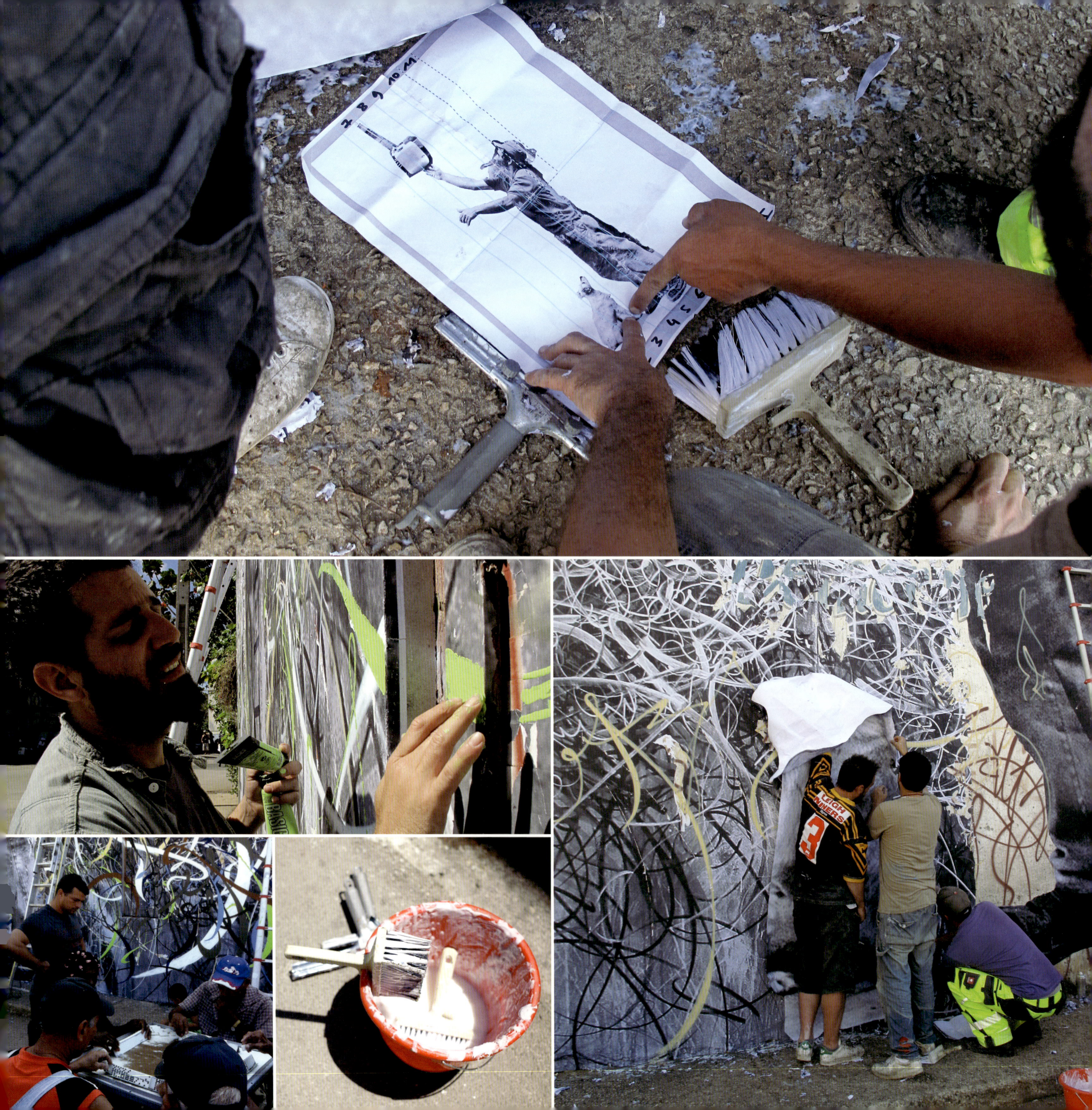

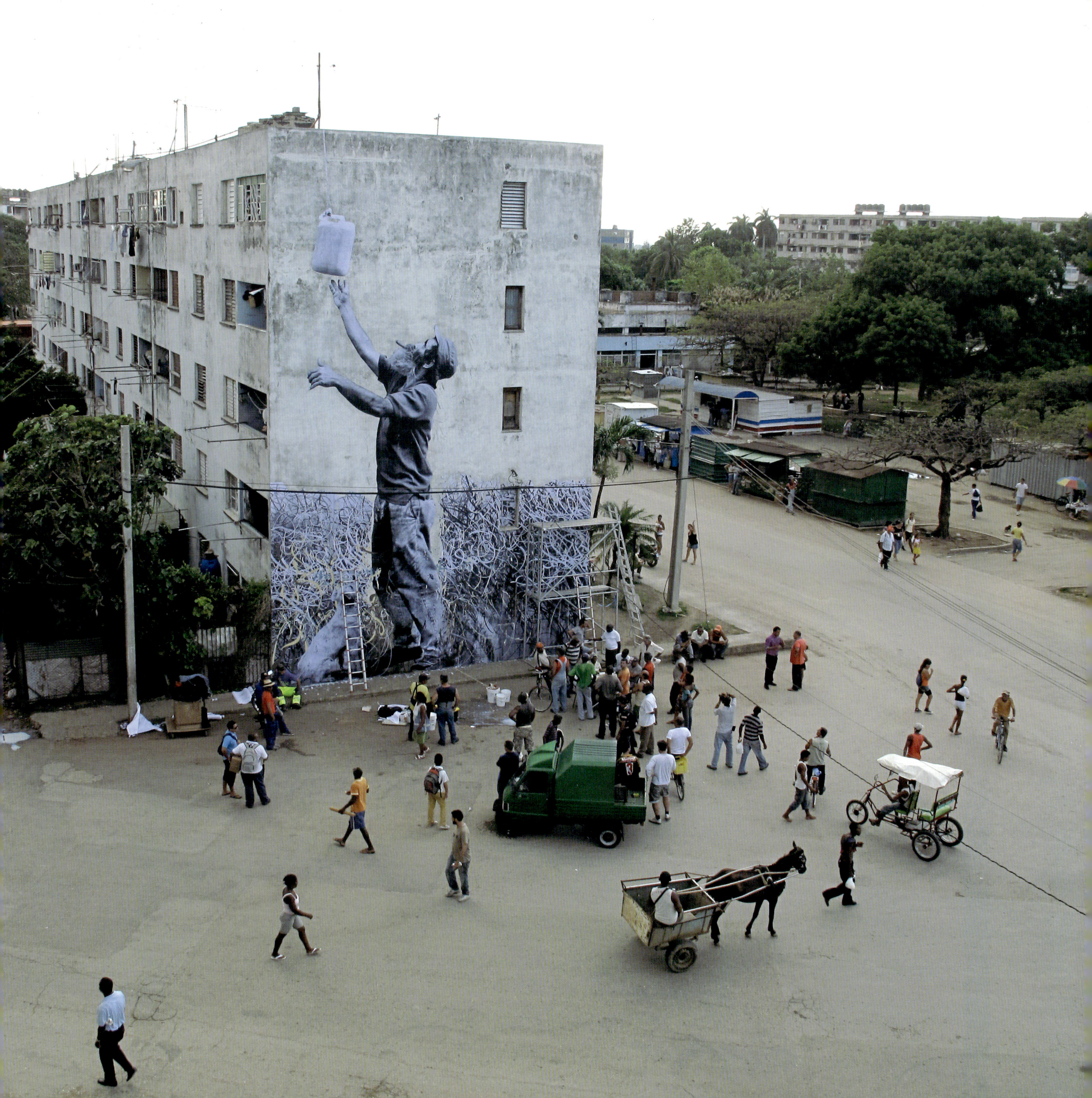

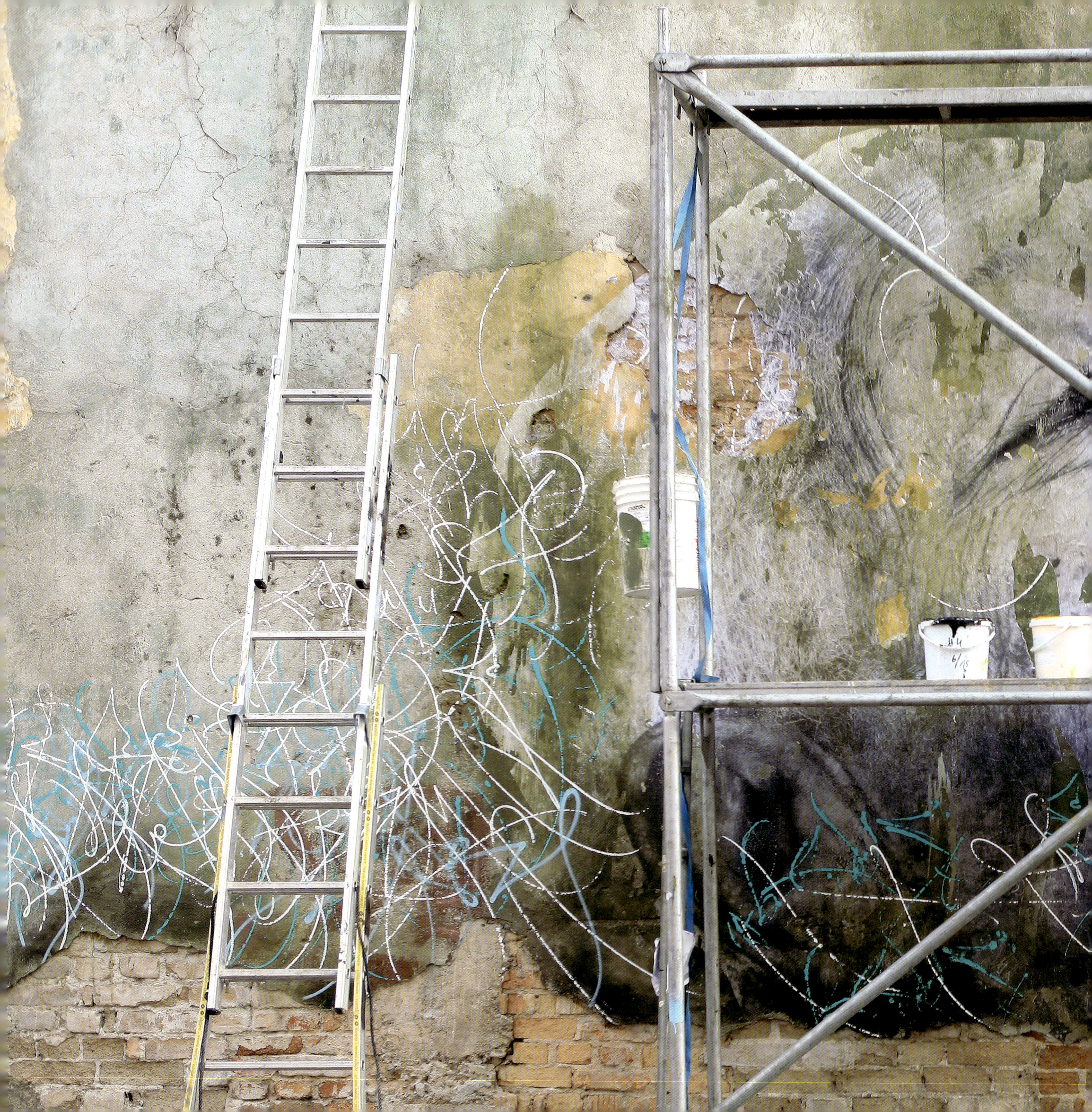

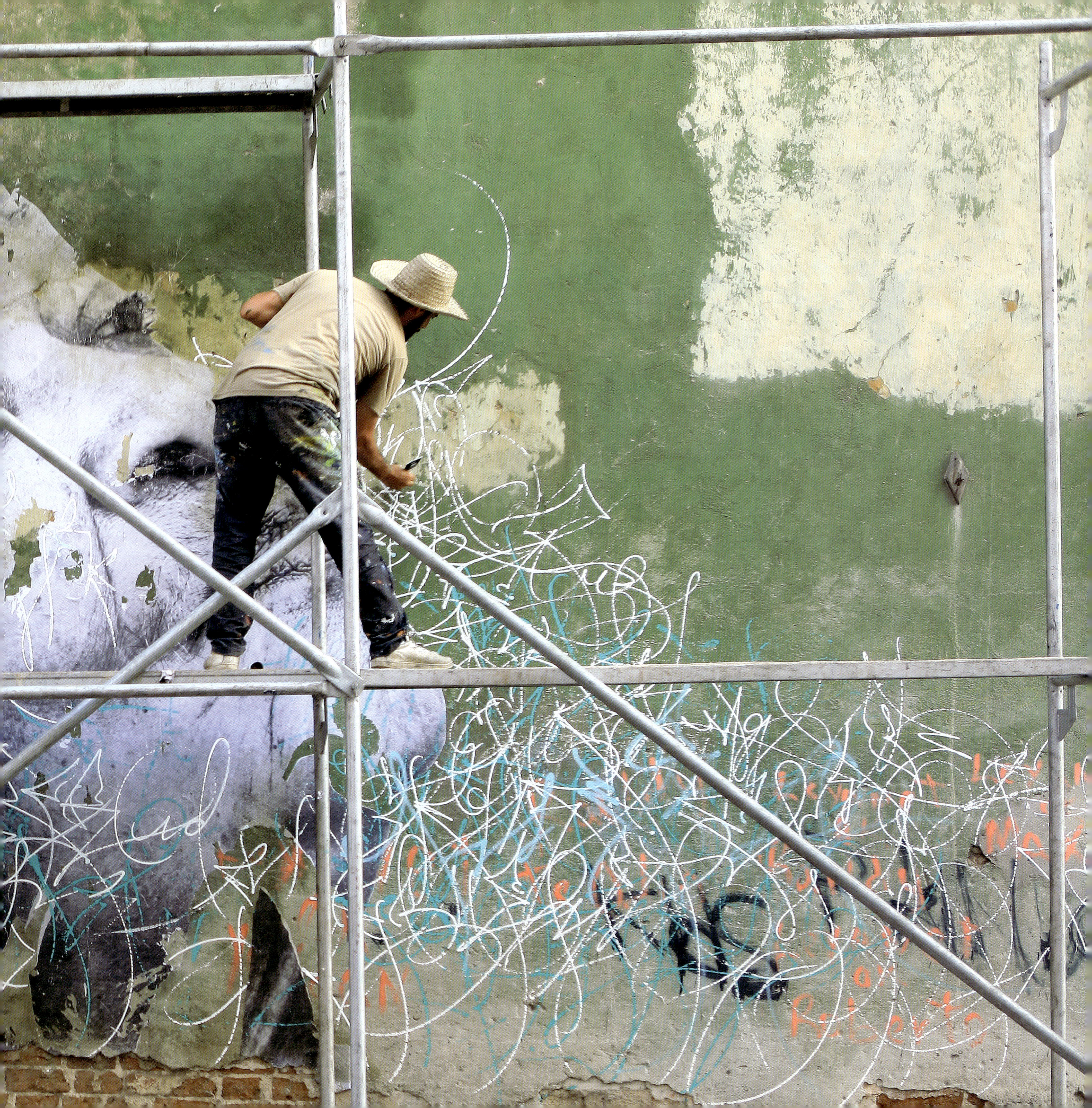

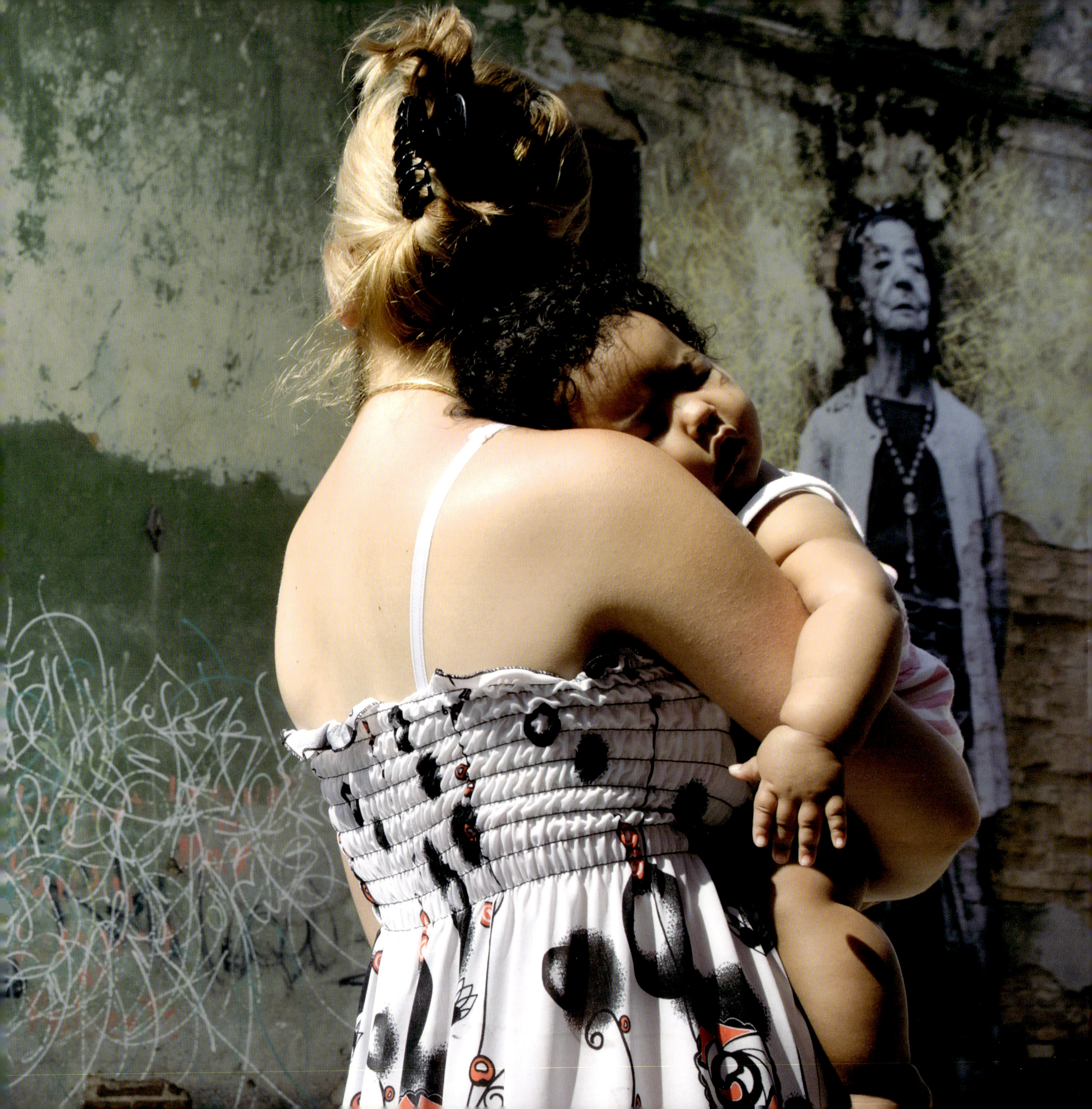

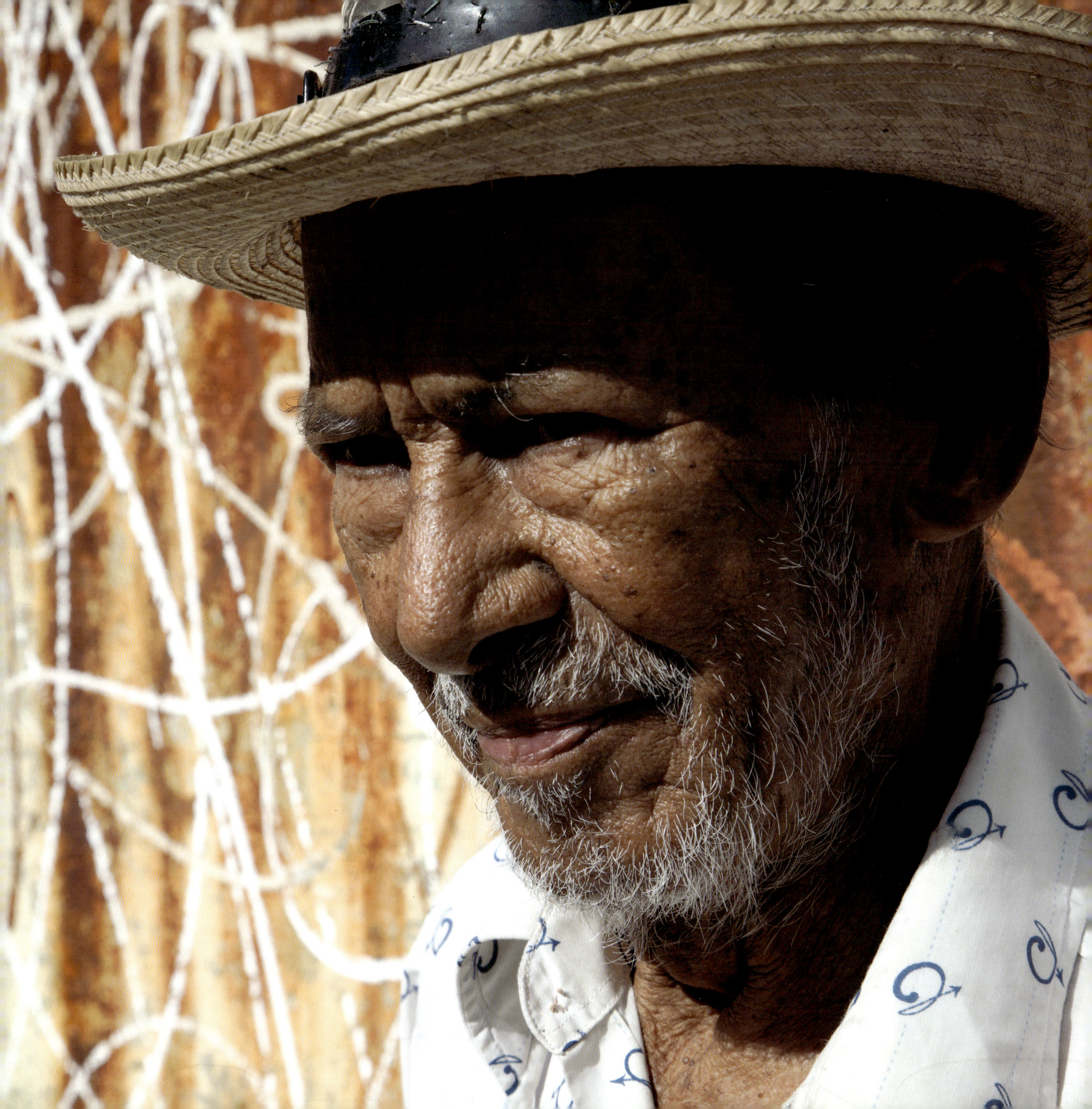

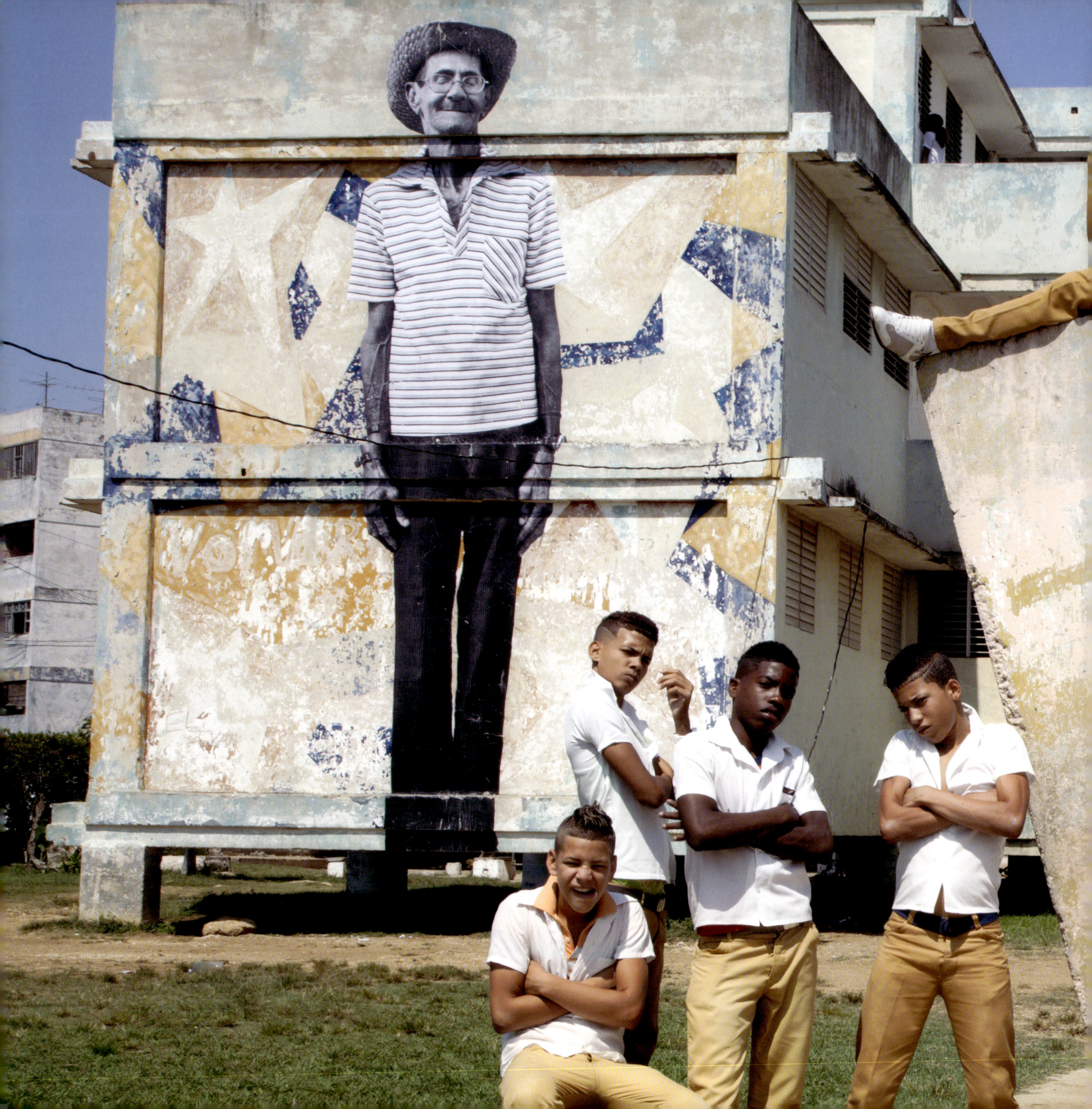

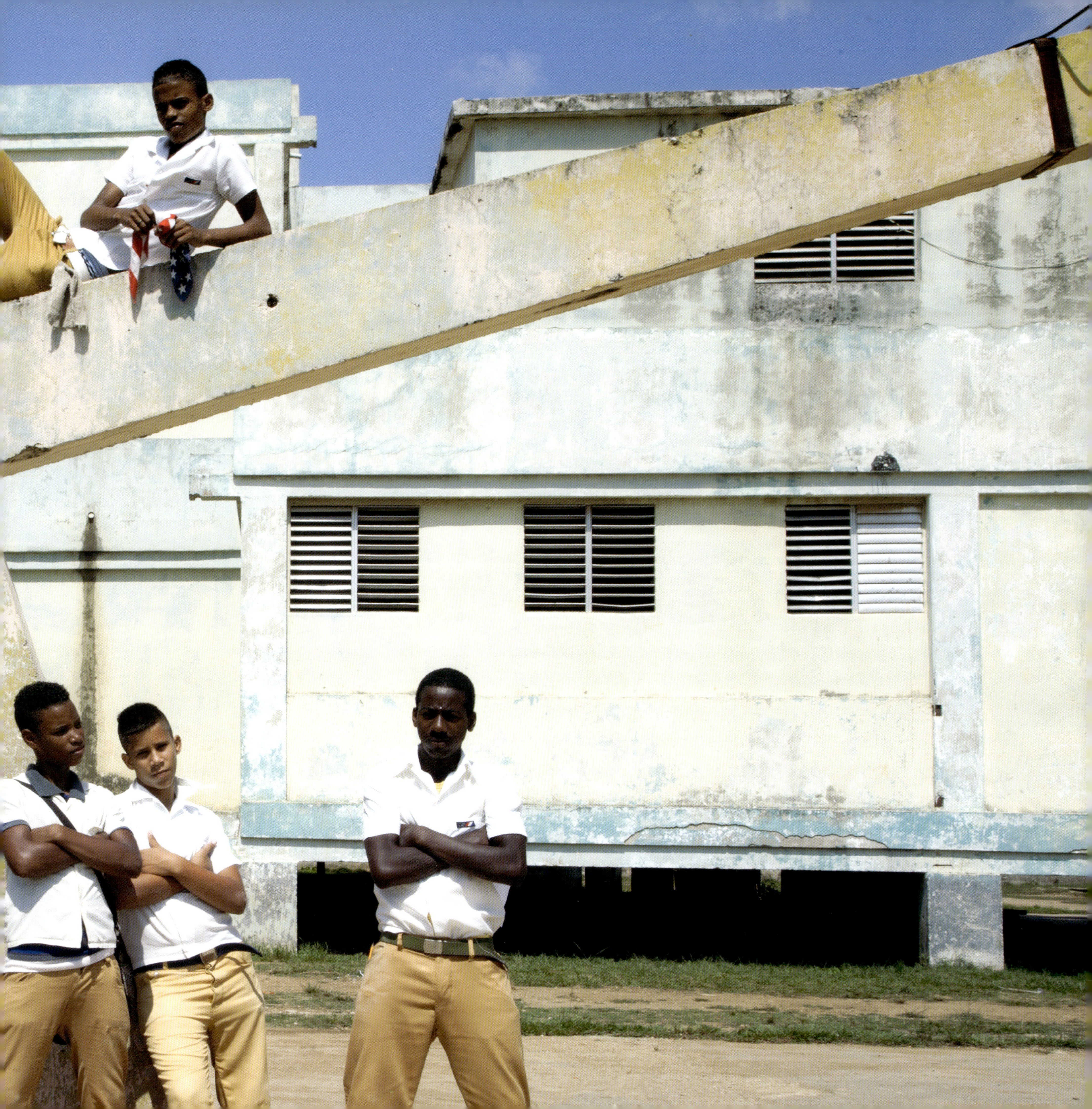

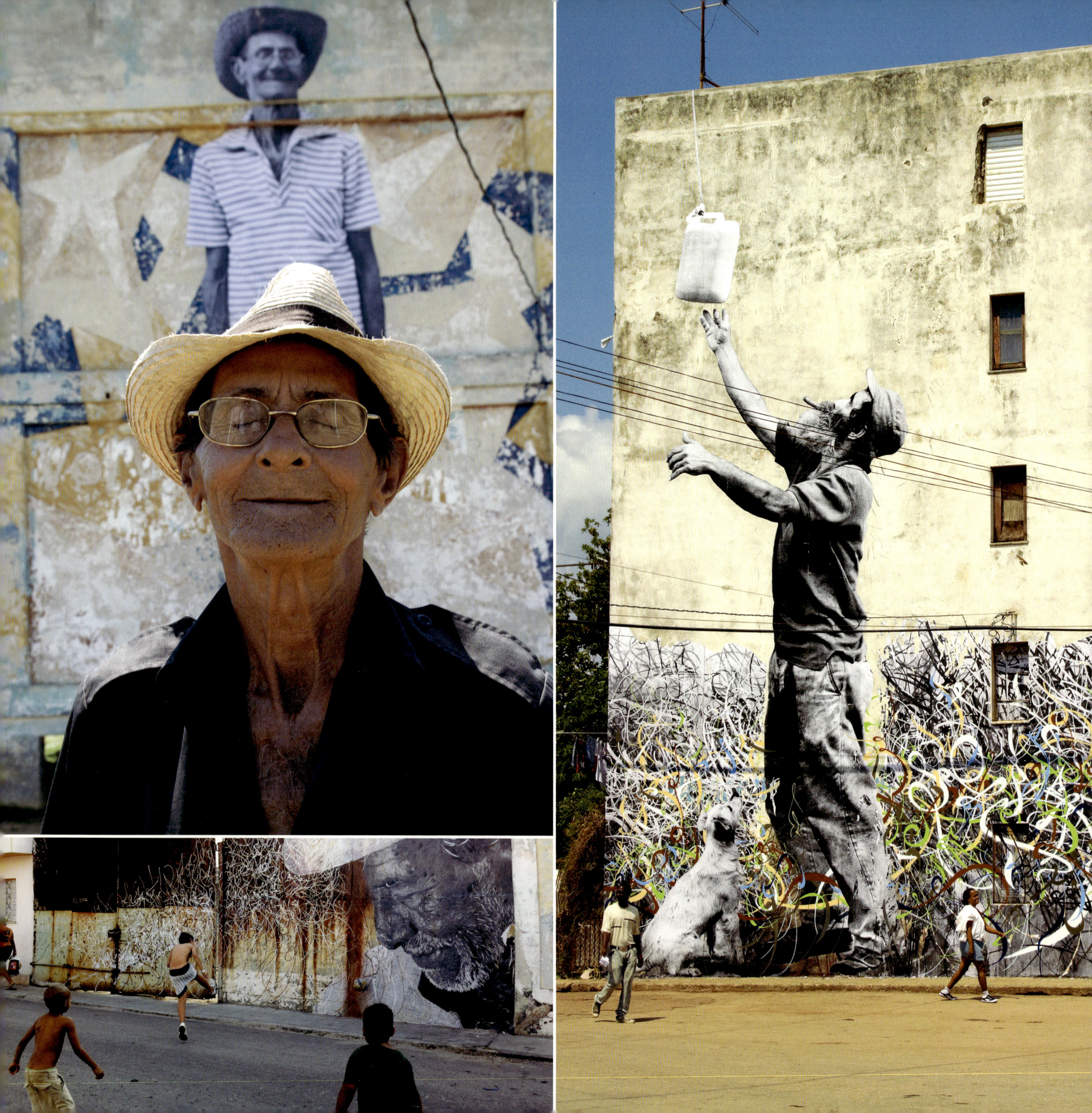

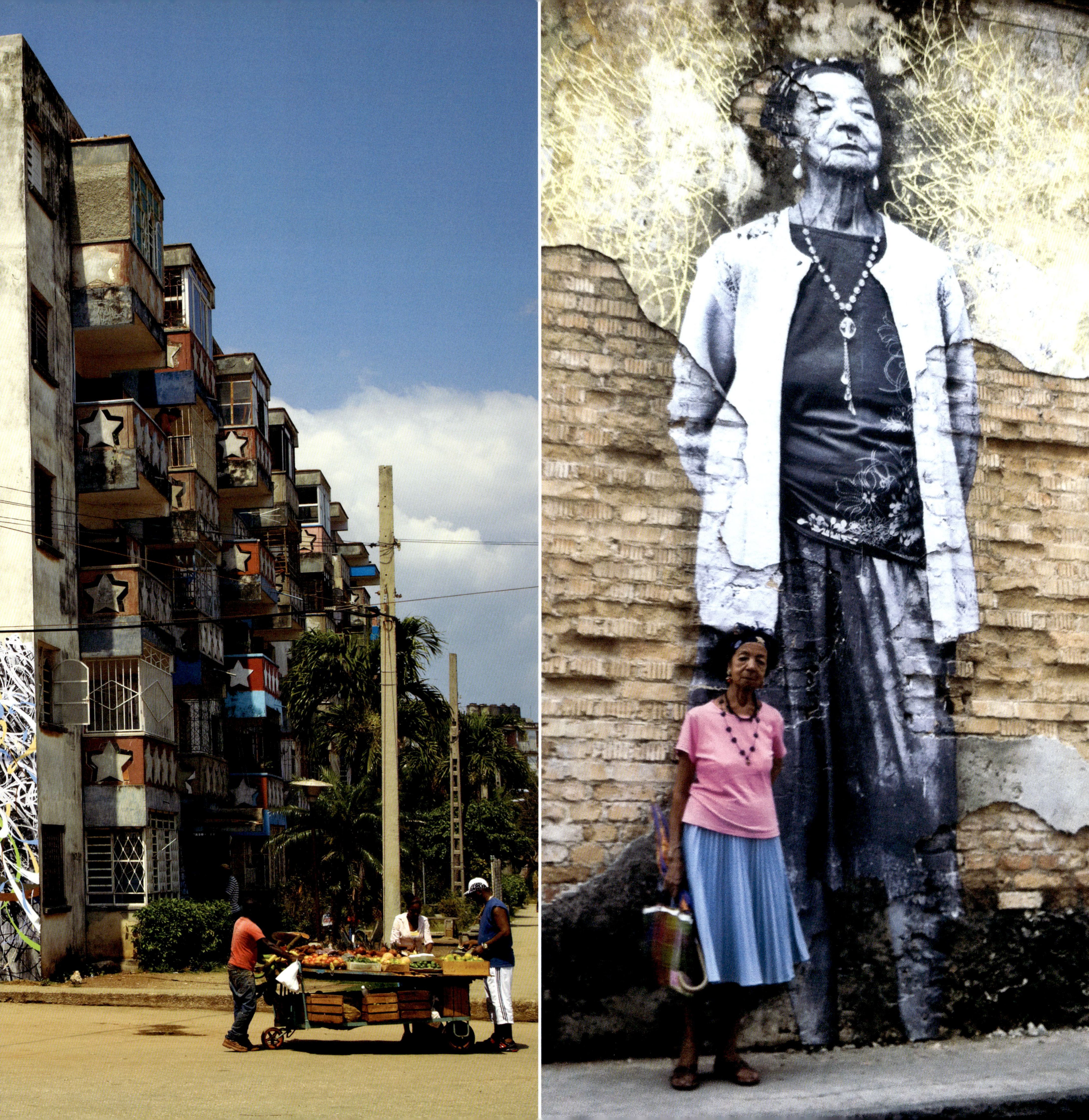

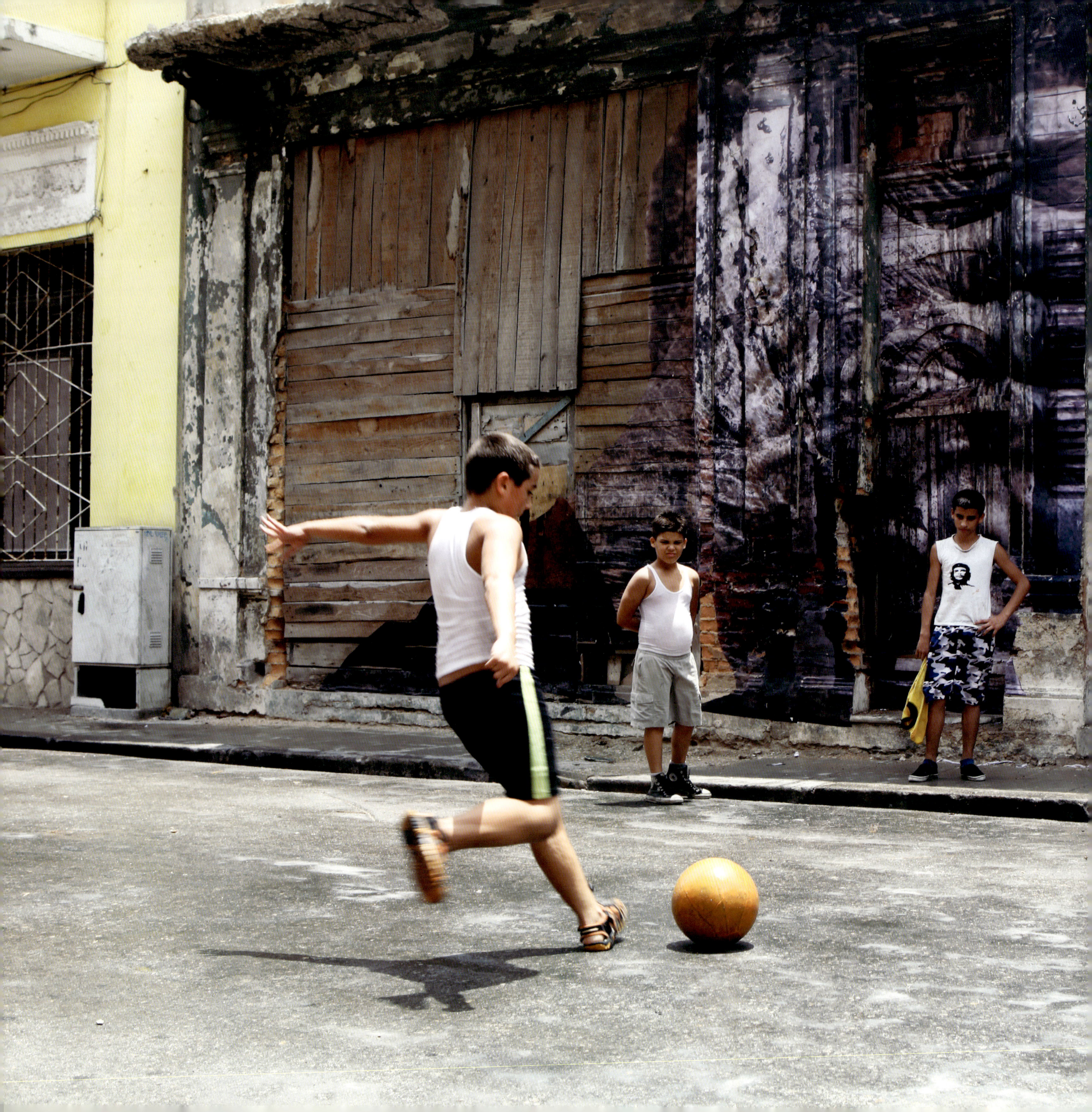

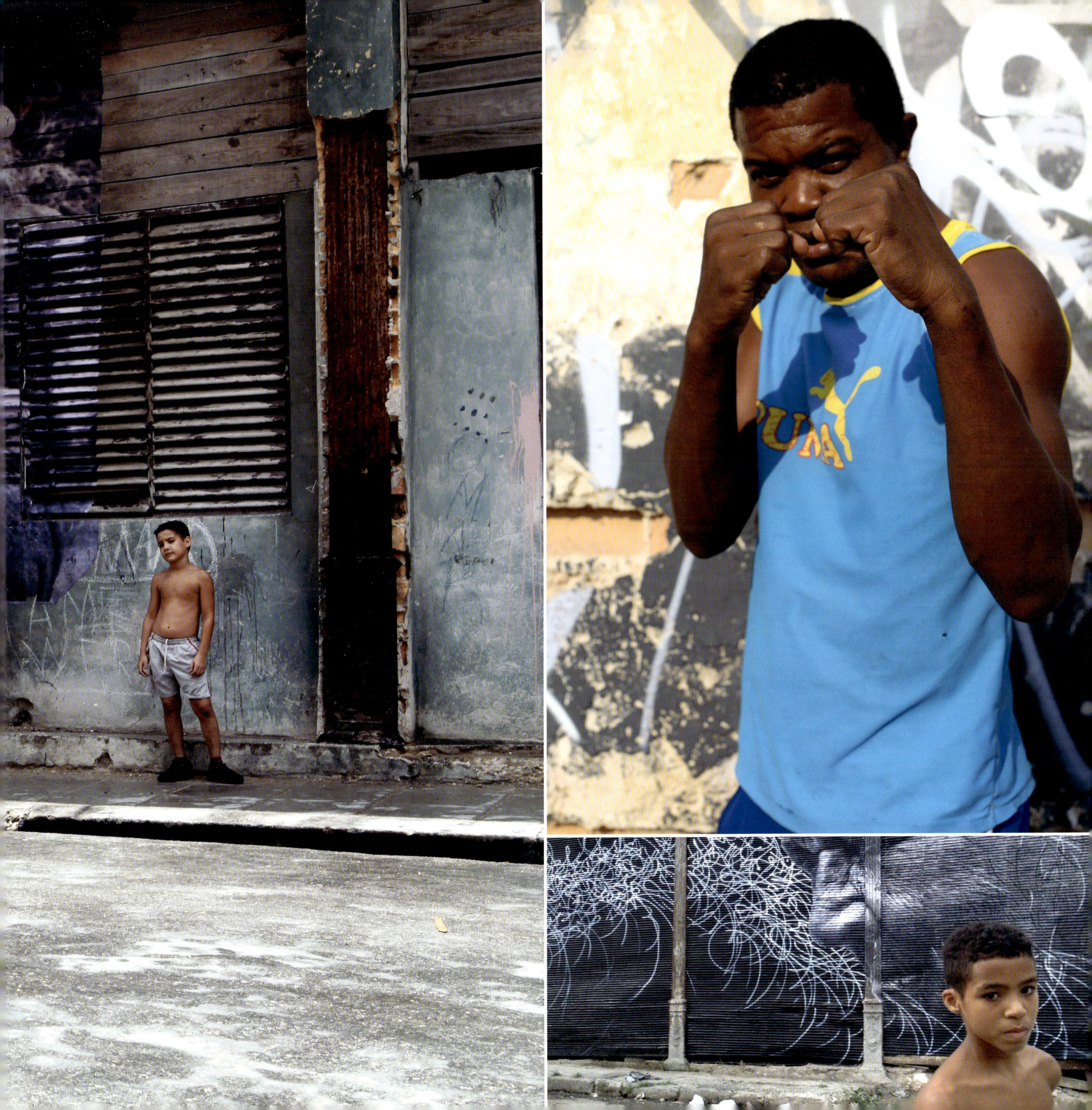
PUMA

JR - He estado haciendo retratos desde hace años: rostros de ciudadanos anónimos encolados en formatos enormes, por todo el mundo. Más que las caras en sí, más que las historias y las emociones que compartimos con los sujetos, para mí, el contexto en que tiene lugar la acción es un descubrimiento.

Llegamos a Cuba, donde no hay carteles promocionales en las calles. No hay anuncios comerciales porque Fidel los considera “alienantes” y no hay anuncios políticos porque, bueno… Entonces, en los muros, únicamente figuran los héroes nacionales: Fidel Castro, Raúl Castro, Che Guevara, ¿quién más?

Cuando a una persona mayor se le pide que pose para un retrato que posteriormente imprimimos, encolamos y pintamos en un muro, tiene que hacerse a la idea: Fidel, Raúl, Che y YO.

Y cuando se forma una muchedumbre a nuestro alrededor, todos intentan averiguar quién es el personaje que estos tipos subidos en el andamio están pegando en el muro. ¿Un político? ¿Alguien importante?

Sí, alguien importante, muy importante, igual de importante que todos los demás que se ven en los muros. Este es un proyecto artístico y la persona que se ve es alguien que ha pasado casi medio siglo de historia en La Habana. Esta persona es la memoria de Cuba, el alma de la isla, alguien que estaba allí cuando el país estaba gobernado por Batista, mucho antes de la revolución.

Claro, este concepto es bastante nuevo aquí. La gente hace preguntas, intenta comprender de dónde venimos, por qué hacemos lo que hacemos, si tenemos los permisos necesarios para encolar los muros, etc. Quieren asegurarse de que todo está bien. Cuando les mostramos que el proyecto también se ha realizado en otras ciudades (Shanghái, Los Ángeles, Cartagena) y que estamos actuando en el marco de la Bienal de Cuba, la gente comienza a sentirse más libre para pensar. Y para hablar. Como un hombre que nos dijo que quería que la escritura en los muros estuviera en español, o aquel otro que declaró: “el hombre está deteriorado y el muro también”.

Aunque lo cierto es que la conversación no siempre se basa en palabras. En Cuba, la gente parece haber desarrollado una avanzada habilidad para la comunicación no verbal. A veces, alguien se nos acercaba para decir “gracias” pero esa palabra contenía mucho más que la satisfacción de ver el muro decorado. Ese es el tipo de mensaje que no podemos interpretar plenamente y que no puede leerse en una foto o en una película.

En algún momento, se me ocurrió una cosa. Estaba haciendo lo que estas personas no podían hacer. ¿Estarían celosos? ¿Nos envidiarían por ello? No, tras comprender que contábamos con autorización, consideraron que nuestra libertad era también suya. Cuando llevas un cubo de cola y una escalera, no te paras a pensar en qué momento de la historia de ese país estás, o qué impacto tendrá tu proyecto. Cuando regresas a casa, tienes la sensación de que posiblemente te encontrabas en una encrucijada, o en un umbral, y que quizás hayas sido testigo de un momento decisivo antes de ocurrir algo.

Para mí, como imagino que para todos los artistas, la colaboración requiere esfuerzo. El arte siempre se basa en una libertad indivisa y es preciso confiar en el otro artista y confiar en uno mismo para embarcarse en un proyecto conjunto. Se trata de compartir una visión, una forma de comunicarse con las personas, de confrontar problemas y escuchar señales, y va mucho más allá de compartir la creación de una obra de arte. Aporta color y profundidad a la obra final.

CLOCKWISE FROM TOP LEFT- LOS SURCOS DE LA CIUDAD, JOSE MARTINEZ ROCA, CARTAGENA, ESPAGNE, 2008. THE WRINKLES OF THE CITY, LOS ANGELES, WEST HOLLYWOOD, USA, 2011. JR X VHILS, DONA BENEDITA, LOS ANGELES, 2010. THE WRINKLES OF THE CITY, SHANGHAI, SHI LI, WORK IN PROGRESS, 2010. THE WRINKLES OF THE CITY, SHANGHAI, INSTALLATION OF BOXES, 2010. THE WRINKLES OF THE CITY, LOS ANGELES, ROBERT UPSIDE DOWN, DOWNTOWN, USA, 2011.

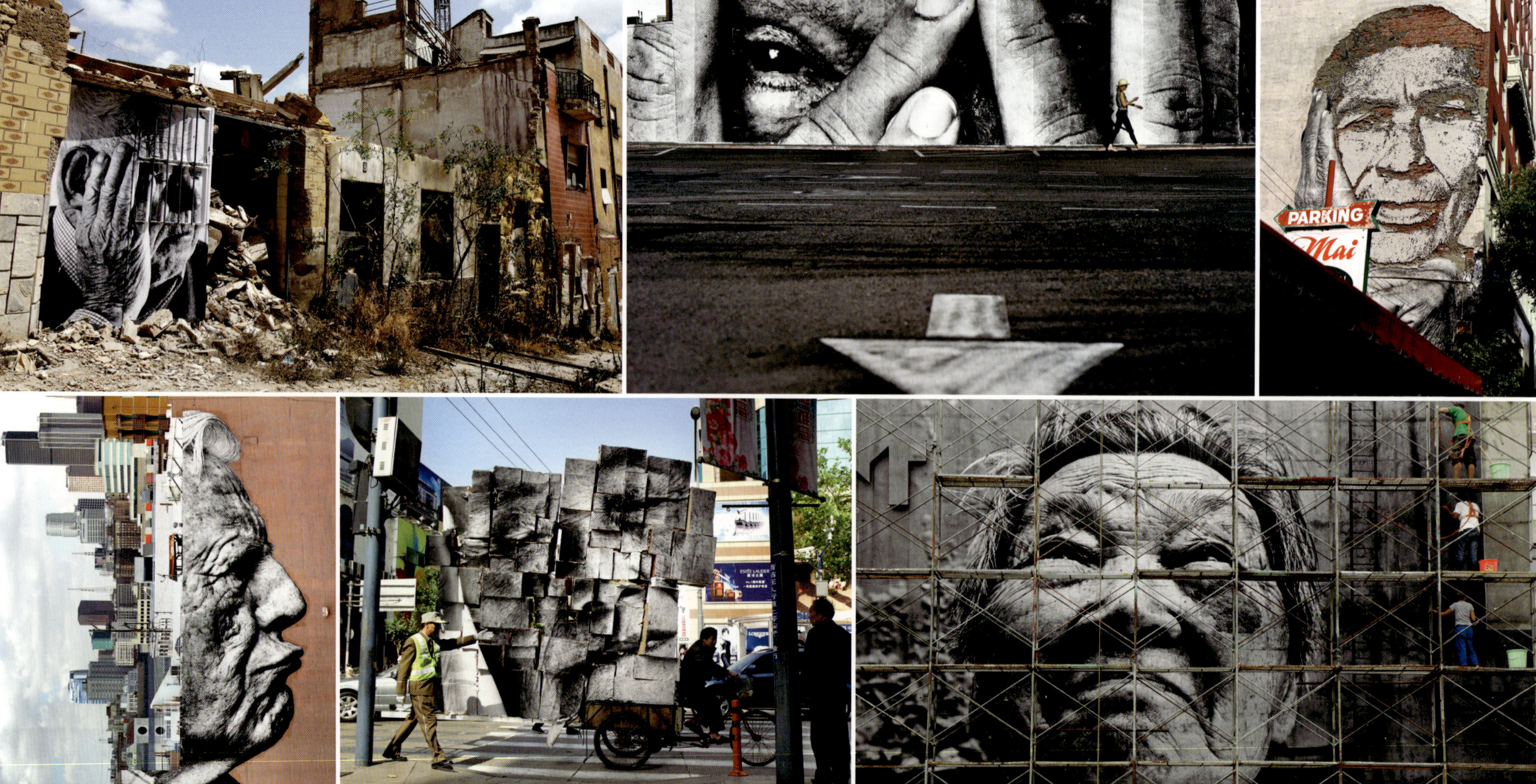

JR - I have been doing portraits for years: faces of anonymous citizens posted in huge formats, everywhere in the world. More than the faces themselves, more than the stories and the emotions we share with the subjects, the context in which the action takes place is, for me, a discovery.

We arrived in Cuba where there are no promotional signs in the street. No commercial advertising because Fidel considers it "alienating", and no political advertising because, well… So, on the wall, you only have the nation's heroes: Fidel Castro, Raúl Castro, Che Guevara, who else?

When an elderly person is asked to pose for a portrait that we then print, paste and paint on a wall, he or she has to get used to the idea: Fidel, Raúl, Che and ME.

And when a crowd gathers around us, they all try to guess who the character is that these guys on the scaffolding are putting on the wall. A politician? Someone important?

Yes, someone important, very important, as important as everyone else there. This is an art project and the person that you see is someone who has crossed almost a century of history in Habana. This person is the memory of Cuba, the soul of the island, someone who was around when the country was ruled by Batista, long before the revolution.

Of course, this is quite new here. People ask questions, they try to understand where we come from, why we do what we do, if we are allowed to paste on the walls, etc. They want to make sure that it is okay. As we show them that the project has also been done in other cities (Shanghai, Los Angeles, Cartagena) and that we are acting with the Biennial of Cuba, people start to feel free to think. And to talk. Like one man who wanted the writing on the walls to be in Spanish, or another who declared "the man is in bad shape and so is the wall".

Actually, the discussion doesn't always rely on words. In Cuba, people seem to have developed advanced non-verbal communication skills. Sometimes, a person would approach us to say "thank you", but there was much more in these two words than the satisfaction of seeing the wall decorated. That's the kind of message that we cannot fully interpret and that does not read in a photo or on film.

At some point, an idea crossed my mind. I was doing what these people could not do. Would they be jealous? Would they envy us for that? No, after they realized that we were "cleared", they considered that our freedom was also theirs. When you carry your bucket of glue and your ladder, you don't really think about where you are in the history of the country or what impact your project may have. When you get back home, you get a sense that you might have been at a crossroad, or a threshold, and that you may have just witnessed a deciding moment before something happens.

Collaboration takes effort for me, as it probably does for most artists. Art is all based on undivided freedom and it takes confidence in the other artist and confidence in oneself to engage in a joint project. It is about sharing a vision, a way of addressing people, of confronting problems, of listening to signals, and it goes way beyond sharing the creation of an artwork. It gives a color and a depth to the final piece.

CLOCKWISE FROM TOP LEFT- LOS SURCOS DE LA CIUDAD, MARINO SAURA OTON, CARTAGENA, ESPAGNE, 2008. THE WRINKLES OF THE CITY, SHANGHAI, JI JINSUI, 2010. LOS SURCOS DE LA CIUDAD, MARINO SAURA OTON, NIGHT VIEW, CARTAGENA, ESPAGNE, 2008. THE WRINKLES OF THE CITY, LOS ANGELES, WEST COAST, DOWNTOWN, USA, 2011. THE WRINKLES OF THE CITY, LOS ANGELES, LOVERS ON THE ROOF, USA, 2012. THE WRINKLES OF THE CITY, SHANGHAI, JIANG QIZENG, RED FLAG, 2010.

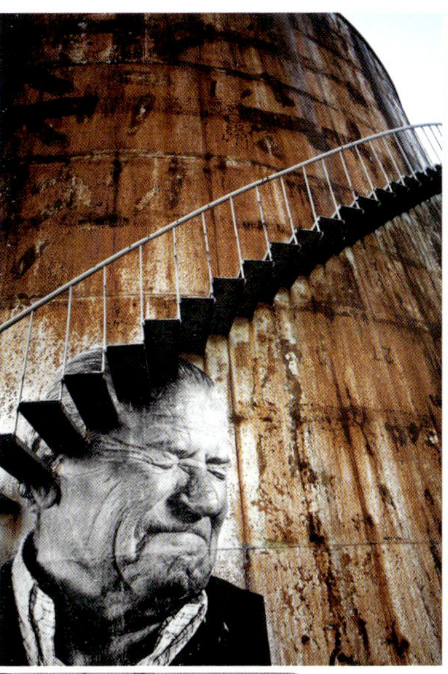
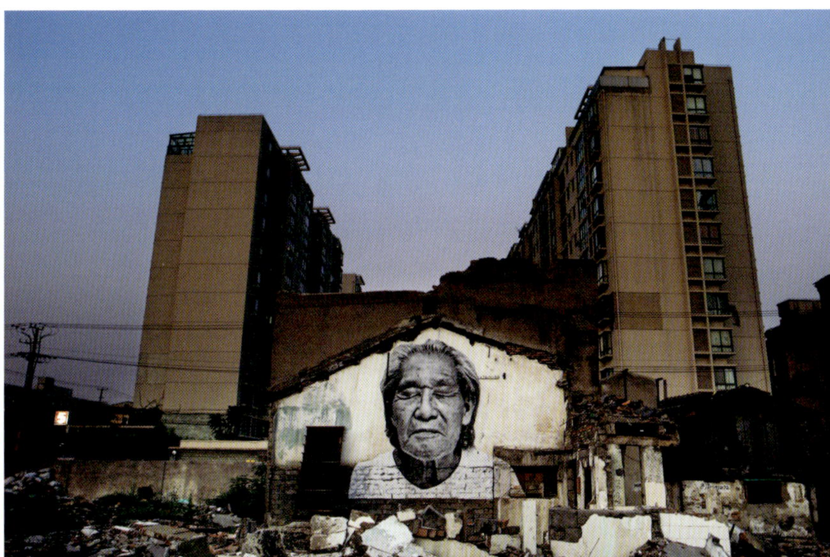
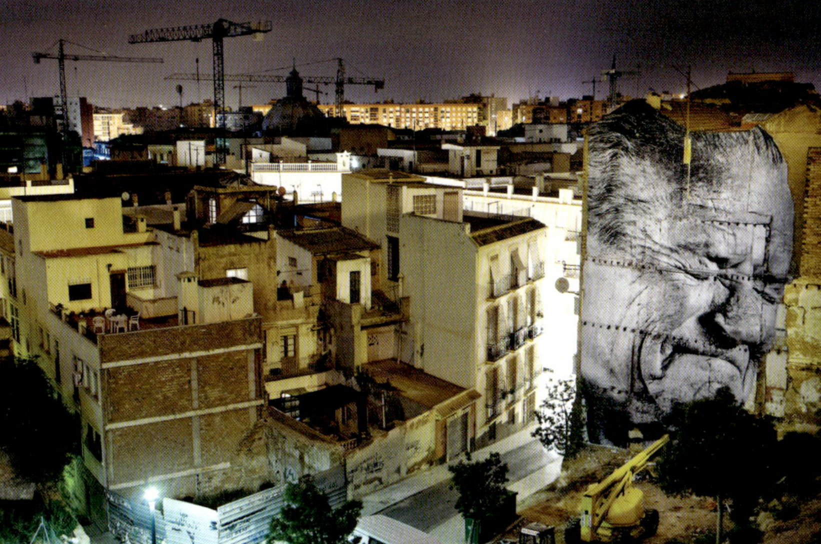
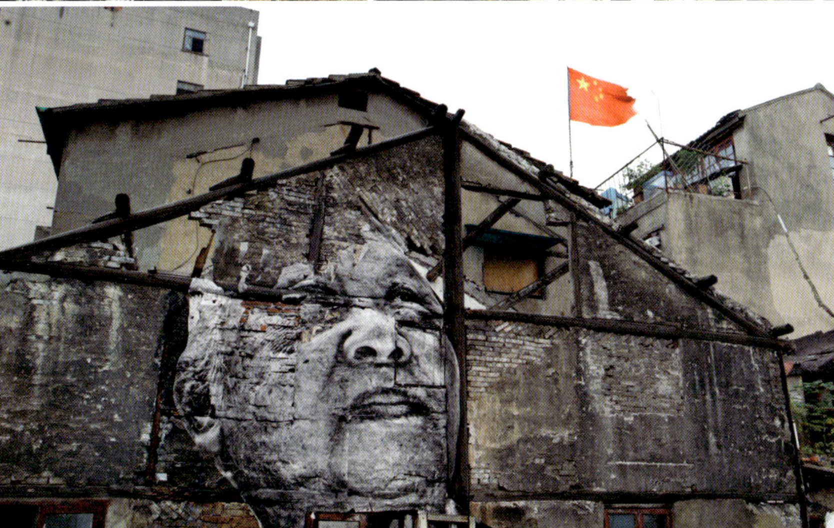
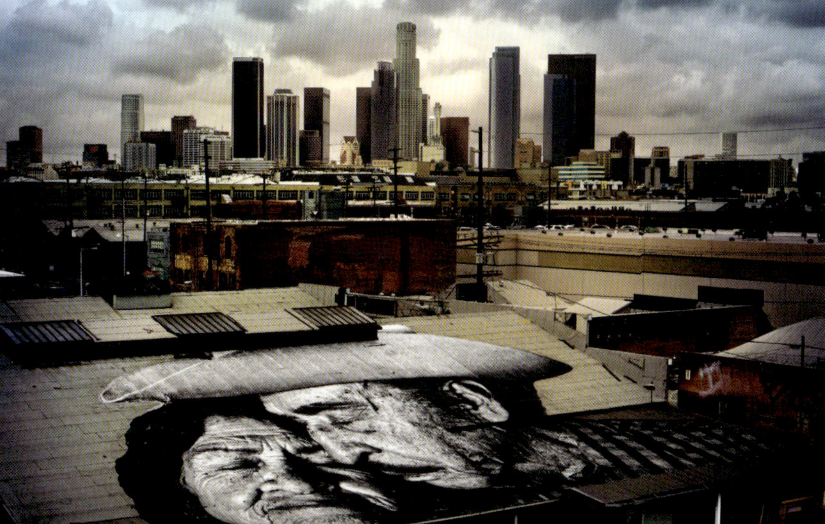
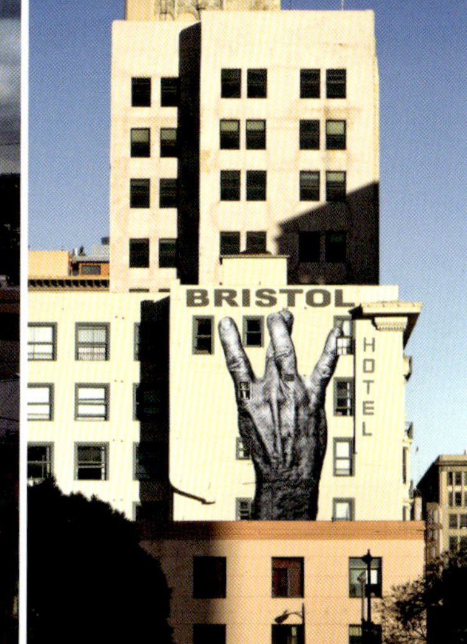

JOSÉ PARLÁ - Cuando pienso en Cuba, pienso en mis padres, en mis raíces y, en especial, en mis abuelos, a quienes nunca tuve oportunidad de conocer. Pienso en cómo llevo dentro de mí una nostalgia de experiencias que no tuve en Cuba. Son experiencias imaginadas, mezcladas con historias reales, contadas por familiares o amigos, que parecen incluso más efímeras que la realidad, desvaneciéndose en el tiempo. El sentimiento de nostalgia heredado de la añoranza de mis padres por regresar a su tierra es tan fuerte, que siempre ha sido más que un sentimiento para mí: es parte de mi personalidad. El impacto psicológico de haber nacido de padres cubanos fuera de Cuba es un problema psicopolítico difícil de resumir. En un hogar cubano, independientemente del lugar donde estés, *te crías cubano*, y la familia se convierte en una especie de zona cubana autónoma.

Este hogar cubano donde me crié, primero en Puerto Rico y luego en Miami, era un lugar donde la madre y el padre no sólo hacían el papel de padres, sino también de líderes políticos; donde mi hermano y yo, como hijos, éramos el pueblo. A pesar de que mis padres se hicieran ciudadanos de Estados Unidos, los gobiernos de San Juan o de Washington D.C. parecían no existir en nuestra realidad. La mayor parte del tiempo, sentía que los cubanos exiliados habían proclamado la soberanía de la isla dentro de los confines de su comunidad exiliada, una comunidad que ha estado en parte en guerra o en conflicto con el gobierno de la Habana durante los últimos cincuenta años.

Fui a Cuba por primera vez en 2003 en búsqueda de respuestas. Mis abuelos habían muerto, pero conocí por primera vez a tías, tíos y primos de ambos lados de la familia. Aprendí más acerca de mi árbol genealógico y esto me dio mucho en que pensar en los años siguientes. Mi lucha por una identidad más completa aún continúa. En ese primer viaje a Cuba tomé fotografías de la gente, de mis familiares, de las paredes; visité museos; paseé por la ciudad de La Habana, de donde es mi padre, y visité Aguada de Pasajeros, la pequeña ciudad de donde viene mi madre. Lo asimilé todo y procesé mis pensamientos cuando regresé a mi casa en Brooklyn.

Nueve años más tarde, cuando JR me invitó a colaborar con él en el proyecto The Wrinkles of the City durante la Bienal de La Habana, lo tuve claro enseguida. JR sabía de mis raíces cubanas, y de mi amor por la pintura en un formato similar a muros en descomposición en ciudades de todo el mundo, y nuestro diálogo creció de forma orgánica. La forma en que JR había encolado fotografías de ancianos en muros dilapidados de todo el mundo parecía tener aún más sentido en La Habana, donde los muros, a través de sus capas, gritan y rezuman las historias de su gente: su resistencia, su espíritu trabajador y su supervivencia.

A través de mi escritura codificada gestual creé composiciones de historias contadas y absorbidas por los ancianos que conocimos, entrevistamos y fotografiamos juntos al azar. A veces sus palabras eran muy duras de asimilar, pero hay sentimientos que transcienden aquellas palabras que no pueden pronunciarse. La experiencia fue muy personal, escribiendo en los muros de La Habana una historia íntima de las autobiografías que compartieron con nosotros. En Cuba a veces encontramos mayor profundidad en lo que no puede decirse o no puede escribirse habitualmente. Este acto de leer entre líneas es lo que transmite mi diálogo visual. Las arrugas de las experiencias de nuestros queridos ancianos cubanos son una representación de los abuelos que nunca conocí. Son los palimpsestos arrugados del lenguaje humano, la esencia misma de la humanidad. Sus rostros son los portadores universales y simbólicos de la historia que todos los humanos compartimos al llegar a la tercera edad. Su lenguaje, sus sonrisas, dudas, gestos, memorias, celebraciones, caídas, apatía y triunfos son el drama hecho de héroes ordinarios.

CLOCKWISE FROM TOP LEFT- AGUSTIN PARLA STAMP. PELL STREET. 4 X 6 FEET. OIL, ACRYLIC, COLLAGE ON WOOD, 1999. INFRARED SOUL, 6 X 6 FEET OIL, ACRYLIC AND PLASTER ON CANVAS, 2011. CITYSCAPES, 8 X 16 FEET. INK AND ACRYLIC ON WOOD, 2006. YOUR HISTORY, 4 X 6 FEET COLLAGE, OIL, INK, ACRYLIC ON WOOD, 2011.

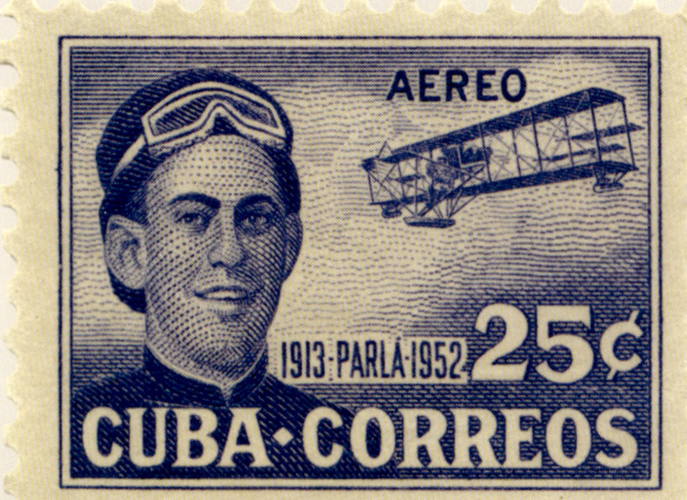

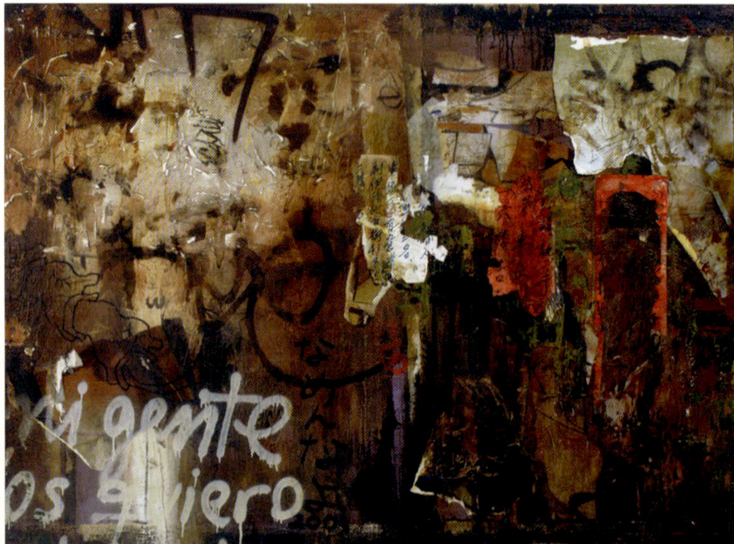

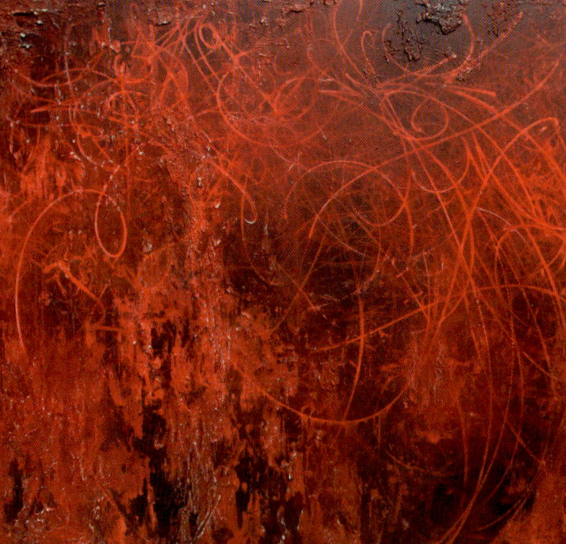

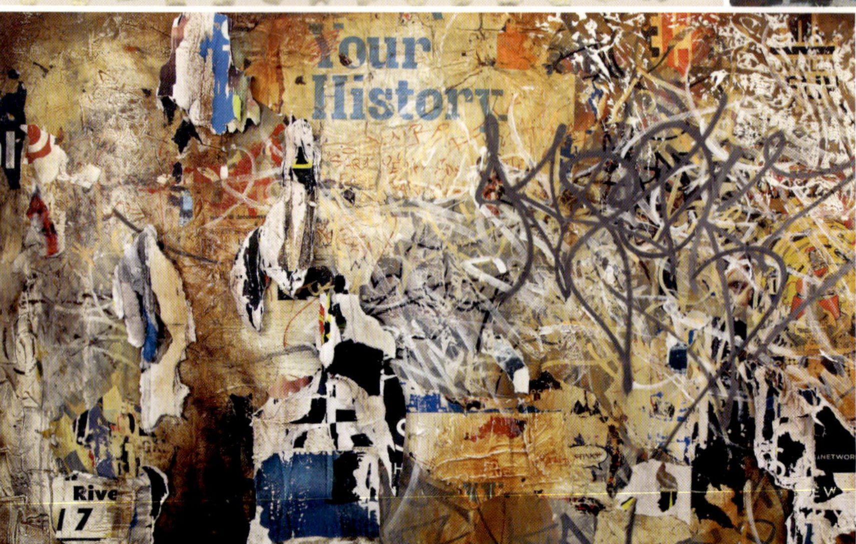

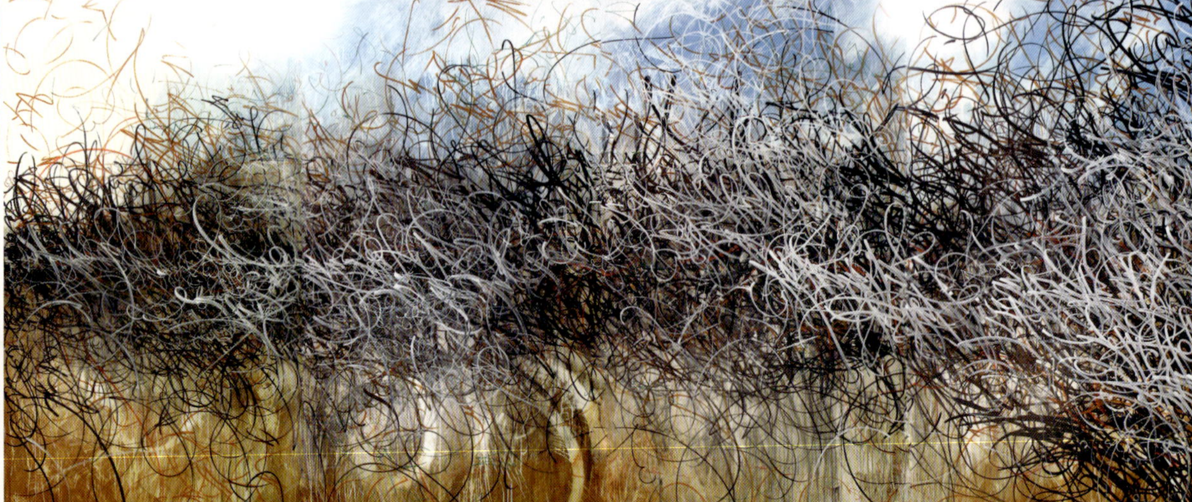

JOSÉ PARLÁ - When I think of Cuba, I think of my parents, my roots, and especially of my grandparents, whom I never had the chance to meet. I think of how, within me, I carry nostalgia for experiences that I did not have in Cuba. They are imagined experiences mixed with factual stories told by family or friends, which feel even more ephemeral than reality fading away into time. The feeling of nostalgia passed down to me from my parents' longing to return to their homeland is so strong, that it has always been more than a feeling to me; it is part of my personality. The psychological impact of being born of Cuban parents outside of Cuba is a psycho-political problem that is difficult to sum up. Inside a Cuban home, no matter where one grows up, *one is raised Cuban*, and the household becomes a type of autonomous Cuban zone.

Growing up in this Cuban household, first in Puerto Rico and then in Miami, it was a place where the mother and father not only shared the roles of parents, but of political leaders, and where my brother and I, as children, were the people. Although my parents became citizens of the United States, the governments of San Juan or of Washington D.C. seemed to not exist in our reality. Most of the time, I felt that the exiled Cubans had proclaimed the island's sovereignty inside the confines of its exiled community, one that has been partly at war, or at odds with the government of Havana for the past fifty years.

I went to Cuba for the first time in 2003 to search for answers. My grandparents had passed away, but for the first time I met aunts, uncles, and cousins on both my parents' sides of the family. I learned more of my family tree and this gave me something to think about for years to come. Still, the struggle for a more complete identity continues. On that first trip to Cuba I photographed people, family, walls, visited museums, walked the city of La Habana where my father is from, and visited Aguada de Pasajeros, the small town where my mother is from. I took it all in and processed my thoughts when I returned to my home in Brooklyn.

Nine years later when JR invited me to collaborate with him on The Wrinkles of the City project during the Havana Biennial, it automatically made sense to me. JR knew of my Cuban background, and of my love for painting in a form similar to decaying walls in cities around the world, and our dialogue grew together organically. The way JR pasted photographs of elderly people on dilapidated walls internationally seemed to make even more sense in La Habana, where the walls, through their eroded layers, cry and exude the histories of its people; their endurance, their hard work, and their survival.

Through my gestural coded writing I created compositions of stories told and absorbed by the elders we met, interviewed, and randomly photographed together. Sometimes their words were very tough to digest, but some feelings go beyond words that can't be spoken. The experience was very personal, as I wrote on the walls of La Habana a diaristic history of their shared life stories with us. In Cuba there is sometimes greater depth in what cannot be said and cannot be normally written. This reading between the lines is what our visual dialogue conveys. The wrinkles of experiences of our beloved Cuban elders are a representation of the grandparents I didn't get to meet. They are the wrinkled palimpsests of human language, the very essence of mankind. Their faces are the universal symbolic carrier of history that all humans share as we reach the third stage of life. Their language, smiles, doubts, mannerisms, memories, celebrations, downfalls, apathy, and triumphs are the drama made of ordinary heroes.

CLOCKWISE FROM TOP LEFT- VICTORY, OIL, ACRYLIC, COLLAGE, INK ON CANVAS, 2011. TIO JESUS, CIENFUEGOS, C-PRINT 1/1, 2003. TIA CONSUELO, HAVANA, C PRINT, EDITION OF 5, 2003. ANGEL DE LA GUARDIA, C PRINT, EDITION OF 5, 2003. EXCHANGE OF SPACE, 4 X 4 FEET, MIXED MEDIA AND COLLAGE ON WOOD, TKTK. NO RETURN, HERE AGAIN, 6 X 6 FEET OIL, INK, ACRYLIC, COLLAGE ON CANVAS, 2011.

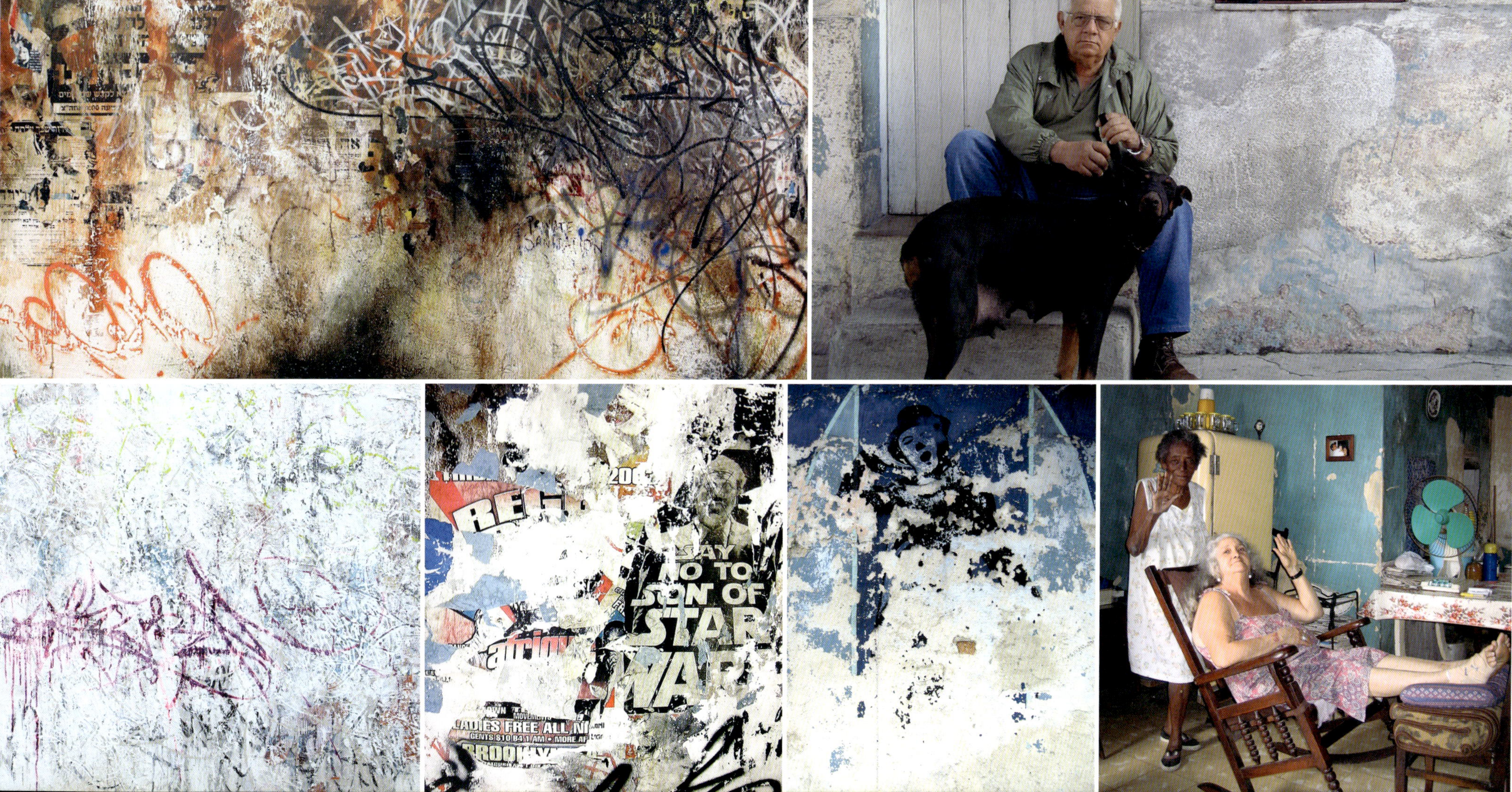

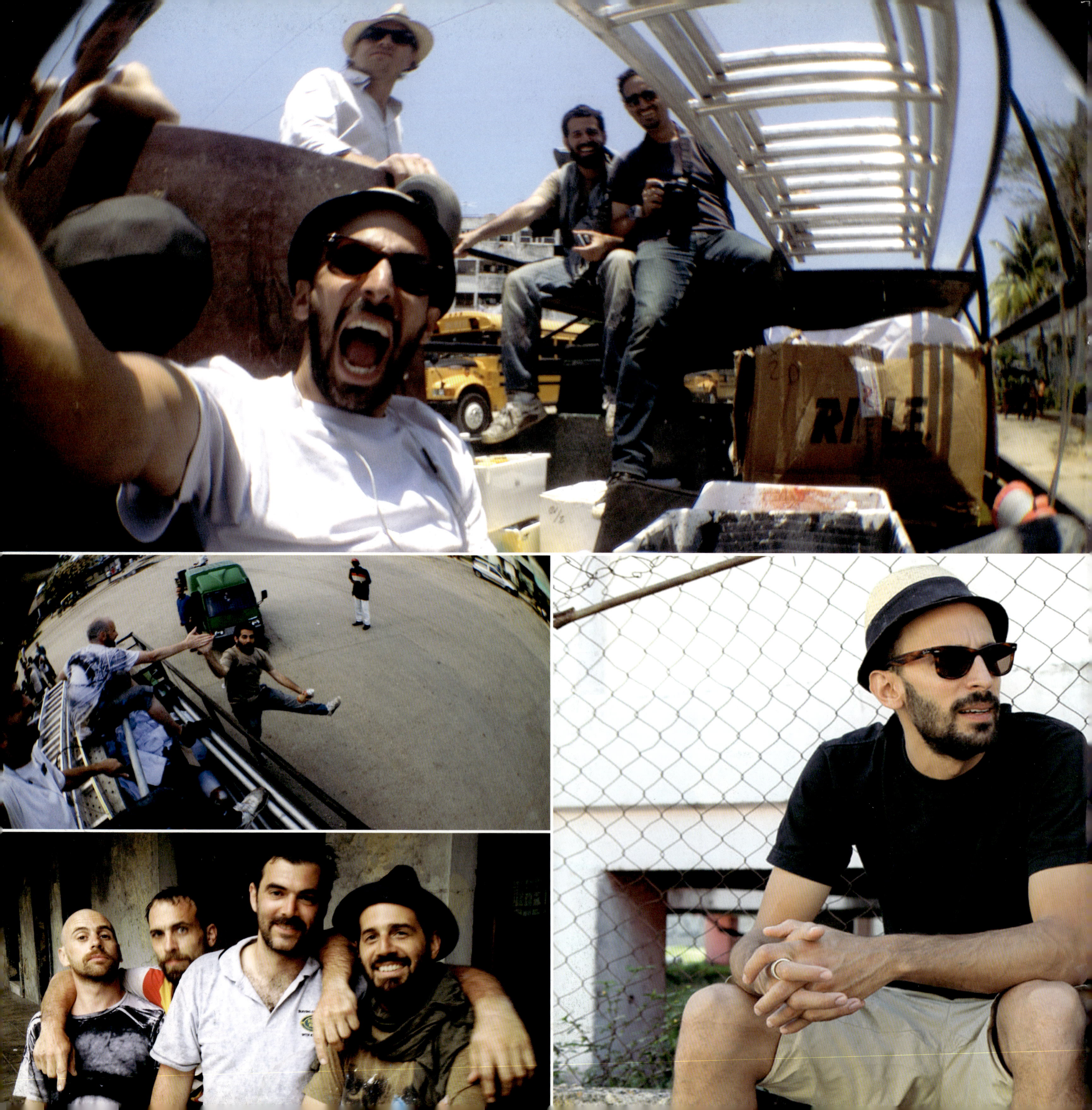

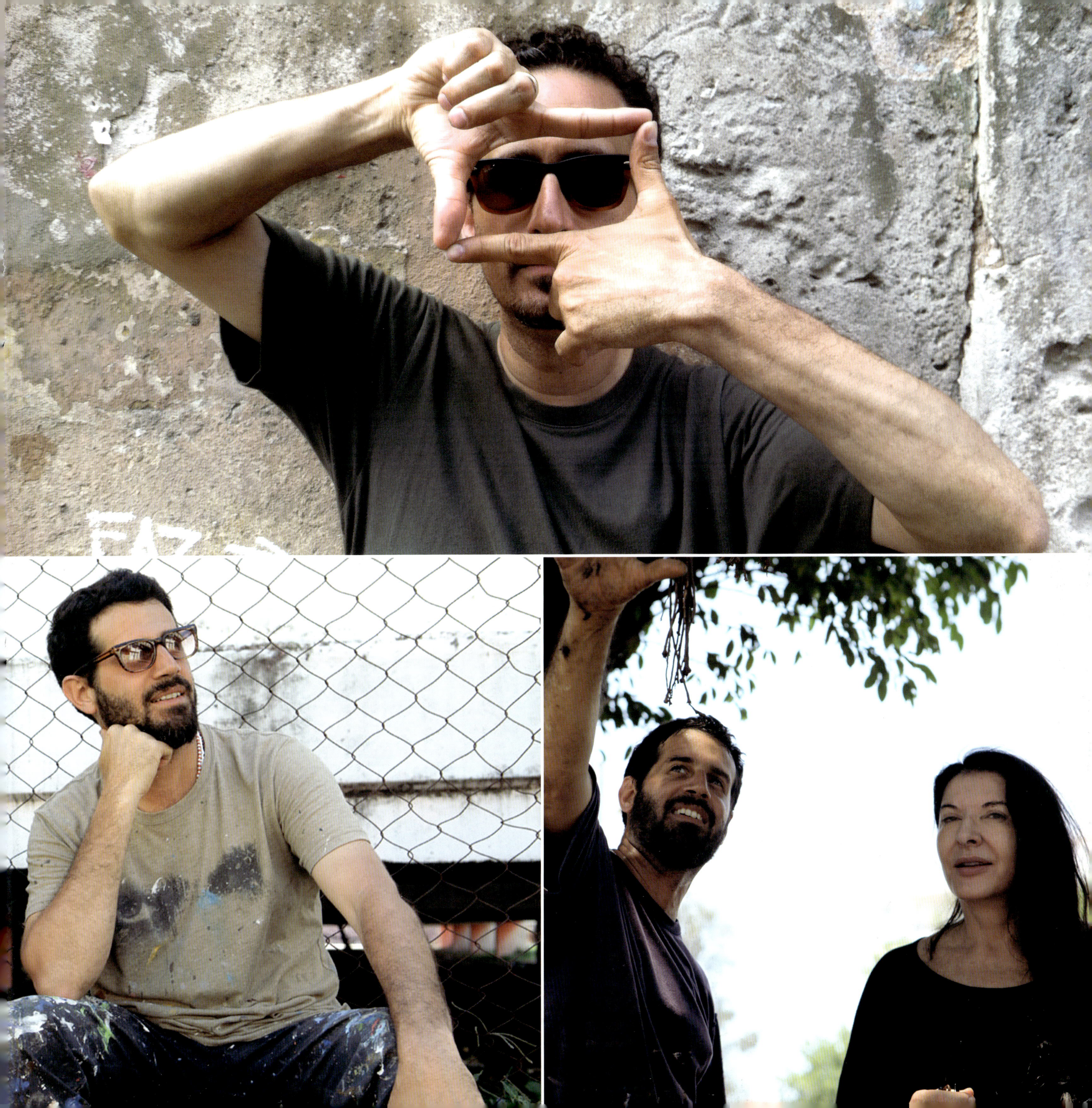

FOR THE REALIZATION AND VISION OF THIS PROJECT AND BOOK JR & JOSÉ PARLÁ ARE SPECIALLY THANKFUL TO:

Prune Nourry, Rey Parlá & Mika Parlá, Remi Azegami Parlá & Otono Alma Parlá (Alma de Otoño), Dalia Parlá & José Agustin Parlá (R.I.P), Consuelo y Manolo, Tia Dulce, Clara Astiasarán, Michael Betancourt, Janet Batet, Tio Jesus y Clarita, Claudia Paneca, Claire Darrow & Chris Mosier, Bryce Wolkowitz, Al Moran & Mills Moran OHWOW Gallery, Jorge Fernandez Torres, Yesel Melo Proveyer, Yalicel Gabeira Londres, Luis Gispert, Ella Cisneros Fontanals, Susana Fontanals, Los Van Van, Nila Capetillo Casanova, Geraldo, Miguel y Angel, Adonis Moreno, Ivan Moreno, Chris Mendoza, Magdelay Bellon, Fru Tholstrup, Matt Carey-Williams, Stephanie Schleiffer, Ben Tufnell, Jauretsi Saisarbitoria, Sade Lythcott, Giada Lumomirski, Latifa, Jane Rosenthal, Robert De Niro, Sean Penn, Sato, Mr. Saeb Eigner and Family, Cristina Grajales, Ramdane Touhami, Jordan Bratman, Yuka Tsuruno, Patrick Ghiringhelli, Philippe Welsh, Marco Berrebi, Scott Landsbaum, Tony Arcabascio, Andrea Albertini, Alexander Galan, Miguel Coyula, Candelario at MACSAN, Matthew Akers, Marina Abromovic, Msc. Karina R. Palacios Sanchez, Ministerio de Cultura de Cuba, Bienal de la Habana, Centro Arte Contemporáneo Wifredo Lam, Manon Slome, No Longer Empty, Holly Block, Bronx Museum, David Harper/BAM, Stefan Ruiz, David Ellis, Sarah Lewis, Harmony Murphy, Rashida Jones, Hakim Bouacha, Heather Graham, David Berliner, David Edgar, Jennifer Justice, Emilia Menocal, Justin Wilkes, Amanda Bhala Wilkes, Jon Kamen, Craig Dykers/Snøhetta, Susan Nutter/NCSU, Enrique (Kiki) Álvarez, Lucca Dahan, Julie Pugeat, Cécile Dessertine, Camille Pajot, Melvyn Bonnaffe, Marc Azoulay, Virginia Cromie, William Hopkins Jr., Gina Pollack, Lola Zajdermann & Natacha Langmantil, Patrick Ghiringhelli, Camille Barnaud (Ambassade de France à Cuba), Céline Balmelle (Air France), Aurélie Sampeur, Emile Abinal, Kevin Theraud, and Guillaume Lefrançois, Etienne Rougery-Herbaut, Wayne Price, Heather Dell, Jeanne Donovan Fisher, Karen Brooks Hopkins, Joseph V Melillo, Brooklyn Academy of Music, Arnold Lehman, Brooklyn Museum, Gary and Sarah Wolkowitz, Bruce Ratner, Jay Z, Mary Anne Gilmartin, Rebecca D'Eolia, André Balazs, Kay Sides, Darren Romanelli and family, Hiroki Nakamura, Young Kim, Romon Yang, John Jay, Mark Parker, Hiroshi Fujiwara, Carlos Garaicoa, Beth DeWoody, Kyle DeWoody, Manish Vora, Grey Area, Los Carpinteros, Damian Aquiles, Pamela Ruiz, Guerra de la Paz., Sarah @ collete, Adam Glickman, The Dream Team: Geraldo, Miguel, Angel: Vivá Cuba!

JR & José Parlá: The Wrinkles of the City: Havana

Editors: JR & José Parlá
Art Direction: Tony Arcabascio
Editorial Direction: Claire Darrow Mosier
Production Manager: Eleonora Pasqui
Consulting Editors: Marc Azoulay & Rey Parlá
Photographers: JR, José Parlá & Rey Parlá

Texts by Clara Astiasarán, Janet Batet, Michael Betancourt, Jeffrey Deitch

Translations by Duthie Translations S.C.

Printed in September 2012 by Grafiche Damiani, Bologna, Italy

Published by Damiani & Standard Press

DAMIANI

Via Zanardi, 376
40131 Bologna, Italy
info@damianieditore.com
damianieditore.com

StandardPRESS

23 East 4th Street, 5th Floor
New York, NY 10003
standardculture.com

ISBN 978-88-6208-250-1

Distributed in the United States of America by
ARTBOOK I D.A.P.
155 Sixth Avenue
New York, NY 10013
artbook.com

jr-art.net
joseparla.com